本书为2017年国家社科基金项目
项目名称：旅游发展背景下三江源国家公园牧民参与共建机制研究
项目编号：17CMZ038

旅游发展背景下
三江源国家公园牧民
参与共建机制研究

赵 婷 著

九 州 出 版 社 | 全国百佳图书出版单位
JIUZHOUPRESS

图书在版编目（CIP）数据

旅游发展背景下三江源国家公园牧民参与共建机制研
究 / 赵婷著. -- 北京 : 九州出版社，2024. 7.
ISBN 978-7-5225-3111-3

Ⅰ. F592.744

中国国家版本馆CIP数据核字第2024HW4117号

旅游发展背景下三江源国家公园牧民参与共建机制研究

作　者	赵　婷　著
责任编辑	杨鑫垚
出版发行	九州出版社
地　址	北京市西城区阜外大街甲 35 号（100037）
发行电话	(010)68992190/3/5/6
网　址	www.jiuzhoupress.com
印　刷	北京星阳艺彩印刷技术有限公司
开　本	710 毫米 ×1000 毫米　16 开
印　张	17.25
字　数	260 千字
版　次	2024 年 10 月第 1 版
印　次	2024 年 10 月第 1 次印刷
书　号	ISBN 978-7-5225-3111-3
定　价	88.00 元

目　录

前　言

在早期国外的国家公园建设与管理中，园区内原住居民受到相关法律法规和国家公园管理制度的严格约束，被限制和禁止利用资源，其传统的生活方式被迫发生改变。居住于保护区内的原住居民会因国家公园建设需要而被迁出，但迁出后的生计如何改善并没有被细致地规划与安排，因此国家公园生态保护管理体制与当地经济发展之间一直存在矛盾与冲突，且长期积累未能有效解决，成为国家公园体制建设中的核心问题，各个国家也在持续探索解决上述矛盾的科学方法。综合自然保护和发展项目（Integrated Conservation and Development Program，ICDP）提倡将自然保护与社区发展相结合，强调社区通过生态补偿、发展生态旅游、开发手工艺品、开展育林等生态建设项目减少原住居民对自然资源的依赖，并通过提供经济机会减少自然保护和社区之间的利益冲突，促进保护目标的达成。

从全球的经验来看，国家公园是介于自然保护区与完全开放的旅游开发区、风景名胜区之间的一种保护体系。国家公园实行最严格的保护，但不表明国家公园不应该有生产、生活、经营性项目，而是要在遵循国家所有、全民共享、世代传承的理念下，进行自然和文化遗产的保护，给公众提供游憩和旅游机会，构建人与自然和谐发展的生命共同体。国家公园拥有丰富的自然资源和生态景观，包括珍稀动植物、自然风光、文化遗产等多种资源，具有很高的科学、文化、教育和旅游价值；在其游憩功能开发中，以"低碳、绿色、生态、文化"为导向的生态旅游成为首选方式，国家公园为生态旅游提供了绝佳的旅游资源。生态旅游以满足人们对自然环境的认知和共享需求为目标，强调人与自然的和谐共处，能提高国家公园的保护水平，带来就业机会和经济效益，促进当地经济的发展和繁荣，两者互相促进，为国家公园的可持续发展作出贡献。国家公园游憩功能通过发展生态旅游实现，而生态旅游的发展则需要原住居民的参与，辅助过程中原住居民获得改善传统生产方式的机会，享受到生态保护的红利。原住居民和国家公园建设之间产生的直接经济依存关系，也会推动原住居民更加积极地参与到国家公园的建设中。因此国家公园发展生态旅游，并引导社区参与其中，被认为是解决国家公园保护与发展中存在问题的重要途径。一些国家在其国家公园建设中也将此方法进行了广泛实践，社区参与生态旅游发展后，在促进生态环境保护、社区经济发展、优秀文化传承等方面逐渐形成了自己的特色，为其他国家公园建设提供了经验。作为一个国家所有、全民共享和世代传承的生态资源，我国国家公园的体制也将社区协调发展制度作为重点，即由国家确立并主导管理，引导社区进行参与，推动实现人与自然和谐共生；2017 年在我国的《建立国家公园体制总体方案》中，提出国家公园应坚持全民共享，着眼于提升生态系统服务功能，开展自然环境教育，为公众提供亲近自然、体验自然、了解自然以及作为国民福利的游憩机会，引导当地居民参与国家公园设立、建设、运行、管理、监督各环节，鼓励当地居民参与国家公园内特许经营项目，建立健全社会监督机制。

三江源国家公园地处生态环境脆弱地区，自然灾害频繁，牧民因受教育程度较低和交通落后的原因，依赖自然资源的程度较高，多数没有其他收入来源，通常以挖虫草、政策性补偿、放牧为业，生产生活方式单一，寻求替代生计的能力也非常有限。三江源国家公园建设中，在发展理念及建设目标要求下划定了生态红线，部分地区限制了经济发展活动，农牧民对资源的利用也被不同程度地限制，传统的生产生活方式同样受到限制或禁止，牧民选择生态保护行为后对抗风险的能力下降，原本自我发展能力不足的区域后续发展更加困难，更多需要依赖政府项目及资金支持，生态保护与社区发展的矛盾日趋突出。

三江源国家公园要在推进国家公园保护制度建设的同时，处理好当地社区居民全面发展与资源环境承载能力的关系，就需要从三江源国家公园的实际情况出发，结合其他国家公园发展经验，在坚持对自然生态系统严格保护、整体保护、系统保护，以及实行差别化管控、分区管控的基础上，充分发挥国家公园的资源优势构建高品质、多样化的生态产品体系，在自然保护地控制区内划定适当区域，开展生态教育、自然体验、旅游等活动，建立健全特许经营制度、完善自然资源所有者参与特许经营收益分配机制等措施，让公众了解自然景观、生物多样性、自然文化遗产的稀缺性和原真性价值；引导牧民参与国家公园旅游发展，激发民族自豪感、实现转岗就业、增加收入，实现社区发展；科学合理利用资源，可以让国家公园更好地发挥作用，推动实现人与自然和谐共生。三江源国家公园旅游发展过程中，无成功模式、经验可复制，协调发挥牧民在生态保护中、旅游发展中的作用，发挥支持企业、公益组织、志愿者的作用，逐步明确企业、牧民、政府在特许经营中的责任义务，是三江源国家公园建设有序推进的基础，也是三江源国家公园形成人与自然和谐共生的有效路径。

本课题研究内容包括九个部分：**第一部分绪论**。阐述旅游发展下三江源国家公园牧民参与共建机制研究的选题背景、意义，梳理课题研究相关的国内外相关文献，阐述课题研究方法、技术路线；**第二部分理论基础**。对国家公园与旅游发展之间的关系、牧民参与国家公园旅游发展角色定位进行了阐述，对课题研究依据理论如生态旅游理论、利益相关者理论、可持续发展理论进行阐述，为后续研究提供理论基础；**第三部分研究方案设**

计与实施。研究方案的设计包括对于牧民、利益相关者、专家进行的调查设计，调研数据处理的方式；**第四部分三江源国家公园旅游发展调研与分析**。调研分析了三江源国家公园建设历程、生态特点、管理体制及社区基本情况；分析了园区旅游资源、旅游开发政策，分析了现阶段园区旅游活动开展现状。目的是为三江源国家公园进一步发展旅游，以及三江源国家公园旅游发展下牧民参与共建机制的研究，提供现实基础；**第五部分三江源国家公园牧民参与旅游发展的调研与分析**。首先调研分析了现阶段牧民参与旅游的现状。其次，调研分析了牧民在参与旅游发展中对旅游发展影响的感知、对利益相关者的感知、对自身因素影响的感知、参与的态度与意识，并构建结构方程模式对影响牧民参与的因素进行评价。第三，进行了牧民参与旅游诉求的调研分析；第四，进行了利益相关者对牧民参与旅游的感知及态度调查分析。目的是掌握目前三江源国家公园牧民参与旅游发展的整体情况，并通过分析，为三江源国家公园旅游发展下牧民参与共建主体研究、共建机制研究提供基础及方向；**第六部分三江源国家公园旅游进一步发展思路及定位**。明确了三江源国家公园旅游进一步发展思路，对三江源国家公园旅游发展的功能进行了定位，结合三江源公园的实际情况，从符合发展思路及功能实现的目标出发，进行了三江源生态旅游要素、产品、参与主体的定位，目的是明确三江源国家公园旅游发展方向，为牧民参与旅游发展中各主体及作用的确定提供方向；**第七部分三江源国家公园旅游发展下牧民参与共建机制主体构成及互动关系**。明确了参与核心主体及核心主体参与的内容、利益相关主体各自的角色及功能、各参与主体之间的互动关系。目的是为后续机制框架构建提供方向；**第八部分三江源国家公园旅游发展下牧民参与共建机制构建**。分析总结了国内外国家公园的旅游参与机制，构建三江源国家公园旅游发展下牧民参与机制框架，机制内容为引导、组织、沟通、保障、评估机制。目的是在三江源国家公园旅游发展背景下，结合牧民参与旅游的整体情况，对牧民如何更全面、更积极、更有效地参与提出方案；**第九部分研究展望**。在调查分析研究结果的基础上，指出本课题的局限性及后续的研究方向。

本课题研究结论如下：

1. 三江源国家公园旅游资源类型多样搭配合理，发展优势突出，旅游业已初步发展。 三江源国家公园旅游资源拥有 25 种主类，自然旅游资源单体占单体总量 46%，以水域风光、地文景观为主，生物景观次之；人文旅游资源单体占单体总量 51%，以建筑与设施为主，遗址遗迹次之，类型搭配合理；旅游资源分布核密度结果显示，澜沧江园区自然旅游资源、人文旅游资源集聚，跨区跨境优势突出，具备高端体育旅游发展潜力；长江源园区人文资源呈多点分布状态，自然资源呈片状、局部小区域集中，是生态体验及环境教育绝佳展示地；黄河源园区水域类旅游资源、人文旅游资源呈现出片状集聚特征，适合环境教育及文化体验旅游；三江源国家公园试点以来，积极开发文化旅游产品，积极探索旅游特许经营项目，旅游业已有了初步的发展。

2. 三江源国家公园旅游进一步发展思路为致力于可持续发展的专业化生态旅游。其功能定位为生态保护及社区发展为主，要素由旅游吸引物集聚区、交通廊道、生态旅游设施、生态旅游服务四部分构成，产品由生态旅游、环境教育、文化体验为主，还可以发展中药、牧业、体育、低空旅游。 结合三江源国家公园发展理念、旅游资源的总体特征，三江源国家公园旅游的发展要实现以下目标：实现环境保护、实现生态旅游业持续健康发展、促进社区多元化发展，实现人与自然和谐共处的可持续发展。因此，从国家公园与生态旅游发展之间的关系出发，三江源国家公园旅游进一步发展的思路为致力于可持续发展的专业化生态旅游，在坚持生态保护的基础上，提高生态旅游从业者专业度、生态旅游产品专业度；三江源国家公园生态旅游的功能定位为生态保护及社区发展为主；三江源国家公园生态旅游支撑要素由旅游吸引物集聚区、交通廊道、生态旅游设施、生态旅游服务四部分构成。三江源国家公园中传统利用区严格限制商业经营性旅游活动，依托社区、居民点建设必要的生态体验和环境教育接待服务基地，以特许经营方式提供牧家乐（住宿）、餐饮等服务，通过开展生态体验项目、环境教育项目的方式适度发展生态旅游，并配套访客管理的行动计划；三江源国家公园生态旅游产品有支撑产品和辅助产品两大类，支撑产品为最主要的方式，包括了强调震撼心灵、感动生命过程的生态体验，提高公众环保意识的环境教育，以民俗、民族节庆、歌舞、技艺、宗教为主的文化体验旅游；辅助产品包括中药旅游及牧业旅游、体育旅游；将三江源国家公园中药特色优势和畜牧业发展优势，与现代康体休闲活动相结合进行开发，利用现有体育旅游发展基础，推动发展山地户外体育、冰雪运动产业的发展，依托现有交通体系，发展新型旅游方式如低空旅游。

3. 现阶段三江源国家公园牧民参与旅游态度积极，但参与方式有限，参与程度不高；参与意识集中在生态管护与旅游服务方面，需要进行提升；参与诉求主要为政策、培训诉求。 现阶段牧民参与旅游发展以政府主导、政府＋特许经营企业、政府＋特许经营企业＋非营利机构为主导，参与内容为生态保护（以生态补偿、生态管护员的形式参与生态管护、环境保护、生态科研监测为主）、生态体验服务（向导、接待、交通运营）、入股合作社（生态旅游合作社、生态畜牧业合作社），因此旅游经营、旅游管理中有多种方式有待牧民参与；综合三江源国家公园三个园区黄河源园区、澜沧江源园区、长江源园区进行调研的结果分析，三江源国家公园旅游发展中牧民生态保护参与程度最高，入股合作社参与程度次之；征求专家意见进行的评价为当前牧民参与度非常低，尤其是旅游管理参与度。牧民参与态度积极占比为85%，对与自己生产生活有关、易操作的生态保护及旅游服务活动参与意识高，具体来看集中在生态管护员、动物救助、生态监测、环境教育、手工艺品／畜牧产品制作、交通运营服务、生态体验活动服务／向导，但对于旅游规划、旅游管理两种方式，牧民没有表达出明显的参与意识，同时由于旅游规划、旅游管理参与方式对于牧民整体的素质要求较高，从目前三江源国家牧民的整体情况来看，需要牧民通过一定的能力建设后才能逐渐进行参与；牧民注重子女教育政策及返乡参与旅游发展的支持政策，希望政府能够更加明确参与的方式，让牧民得到更多能力提升的培训。

4. 结构方程模型评价结果为牧民参与旅游中，牧民自身因素、政府、特许经营企业、生态旅游者是关键影响因素；利益相关者对牧民参与旅游持支持态度，认为牧民参与旅游中，共建能力建设是重点，牧民和利益相关者、专家观点的契合点在于能力建设上，不同点在于政策需求上。牧民自身影响因素中，大部分牧民认为旅游相关技能、沟通能力是影响其参与旅游发展的主要因素；政府管理部门的宣传、协调作用，特许经营企业的培训作用，生态旅游者的保护行为是牧民参与的主要影响因素。牧民个人能力包括内容较多，从生活技能到其他技能，从文化程度到语言能力，在三江源国家公园旅游发展中，牧民要能更好地进行参与，个人能力是重要的前提；政府管理机构认为牧民既是生态保护的重点，更是三江源国家公园旅游发展的重点，认为牧民参与旅游发展中，其自身能力是一个很重要的影响因素；非营利机构认为牧民是三江源国家公园实现更好保护的重点，因此非营利机构的关注点在于牧民参与的经济的获取能力；特许经营企业认为牧民是其实现旅游发展的重要条件，因此关注点在于企业自身所能够提供的帮助、培训，以及牧民能力如何改善方面；城镇居民从生态保护的角度，认可并支持牧民参与；生态体验者认为牧民是其获取良好旅游体验的重点，希望牧民能够提升自身技能；专家态度为支持，认为牧民参与旅游总体影响因素为国家公园 > 牧民自身 > 环境。调研结果显示，三江源国家公园牧民参与旅游中，政府管理机构、非营利机构、企业、生态体验旅游者、城镇居民、专家一致认为重点考虑的因素为牧民的能力建设，而这一点同样在牧民诉求中体现了出来，牧民的诉求也是集中在自身能力提升和建设方面；不同相关利益相关者、专家认为，目前最需要解决的问题，除牧民提升参与能力外，还要探索出台解决牧民如何参与、如何更好参与的政策，但是牧民自身更关注于一些保障性的政策，重视下一代参与的问题，而利益相关者、专家的认知均反映了其在各自角度出发，认为当前牧民参与亟待解决的问题。

5. 三江源国家公园旅游发展下牧民参与共建，要将牧民作为生态旅游发展的核心参与者。明确牧民参与内容范围及与各主体的关系，政府管理机构、非营利机构、特许经营企业、专家学者、生态旅游者发挥作用，进行互助、协作、交流共同促进牧民参与。 从旅游发展角度来看，牧民是三江源国家公园旅游活动开展的服务者和环境维护者，以牧民为核心的参与可以增进旅游的可持续发展。结合三江源国家公园旅游进一步发展的思路及定位，以及调研结果所反映出的牧民参与旅游发展的意识，将牧民的参与方式划分为：生态保护，即以传统居民的身份为主参与常规生态保护活动、进行生态保护知识推广及游客行为引导及纠正；旅游经营，即以投资者和经营者的角色，入股生态畜牧合作社或生态旅游体验合作社，经营三江源国家公园生态旅游相关的各类合作社、特许经营企业；旅游服务，即以工作人员的身份参与三江源国家公园生态旅游相关工程项目建设，参与生态旅游相关的服务工作，成为特许经营企业的员工；旅游培训，即进行自身素质的提升，参加技能及知识培训；旅游规划及管理，即进行生态旅游开发建设、规划、保护等决策的参与，以及对生态旅游的发展、管理进行监督。政府管理机构为调控者，主要工作为进行三江源国家公园生态旅游的管理及监督，还要对牧民参与旅游进行宣传、组织和管理；生态体验者为促进者，带来信息交流及文化的交流，促进国家公园和牧民之间的沟通，对当地社会经济的发展产生作用；非营利机构、专家学者为辅助者，辅助提升国家公园的环境保护和可持续管理水平，同时也为公众提供更加丰富的生态旅游和生态教育资源；生态旅游特许经营企业为组织者，为三江源国家公园牧民参与旅游提供经济支持和就业机会；牧民和政府管理机构、非营利机构、特许经营企业、专家学者之间要信息互换、利益共享；非营利机构、特许经营企业、专家学者、生态旅游者之间也要形成合作关系，承担各自的社会责任和义务，互助、协作、交流，共同促进牧民的参与。

6.三江源国家公园旅游发展下牧民参与共建机制的构建，要以牧民为核心，各主体进行互助、协作、交流，共同促进牧民参与；需要引导机制、组织机制、沟通机制、保障机制、评估机制。 引导机制围绕提升牧民参与意识，提高牧民参与能力两项内容进行，提升牧民参与意识有两个途径，一为政府宣传，二为示范引导；提高牧民参与能力，同样有两种方式，一为进行思想培育，二为进行技能培训。组织机制围绕增加牧民参与方式进行，包括培育本土非营利机构和企业。品牌建设纳入牧民参与内容两方面，品牌建设纳入牧民参与内容是梳理法国国家公园发展机制时获得的启示，具体可以分两步进行，第一步为设计三江源国家公园品牌增值体系，第二步为明确牧民可以参与的内容。沟通机制为成立园区咨询委员会，让牧民为国家公园发展提供意见，与各主体之间进行意见交换，对国家公园管理进行日常监督。保障机制包括了法律保障、经济保障两项内容。法律保障从两方面进行，一为完善特许经营管理制度，二为优化生态管护员制度；经济保障同样从两方面进行，一为拓宽资金渠道，二为设立发展及教育资金。评估机制是为了促进牧民更持续地参与，因此包括了定期评估和建立评估数据库两项内容。

机制是解决问题的根本，解决问题要先明确问题。如何让牧民更积极地参与，更有效、更全面、更持续地参与，这是三江源国家公园社区参与要解决的问题。如何让牧民更积极地参与，就要关注其诉求，从保障机制入手；如何让牧民更有效地参与，牧民、利益相关主体共同关注点在能力提升及建设上，能力建设—替代生计—保护原动力，是社区参与的最终目标，能力建设是一个系统工程，目前三江源国家公园的工作重点应该在牧民的能力提升上，解决能力提升问题，就要对引导机制进行优化与完善；如何让牧民更全面地参与，从生态管护、旅游经营、旅游服务、旅游规划及管理几方面让牧民更全面地参与，要从组织及沟通机制入手；如何让牧民更持续地参与，就要解决牧民在参与旅游中不断遇到的问题，对评估机制进行优化与完善。

对三江源国家公园旅游发展下的牧民参与进行研究，可以将牧民作为参与核心，了解目前三江源国家公园旅游发展中牧民参与旅游的现状，参与旅游的感知、态度、意识、诉求，以及牧民参与旅游的影响因素；了解利益相关主体对牧民参与旅游的认知；明晰三江源国家公园旅游发展下牧民参与共建中要解决的问题，最终提出解决对策即构建出三江源国家公园旅游发展下牧民参与的共建机制。通过细致的研究，以期为三江源国家公园完善社区参与制度，进行国家公园的高质量建设提供建议，同时为其他国家公园以及其他类型保护地的保护与发展提供实践参考。

1 绪　论

1.1 选题背景及意义

1.1.1 选题背景

（1）国家公园建设中社区参与已经成为共识

国家公园要求最严格地保护。在早期国家公园管理中，保护措施与当地谋求发展是分开进行的。相关法律法规和国家公园的管理制度不同程度地限制了原住居民对资源的利用，原住居民传统的生活方式也发生了改变。在国家公园建设中当地社区居民多被驱逐出去，且没有被妥善安置，其生计也没有被考虑，使得原住居民与国家公园的冲突一直存在。例如，在黄石国家公园建设期间，肖尼族印第安人被驱逐，1877 年公园一方和肖尼族印第安人之间发生暴力冲突，导致近 300 人死亡[①]；国家公园和社区之间，在经济和文化方面有着相互依存的关系，原住居民是国家公园中文化资源最重要的组成部分，国家公园的生物多样性保护至关重要，依赖自然资源生存的原住居民也同样重要[②]，如果国家公园为了保护当地的生态环境与自然资源，而禁止当地的居民使用资源，就会造成原住居民生活贫困，更会破坏生态保护与当地社区经济发展的和谐关系，这不仅不能促进生态保护，反而会造成矛盾，进而加剧区域发展的不平衡性，人与自然和谐的理

---

① 杨金娜,尚琴琴,张玉钧.我国国家公园建设的社区参与机制研究 [J].世界林业研究 ,2018,31(04):76-80.

② 黄宝荣,王毅,苏利阳,等.我国国家公园体制试点的进展、问题与对策建议 [J].中国科学院院刊 ,2018,33(1):76-85.

念，不仅意味着生态环境的改善，也意味着生态的红利被转化为人与自然共享的红利，意味着国家公园内的原住居民在保护生态环境的同时可以享受生态保护的红利，帮助原住居民改善传统的生产方式，积极地参与生态保护[①]。

因此，如何协调生态保护与周边地区发展之间的关系已成为国家公园的重要研究议题，国家公园逐步将社区居民参与的方式纳入公园管理之中，通过创造社区居民的归属感、信任感和信誉感，促使社区居民对国家公园进行更好地保护和发展；随着社区参与程度越来越高，国家公园与社区的冲突矛盾越来越少。国家公园具有公共属性，要让国家公园走上可持续发展的道路，就不能只把国家公园社区及社区居民当作国家公园的被动接受者[②]；随着国外国家公园的发展和管理体制的完善，国家公园解决自然资源保护与社区发展关系的重要途径就是社区参与。一些国家在社区参与生态环境保护、社区经济发展、优秀文化传承等方面都形成了自己的特色，例如澳大利亚乌鲁鲁·卡塔丘塔国家公园，将原住居民的文化与管理者的权益融合在一起，制定共同管理政策，规定原住居民要参与到国家公园的管理中来，由原住居民和澳大利亚国家公园管理局共同管理[③]；越南丰芽-格邦国家公园，总结了发达国家国家公园管理经验，设立了共存管理模式[④]；英国让当地社区居民参与到国家公园的决策和规划中，形成政府主导，社区等非政府主体共同参与的多元共治模式，将原住居民的参与看作是国家公园管理和运营的关键和重点，实现了国家公园生态保护的有效开展和原

① 赛杰奥.社区参与：三江源国家公园生态保护与生计和谐发展的新篇章[EB/OL].(2021-12-22)[2022-03-08].https://www.163.com/dy/article/GRQQA2H30512TRKA.html.

② 奇创旅游规划.国家公园如何展开社会参与？世界国家公园建设机制下的社会参与构想[EB/OL].(2018-09-28)[2020-08-08].https://www.sohu.com/a/256815897_168681.

③ 沃里克·弗罗斯特，C.迈克尔·霍尔.旅游与国家公园：发展、历史与演进的国际视野[M].王连勇，译.上海：商务印书馆,2014.

④ LI W J. Community decisionmaking participation in development[J].中国科学院院刊,2018,33(1):76-85.Annals of Tourism Research, 2006,33(1):132-143.

住居民利益的充分保障，推动了英国国家公园的发展[①]；综合自然保护和发展项目（Integrated Conservation and Development Program，ICDP）倡导自然保护与社区发展相结合，强调社区通过生态补偿、发展生态旅游、发展手工艺品、植树造林等生态建设项目，减少原住居民对自然资源的依赖，并通过提供经济机会减少自然保护和社区之间的利益冲突，促进保护目标的达成[②]。

从国际上国家公园社区参与的核心理念以及多方主体深度合作的运行模式来看，在国家公园的建设与管理中，发挥社区居民的作用，制定针对性强、操作可行、创新灵活的社区居民参与措施，能够引导社区形成与国家公园保护目标相一致的绿色发展方式和生活方式，实现国家公园保护与社区发展的统一。因此，国家公园社区居民参与也成为各国国家公园建设中广泛的共识，这种共商、共建、共管、共享的社区参与模式，对我国国家公园社区建设和管理具有借鉴意义。

（2）旅游是社区参与国家公园建设和从中受益的重要方式

从全球的经验来看，国家公园是一类特殊的保护地，与严格的纯自然保护区相比，国家公园具有科研、教育、审美等方面的价值，有着保护自然和文化遗产，以及给公众提供游憩和旅游机会的双重功能[③]，而社区作为文化景观的重要组成部分，具有丰富的地方知识，在国家公园双重功能实现过程中发挥着重要作用。国家公园功能的实现需要原住居民的辅助，辅助过程中原住居民获得改善传统生产方式的机会，享受到生态保护的红利，

---

① 何友均.高质量建设国家公园的重大意义与实施路径[EB/OL].(2022-07-12)[2022-09-12]. https://mp.weixin.qq.com/s?__biz=MjM5MDczMTc4NA==&mid=2657832467&idx=1&sn=8b16d493e56c3239c3c5c40bf6c3287a&chksm=bddfb5748aa83c62ae1d6c7a59171031db47231e27c9cdfb29c483784c22ef4c8b1fcd7bfd1b&scene=27.

② 赛杰奥.社区参与：三江源国家公园生态保护与生计和谐发展的新篇章[EB/OL].(2021-12-22)[2022-03-08].https://www.163.com/dy/article/GRQQA2H30512TRKA.html.

③ 唐芳林：国家公园与自然保护区：各司其职的"孪生兄弟"[EB/OL].(2018-12-29)[2021-09-10].https://baijiahao.baidu.com/s?id=1621150066475910789&wfr=spider&for=pc.

原住居民和国家公园建设之间产生的直接经济依存关系，也会推动其更加积极地参与到国家公园的建设中。

我国建立国家公园体制，是党的十八届三中全会提出的重点改革任务之一，更是我国生态文明制度建设中的一项重要内容[①]。2016 年以来，我国陆续建立了三江源、祁连山、大熊猫、东北虎豹、神农架、武夷山、钱江源、南山、普达措、海南热带雨林 10 个国家公园试点[②]。2021 年 10 月，国务院批复同意三江源国家公园、武夷山国家公园、海南热带雨林国家公园、东北虎豹国家公园以及大熊猫国家公园设立[③]。我国国家公园（试点）整合了原有保护地，包括自然保护区、风景名胜区、文化自然遗产、地质公园、森林公园等，涉及村民、村集体、国家等多方在资源使用及经营方面的利益[④]；且我国国家公园（试点）大多位于经济发展相对落后的地区，分布有较多的原住居民，原住居民普遍受教育程度低，生计来源以农、林、畜牧业等为主，对自然资源的依赖度较高，寻求替代生计的能力非常有限，经济欠发达、土地权属问题、社区人口等复杂和特殊的背景，使得国家公园建设不仅要解决生态保护问题，还必须解决社区居民的生产和生活问题，以解决保护与发展之间的严重矛盾，社区问题也成为国家公园建设中不可回避、迫切需要解决的问题之一[⑤]。

我国国家公园生态旅游在保护生态的同时，也要实现社区的发展，因此在建设中要将社区视为共同推动旅游发展的合作者，通过对社区参与的科学规划，让社区主动参与国家公园旅游发展中。我国的国家公园体制规定，在一般控制区内可"划定适当区域开展生态教育、自然体验、生态旅

---

① 中国人民共和国生态环境部.《建立国家公园体制总体方案》[EB/OL].(2017-09-27)
[2019-09-10].https://www.mee.gov.cn/zcwj/zyygwj/201709/t20170927_422371.shtml

② 根据搜集材料整理。

③ 根据搜集材料整理。

④ 根据搜集材料整理。

⑤ 杨金娜，尚琴琴，张玉钧.我国国家公园建设的社区参与机制研究 [J]. 世界林业研究 ,2018,31(04):76-80.

游等活动，构建高品质、多样化的生态产品体系""扶持和规范原住居民从事环境友好型经营活动，践行公民生态环境行为规范，支持和传承传统文化及人地和谐的生态产业模式"①。这一制度和空间安排允许有限度地利用自然资源发展生态产业，在避免商业化开发的基础上发展旅游，尤其是生态旅游。通过发展生态旅游，我国国家公园所在区域一定范围内的社区居民，通过参与国家公园旅游经营活动，可以获取经济收益，享受国家公园开展旅游带来的红利，而进入到国家公园开展游憩活动的游客，可以获得了解自然、体验自然的机会，真正热爱自然从而保护自然，子孙后代同样也能够保有同等权利，享受到同样的美景，实现生态保护与民生改善双赢。

（3）三江源国家公园牧民参与旅游发展需要更为细致的机制

三江源国家公园中，牧民是社区发展的根本力量。他们在长期的生产生活中，积累了丰富的环境保护经验。此外，牧民拥有独特的文化传统，对园区文化环境的保护有着积极的影响。牧民生产生活方式对自然资源的依赖程度高，寻求替代生计的能力有限②，解决保护与利用的突出矛盾已成为当前乃至长远的重要任务，在《三江源国家公园总体规划》中，提出国家公园的发展要有利于实行最严格的生态保护，有利于处理好当地牧民群众全面发展与资源环境承载能力的关系，促进生产生活条件改善，形成人与自然和谐发展新模式，具体实践中的重点是发挥牧民群众在生态保护中的主体作用，引导牧民群众参与国家公园的建设和运营、转岗就业、参与生态体验和自然教育③；《三江源国家公园总体规划》还提出，"三江源国家公园要依托公园外支撑服务区域，建设必要的生态体验和环境教育接待服务基地，通过特许经营的方式适度发展生态旅游，特许经营范围为生态体

---

① 根据《关于建立以国家公园为主体的自然保护地体系的指导意见》整理。
② 赛杰奥. 社区参与：三江源国家公园生态保护与生计和谐发展的新篇章 [EB/OL].(2021-12-22)[2022-03-08].https://www.163.com/dy/article/GRQQA2H30512TRKA.html.
③ 根据《关于建立以国家公园为主体的自然保护地体系的指导意见》整理。

验和环境教育服务业、有机畜产品加工业、民族服饰、餐饮、住宿、旅游
商品及文化产业等"。①

三江源地区地理区位特殊、生态保障功能显著、社会经济发展水平不
高，旅游如何适度开发尚处于探索阶段，在"生态保护第一""全民公益
性"的前提下，开发三江源国家公园的旅游功能，就要坚持园区管理部门、
地方政府、社区和企业的协调发展，因此更需要全面的牧民参与共建机制
作为保障，才能有效地促进生态保护与社区共同发展，促进生态体验开发
的相关主体有效地参与达到利益与付出均衡，促进自然及文化生态多样性
保护与传承，缓解三江源国家公园建设过程中存在的矛盾，最终使三江源
国家公园建设有序推进，成为生态保护体制机制创新典范。

1.1.2 研究意义

（1）理论意义

在严格生态保护的同时进行合理利用与科学发展，国家公园作为一种
先进的自然管理理念，被全球一百四十多个国家所接受，各国都认同国家
公园不仅需要坚守生态系统保育，同时还要开发自然教育、科学研究、自
然游憩等多种功能，通过功能的合理利用达到社区、区域的可持续发展。
我国国家公园体制处于不断摸索的阶段，而适度发展旅游又是国家公园合
理利用的主要方式，因此国家公园如何发展旅游，如何通过社区参与实现
发展目标，是中国国家公园体制建设中的重要问题。

目前国内学者对社区参与国家公园旅游，以及社区居民参与国家公园
旅游的研究还处于起步阶段，深入而成熟的研究成果较少。本课题拟以此
作为研究起点，在借鉴研究成果及实地调研的基础上，提出三江源国家公
园旅游发展的思路及定位；以三江源国家公园旅游发展与社区居民和谐关

---

① 根据《关于建立以国家公园为主体的自然保护地体系的指导意见》整理。

系的建立为出发点，重视牧民在旅游发展中的核心主体作用，在尊重牧民意愿的前提下，提出三江源国家公园旅游发展下牧民参与共建机制的主体构成及互动关系；最终提出三江源国家公园旅游发展下牧民参与共建机制的框架及内容。

因此，课题研究的理论意义在于探讨适合三江源国家公园实际情况的可持续发展模式，为三江源国家公园旅游发展中牧民合理、持续地参与，提供针对性强且易于操作的理论依据；丰富和完善我国国家公园生态旅游发展，以及社区参与国家公园旅游发展的理论体系，拓展国家公园旅游的研究领域和思路。

（2）实践意义

三江源国家公园地理位置特殊、生态环境敏感脆弱，因此三江源国家公园的建设，不仅是为了实现"中华水塔"、地球"第三极"和山水林田湖草等重要生态系统的永续保护，同时也是为了我国实现自然资源资产管理与国土空间用途管制的"两个统一行使"①，处理好当地社区居民全面发展与资源环境承载能力的关系，形成人与自然和谐发展新模式的政策先试先行区域。

因此，在"旅游作为社区参与国家公园建设并从中受益的重要方式"这一背景下，课题调研并分析了三江源国家公园旅游发展的现状，牧民参与旅游发展的现状、感知、态度、意识，以及牧民参与旅游利益相关者的态度及感知，牧民参与旅游的影响因素；理清三江源国家公园进一步发展旅游的思路及方式，理清牧民参与旅游的合理方式，有针对性地完善三江源国家公园旅游发展中牧民参与共建的机制，是探索三江源国家公园构建全民共享机制的重要环节，希望通过研究，能够为三江源国家公园的牧民

---

① 程晖 . 三江源国家公园 2020 年正式设立公民可预约进园体验生态接受教育 [N]. 中国经济导报 ,2018-01-25(5).

参与案例研究提供理论指导。

1.2 国内外研究综述

1.2.1 国内研究综述

1.2.2 国外研究综述

1832 年，乔治·卡特林在考察美国西部大开发对印第安文明和自然环境的影响时，提出了通过建立"国家公园"来保护所有本土资源的想法，即"国家公园"以保护国家自然资源和文化遗产为主，处理生态环境保护与资源开发利用之间的关系，要选择有效的管理模式。1872 年，世界上第一个国家公园——美国黄石公园诞生，但在 1872 年至 1972 年的 100 年间，国家公园并没有得到国际社会的广泛关注，直至美国黄石国家公园及大提顿国家公园举办第二届世界国家公园大会后，学术界开始进行国家公园的细致研究[①]。通过分析样本文献关键词，国外对国家公园研究的高频率词汇集中在生物多样性、保护、社区、管理、影响因素、生态旅游业、感知与态度、冲突解决等，研究内容集中在国家公园社区冲突以及管理、社区居民感知与参与程度、国家公园旅游业发展方面。

（1）国家公园旅游发展相关研究

在国家公园旅游发展方面，Allan[②]（1977）调查了美国西部国家公园的发展潜力，认为人类的各种活动，会破坏国家公园的景观品质。Ceballas-Laskurain[③]（1983）提出了"生态旅游"的概念，之后国外学者对国家公园

---

① 郭振.三江源国家公园生态旅游业发展路径分析 [D].西宁：青海师范大学,2017.

② Allan K.Fitzsimmans.The Impact of Development Centers on National Park Landscapes[J].Landscape Planning,1977(4):349-358

③ 郭振.三江源国家公园生态旅游业发展路径分析 [D].西宁：青海师范大学,2017.

的发展，从生态旅游进行了研究，Bennett[1]（1983）提出了国家公园保护与旅游开发之间的关系，此后，国家公园发展研究不断深入。R.Graham[2]（1988）建议以游客活动类型、游客需求数据为基础，进行国家公园旅游市场营销。20 世纪 90 年代，日本把建立生态旅游示范区作为实践国家公园发展的方法，在保护自然资源和发展经济方面起到了重要作用[3]。Jamal A Khan[4]（1995）对印度国家公园进行了研究，并强调国家公园发展生态旅游必须有严格的管理手段作为前提。1996 年，美洲发布可持续发展认证、欧洲生态旅游服务颁布 VISIT 标准、澳大利亚实施生态旅游认证项目，使得国家公园对其生态旅游开发及管理有了规范依据[5]。P Mbile[6]（2005）提出在北美以及欧洲国家公园发展中，旅游者促使国家公园管理部门更加关注生态旅游的开发工作。 20 世纪 90 年代以后，许多国家开始重新制定生态旅游评价标准，严格规范游客在国家公园内的旅游行为，打造"旅游+"物种多样性环境保护、法治建设相结合的发展模式。Buultjens[7]（2005）以卢胡纳国家公园为例，研究了游客旅游活动对国家公园的影响，建议国家公园管理部门应定期与旅游经营者进行沟通，假如缺乏有效的沟通与管理，游客的旅游活动会给国家公园的环境造成负面的影响。Cetinkaya[8]

---

① 郭振 . 三江源国家公园生态旅游业发展路径分析 [D]. 西宁 : 青海师范大学 ,2017.

② 郭振 . 三江源国家公园生态旅游业发展路径分析 [D]. 西宁 : 青海师范大学 ,2017.

③ 郑国全 . 日本生态旅游研究综述 [J]. 浙江林学院学报 ,2005,22(4):458-463.

④ Jamal A,Khan.Conservation and Management of GIR Lion Saturday and National Park,Gujarat,India.Biological Conservation.1995,(73):183-188.

⑤ Sarath Divisekera. Economics of tourist's Consumption Behavior :Some Evidence from Australia[J]. Tourism Management, 2010(31):629-636.

⑥ P Mbile.Linking management and livelihood in environmental conservation: case of the Korup National Park Cameroon[J]. Environ Manage.2005,76(1):1-13.

⑦ J,Buultjens,Ramayake.Tourism and Its Implication for Managem ent in Ruhuna National Park(Yala),Srilanka.Tourism Management.2005,(26):733-742.

⑧ Cetinkaya G.SUSTAINABLE USE OF MEDICINAL AND AROMATIC PLANTS:A CASE RESEARCH IN K PRüLü KANYON NATIONAL PARK,TURKEY[C].Abstracts of EcoSummit 2007-Ecological Complexity and Sustainability-Challenges & Opportunities for 21st Century's Ecology.Beijing:AECO.2005,76(1):1-13.

（2005）研究了土耳其国家公园发展趋势，认为做出符合实际的生态规划，可以保证国家公园生态旅游合理地发展。Kate Rodge[①]（2015）着重研究了游客满意度和忠诚度，与国家公园生态旅游业服务质量之间的协调关系。Michael[②]（2015）则指明在塔特拉山国家公园中，影响重游率的重要因素是游客对景观的感受。Clayborn[③]（2017）认为国家公园适合实施教育类项目，社区居民参与教育合作、国家公园实施研学旅行等项目有助于提升国家公园设立的意义。Carius[④]（2019）以坦桑尼亚乔扎尼楚瓦卡湾国家公园为例，提出旅游收入共享，能够缓解生态系统的压力，减轻土地利用冲突，但旅游收入共享对社区参与能力、管理者治理能力要求较高。

（2）国家公园社区参与相关研究

国外学者对国家公园社区居民参与的相关研究开始于 20 世纪 80 年代，从理论和实践案例两个角度出发进行探讨，研究主要集中在社区参与的重要性、影响因素两个方面。

社区参与的重要性研究中，M. Pimbert[⑤]（1995）提出各国国家公园在建设中没有考虑当地的社会、政治、文化等问题，对社区居民进行自然资源的利用方式和获取方式进行约束，扰乱了社区居民的生活方式，使得国家公园和社区发生冲突，增加了国家公园运营的成本，其保护也受到了影

---

①　Kate Rodger.Using a Randomized Experiment to Text the Causal Effect of Service Quality on Visitor Satisfaction and Loyalty in a Remote National Park[J].Tourism Management,2015(50):172-183.

②　Michael Getzner.Preferences of Tourists with Regard to Changes of the Landscape of the Tafar National Park in Slovakia[J].Land Use Policy,2015(48):107-119.

③　Naturalist J S, Clayborn S, O' Brien K R T, et al. The Schaus Swal-lowtailHabitat Enhancement Project: An applied service-learning project continuum from Biscayne National Park to Miami-DadeCounty public schools[J]. SoutheasternNaturalist, 2017, 16(S10):26-46.

④　Carius F, Job H. Community involvement and tourism revenue sharing as contributing factors to the UN Sustainable Development Goals in Jozani- ChwakaBay National Park and Biosphere Re-serve, Zanzibar[J]. Journal of Sustainable Tourism, 2019, 11(8):2019:2323-2323.

⑤　Pimbert M P,Pretty J N,Ghimire K B,et al. Parks, people and professionals: putting 'participation' into protected area management[J]. Feb 1995 — LINRISD, 1995:297.

响。Colchester[1]（1996）认为国家公园的建立，是在没有充分考虑社区的
基础上建立起来的，社区居民参与的重要性在于解决社区冲突。Ad-eniyi[2]
（2000）以尼日利亚阿布贾国家公园为例，研究了社区参与在保护生态系统
管理中的角色，认为国家公园管理中有社区居民的参与，可持续保护才会
实现，文章提出合作策略，打造开放参与氛围，确保利益相关者自愿参与。
Mbile[3]（2005）选择喀麦隆克鲁普国家公园为例，研究了公园的长期管理
和发展与社区生计之间的联系，得出的结论为国家公园管理成功与否主要
取决于社区居民的参与。Daim[4]（2012）以马来西亚彭亨国家公园为例，搜
集社区居民对国家公园的认知和参与态度，提出社区居民参与国家公园建
设对生物多样性保护方面有着重要的意义。Hasan[5]（2014）提出国家公园
的作用不仅是保护生物多样性，对于生活于此的社区居民来说，要发挥
其促进人与自然和谐发展的作用，社区居民是国家公园产生利益的相关
者，参与国家公园的管理可以使资源得到可持续地利用。Rasoolimanesh[6]
（2016）提出社区参与越来越多地在法律和政策允许范围内，以社区环境
管理、联合管理和协作管理、共同管理的名义进行，可以激发出社区成员

---

① Colchester M. Beyond "parEicipation": Indigenous peoples, biological diversity conservation and protected area management[J].Unasylva, 1996, 47(186):33-39.

② ADENIYI GBADECESN,LATUBOSUN AYILEKA Avoiding the Mistakes of past towards a community Orientedd Magamment strategy for the proposed National park in Abuja Nigeria[J].Land Use Policy,2000,17(2):89-100.

③ Mbile P, Vabi M, Meboka M, et al. Linking management and livelihood in environmental conservation: case of the Korup National Park Cameroon[J]. Journal of Environmental Management,2005, 76(1): 1-13.

④ Daim M S, Bakri A F, Kamarudin H, et al. Being Neighbor to a National Park: Are We Ready for Community Participation?[J]. Procedia Social and Behavioral Sciences, 2012, 36(36): 211-220.

⑤ Hasan E, Bahauddin K M. Community's Perception and Involvement in Co-management of Bhawal National Park, Bangladesh[J]. Journal ofNahiral Sciences Research, 2014,4(3): 60-67.

⑥ Rasoolimanesh S M, Jaafar M, Ahmad A G, et al. Community participation in World Heritage Site conservation and tourism development[J]. Tourism Management, 2016, 58(2): 142-153.

的归属感、信任感和信誉感。Rasoolimanesh[①]（2017）提出如果社区居民参与其中，有利于提高社区居民对国家政策的遵守程度，从而帮助国家公园实现可持续发展，同时能够促进资源共享交流，反之，资源将被破坏性地使用。Vimal R[②]（2018）提出社区有效地参与管理，能够促进自然资源的可持续利用，减少冲突和贫困，获得经济收益，提高管理效率。

参与影响因素方面，Eike[③]（2008）以三个不同保护地为例，研究其社区居民参与水平以及对参与国家公园管理的看法，提出促使国家公园利益相关者积极参与，最为重要的影响因素是社会因素、制度因素。Shadreck[④]（2010）研究南非案例，提出在不同地区，因各自环境的不同以及需求的不同，社区参与的程度也应不同。波兰学者Oiko[⑤]（2011）选取当地两个国家公园为例，发现历史环境和意识的变化对国家公园和社区居民的关系有影响。Daim[⑥]（2012）调研了马来西亚社区居民对参与国家公园管理的态度，得出结论为社区居民的态度与国家公园所带来的积极影响有关。

（3）国家公园旅游发展中社区参与研究

社区参与国家公园生态旅游发展研究方面，多建议从经济利益入手。

---

① Rasoolimanesh S M, Jaafar M. Sustainable tourism development and residents' perceptions in World Heritage Site destinations[J]. Asia Pacific Journal of Tourism Research, 2017,22 (1): 34-38.

② Vimal R, Khalil-Lortie M, Gatiso T. What does community partici-pation in nature protection mean? The case of tropical national parks in Africa[j]. Environmental Conservation, 2018, 45(4): 333-341.

③ Eike.Integrating Parks and People: How Does Participation Work in Protected Area Management?[J] .Society&Natural Resources, 2008, 21(6): 14.

④ Shadreck Chirikure.Unfulfilled promises? Heritage management and community partici-pation at some of Africa's cultural heritage sites[J] .International Journal of Heritage Studies. 2010. 16(1-2) :30-44

⑤ Oiko J,Hedrzak M,Cent J,et al. Cooperation in the Polish national parks and their neighborhood in a view of different stakeholders-a long way ahead?[J]. Innovation: The European Journal of Social Science Research, 2011, 24(3): 295-312.

⑥ Daim M S, Bakri A F, Kamarudin H, et al. Being Neighbor to a National Park: Are We Ready for Community Participation?[J]. Procedia-Social and Behavioral Sciences, 2012, 36(36): 211-220.

ohl-Schacherer .J[①]（2008）提出国家公园发展生态旅游可以利用生物多样性保护产生的经济利益，激励引导社区居民进行参与。Strickland-Munro .J K[②]（2010）提出国家公园发展生态旅游，可以从经济方面补偿社区居民，能够缓解社区对自然保护的抵触情绪，参与者获益更多。Sandbrook C[③]（2012）提出国家公园生态旅游给社区居民带来的收益，主要与其参与程度、文化水平、社交网络有关。Sirivongs K[④]（2012）通过调查对比发现，对国家保护地的态度和参与程度更强的居民，是开展生态旅游项目的村庄居民，这与其获得的经济收益有关。Clayborn[⑤]（2017）认为国家公园是实施教育的项目，社区居民参与教育合作，国家公园实施研学旅行等项目有助于提升国家公园设立的意义，并且可以增加社区居民的长期收益。Al-Tokhais[⑥]（2019）提出国家公园发展生态旅游，可以补偿社区居民经济收入，减少贫困，保证社区居民从中获利，带动社区发展。

在社区参与旅游的保障制度方面，国外学者也做出了更加细致的探索，Stringer[⑦]（2006）以奥地利新锡德尔湖国家公园为例，对社区居民参与国家

① Ohl-Schacherer J, Mannibel E, Kirkby C, et al. Indibenous eco-tourism in the Amazon:A case study of 'Casa Matsiguenka' in Manu National Park, Peru[J].Environmental Conservation, 2008,35(1):14-25.

② Strickland-Munro J K, Moore S A, Freitag- Ronaldson S. The im-pacts of tourism on two communities adjacent to the Kruger Na-tional Park, South Africa[J]. Development Southern Africa, 2010,27(5): 663-678.

③ Sandbrook C, Adams W M. Accessinb the impenetrable: The na-ture and distribution of tourism benefits at a Ubandan NationalPark[J]. Society&Natural Resources, 2012, 25(9): 915-932.

④ Sirivongs K, Tsuchiya T. Relationship between local residents ′ perceptions, attitudes and participation towards national protected areas : A case study of Phou Khao Khouay National Protected Area, central Lao PDR. Forest Policy & Economics, 2012, 21 : 92- 100.

⑤ Clayborn S, 0' Brien k R T, et al. The Schaus Swal-lowtail Habitat Enhancement Project: An applied service-learning project continuum from Biscayne National Park to Miami-Dade County public schools[J]. Southeastern Naturalist, 2017, 16(S10):26-46.

⑥ Abdulelah Al-Tokhais,Brijesh.ThapaStakeholder Perspectives Towards National Parks and Protected Areas in Saudi Arabia [J].Sustainability. 2019.11(8):2323-2323.

⑦ Stringer, L C, Dougill A J, Fraser E, et al. 2006. Unpacking "participation" in the adaptive management of social-ecological systems: a critical review[J]. Ecology and Society, 2006 11(2): 39.

公园的包括旅游发展情况进行了调查，提出对于社区居民来说，加强与利益相关者之间的沟通学习，加以制度化的保障，能促使社区居民转变思想，争取参与机会。Tania[①]（2008）以南非国家公园为例进行调查认为，社区参与的过程集中在分享大部分包括旅游带来的就业方面的利益，但不应忽视管理责任、决策制定、销售收入等的分享。Rodriguezizquierdo[②]（2010）选择秘鲁科迪勒拉阿祖尔国家公园进行研究调查，提出社区参与旅游应明确的范围，运用共同管理的方法监测社区居民各个阶段的参与水平，产生良性循环。Buono[③]（2012）以意大利国家公园为案例，提出应制定实用性高的包括旅游参与在内的全面参与指南，制定和邻近国家公园合作管理的共同参与框架。Kiffne[④]（2019）以坦桑尼亚国家公园为例，认为以社区为基础的共同管理参与模式，能够有效增加物种的丰富性和密度，提高国家公园的观赏性。

1.2.1 国内研究综述

国内学者对于国家公园的研究起步较晚，从收集的文献来看，20世纪80至90年代，国内研究以介绍国外国家公园体系为主，由于我国建设国家公园的理念还没有得到关注，因此2000-2016年间，国内研究以国外经验梳理，并给出我国国家公园建设的借鉴策略为主，之后国家公园研究层面逐步深化，国内学者的研究从单纯的经验梳理到进行我国国家公园建设

---

① Tania Holmes-Watts.Legal frameworks for and the practice of participatory natural resources management in South Africa[J].Forest Policy and Economics.2008.10(7-8):435-443.

② Rodriguezizquierdo E, Gavin M C, Macedobravo M O. Barriers and triggers to community participation across different stages of conservation management[J]. Enviromnental conservation 2010,37(3): 239-249.

③ Buano F, Pediaditi K, Carsjens G J. Local Cammunity Participation in Italian National Parks Management: Theory versus Practice[J].Journal of Environmental Policy&Planning, 2012,I4(2):189-208.

④ Kiffner C, Thomas S, Speaker T, et al. Community-based wildlife management area supports similar mammal species richness and densities compared to a national park[J]. Ecology and Evolution 2019, 10(1):480-492.

体制的研究，涉及国家公园的管理体制探索、发展模式创新等内容，在国家宏观政策的推动下，逐步延伸到设立国家公园专项法、旅游开发等研究方向，社区参与的有关研究也引起了国内学者重视，文献的数量也在逐渐增多。

（1）我国国家公园体制建设相关研究

有学者认为，国家级自然保护区、重点风景名胜区、国家级森林公园等是中国国家公园体系提出之前，兼有自然保护和休闲游憩功能的保护区类型，等同于国外国家公园，能够对我国现行的国家公园管理模式带来启示。翁钢民[1]（2004）认为我国国家公园试点的划定范围属于自然保护区体系的保护地，存在大量的人类活动，要严格实现国家公园管理与保护，需要大量的资金的投入和支持。师清波[2]（2008）对我国国家公园体制进行分析，提出建设国家公园就要设立专门的管理机构，对其进行行政管理和监督。吴承照[3]（2015）认为，中国国家公园是自然保护地体系中重要部分，进行国家公园的建设是实现资源可持续发展的保障。曹海玲[4]（2017）认为国家公园体制建设的目的在于生态资源的保护，最终实现人与生态的和谐发展。钟勉[5]（2002）提出我国国家公园体制，在资源国有化、可持续利用的前提下，可以将所有权分离和开发经营权分离，政府负责规划及监督，企业在规定范围内经营。许峰[6]（2005）分析了政府在国家公园投资中的定位、职能、职责，校正了投资市场的不足。郭辉军[7]（2009）通过对普达措

---

① 翁钢民,张海燕.旅游投资项目的风险分析与防范对策[J].技术经济与管理研究,2004,(06):114-115.

② 师清波.我国旅游景区管理体制现状分析和改革初探[J].科技信息(科学教研),2008,(25):581.

③ 吴承照,刘广宁.中国建立国家公园的意义[J].旅游学刊,2015,30(06):14-16.

④ 曹海玲.国家公园建设的意义、观念与模式[J].青海师范大学学报(哲学社会科学版),2017,39(01):7-10.

⑤ 钟勉.试论旅游资源所有权与经营权相分离[J].旅游学刊,2002,(04):23-26.

⑥ 许峰,李臣刚.经济学视角下的政府旅游管理职能研究[J].旅游科学,2005,(03):59-63.

⑦ 郭辉军.云南国家公园建设试点调研报告[J].云南林业,2009,30(02):24-25.

国家公园、老君山国家公园、西双版纳国家公园基本情况的实地调研，归纳云南省在国家公园建设中存在管理者认识不到位、缺乏知识及技术支撑、总体规划编制不规范、缺乏法律依据等不足，并提出了改进意见。田世政[①]（2009）以云南香格里拉普达措国家公园为例，研究了该国家公园建设前后制度建设情况，提出现行的管理制度存在有依存性、供给短缺、经营效率低下等局限性，中国国家公园旅游管理制度完善还需进一步探索。唐芳林[②]（2010）研究了轿子山自然保护区，提出该保护区按照常规的建设模式处境尴尬，认为国家公园是对我国自然保护区的一种有益补充。张志明（2011）[③]以梅里雪山国家公园为研究对象，运用GIS-IDRISI软件，建立了模型，分析了土壤侵蚀情况，为国家公园的生态保护提供了依据。叶文（2011）[④]将西双版纳热带雨林国家公园内的绿道进行分类，探讨了干道型、生态小道型和特殊型绿道在规划中的应用。汪燕[⑤]（2012）对国家公园如何创建低碳景区做出了研究，并以汤旺河国家公园为实践，从低碳理念宣传、环境营造、产品设计、制度保障入手，探讨国家公园创建低碳景区的方式。梁峰[⑥]（2012）选择普达措国家公园进行生态栈道的设计研究，根据植被以及地形地貌特征，提出栈道选址、宽度、材料、离地高度等要素的设计。张一群（2012）[⑦]研究普达措国家公园社区生态补偿工作，提出虽然该公园

---

①　田世政，杨桂华.国家公园旅游管理制度变迁实证研究——以云南香格里拉普达措国家公园为例 [J].广西民族大学学报 (哲学社会科学版),2009,31(04):52-57.

②　唐芳林.国家公园试点效果对比分析——以普达措和轿子山为例 [J].西南林业大学学报 ,2011,31(01):39-44.

③　张志明，尹梅，孙振华，等.基于 GIS 的梅里雪山国家公园土壤侵蚀敏感性情景分析[J].山地学报 ,2011,29(02):154-163.

④　叶文，马有明，杨殿迪.绿色通道在保护地游憩规划中的应用研究——以西双版纳热带雨林国家公园绿道规划设计为例 [J].旅游研究 ,2011,3(01):32-36.

⑤　汪燕，李东和，吴晨.国家公园创建低碳景区模式研究——以汤旺河国家公园为例 [J].资源开发与市场 ,2012,28(08):743-746.

⑥　梁峰，卢明强.草甸型生态景观栈道设计研究——以普达措国家公园为例 [J].边疆经济与文化 ,2012,(11):25-27.

⑦　张一群，孙俊明，唐跃军，等.普达措国家公园社区生态补偿调查研究 [J].林业经济问题 ,2012,32(04):301-307+332.

所进行的生态补偿工作得到了社区居民的支持，但分析效果发现解决的问题只在表面，没有解决核心问题。张飞[1]（2012）以南滚河国家公园为案例阐述了 3S（GPS，RS，GIS）技术在资源调查、功能分区、保护、游憩等方面的应用。张海霞[2]（2017）探讨了国家公园管理机构的三种基本模式，机构职能以及机构分工，以钱江源国家公园为案例进行实例验证，对我国其他区域的国家公园建设具有现实意义。孙馄（2017）[3]以钱江源国家公园体制试点区为例进行分析，提出钱江源国家公园的投融资建议，包括选择融资渠道、政府与市场双轮驱动、合作与互助共享经费等。秦天宝[4]（2018）对我国国家公园立法提出建议，建议从体系性、超前性、渐进性、本土性、协调性这六个维度作为基础。苏岩（2021）[5]介绍了 13 个国家公园建设试点的概况，总结了国家公园试点在生态、社会、经济效益方面所取得的成效，并以此为基础，总结了云南国家公园体制建设的经验。

（2）国家公园旅游发展经验梳理

在国家公园如何发展旅游中，学者集中对国外经验进行了梳理。张延（2010）[6]提出日本国家公园的生态旅游方式、评价体系、示范区建设、社区居民引导方式等，是值得我国国家公园借鉴的。王临应（2013）[7]认为我国国家公园的管理，可以借鉴英国国家公园管理中对社区居民、游客与生

① 张飞，张寅，周汝良.3S 技术在南滚河国家公园总体规划中的应用 [J]. 林业调查规划,2012,37(01):10-13+22.
② 张海霞，钟林生.国家公园管理机构建设的制度逻辑与模式选择研究 [J]. 资源科学,2017,39(01):11-19.
③ 孙琨，钟林生，马向远.钱江源国家公园体制试点区扩源增效融资策略研究 [J]. 资源科学,2017,39(01):30-39.
④ 秦天宝.论我国国家公园立法的几个维度 [J]. 环境保护,2018,46(01):41-44.
⑤ 苏岩，金荣.云南省国家公园发展建设研究 [J]. 城市建筑,2021,18(08):118-120.
⑥ 张延.日本国家公园生态规划管窥 [J]. 人民论坛,2010,(36):118-119.
⑦ 王应临，杨锐，埃卡特.兰格.英国国家公园管理体系评述 [J]. 中国园林,2013,29(09):11-19.

态关系的处理方式。邓武功（2019）[①]提出英国国家公园多处于农业区，园区居民不愿意留在园区，国家公园注重公共交通、公共服务设施建设，鼓励社区居民参与旅游以增强社区的经济活力，我国国家公园同样也面临这个问题并且应该借鉴。林孝错（2016）[②]提出我国国家公园要协调自然资源开发与保护之间的关系，可以借鉴澳大利亚国家公园采取特许经营制度，形成政企分离、市场化的运作方式。李亚娟（2016）[③]通过对泰国、新西兰和澳大利亚国家公园的对比分析，认为澳大利亚国家公园的合作管理模式，对于我国社区居民参与国家公园旅游开发方面，具有良好的借鉴意义。刘海龙（2019）[④]以美国的州立公园为例，研究了其分类、质量评估、可达性等关键问题，以及该类公园对这个国家公园体系上的功能补偿作用，具体论述了美国国家公园的特征和职能。刘海龙还指出，目前我国在大力推进国家公园的建设，并非所有自然区域都有潜力和资格成为国家公园，国家公园的建设存在着方方面面的制约，使其休闲游憩功能弱化，有必要积极建设类似美国州立公园体系的地方公园、保护地与游憩地体系。余青、韩淼（2019）[⑤]对美国国家公园园区内交通的建设进行了研究，认为国家公园园区内交通体现了道路工程与美学、哲学、游憩、生态等多学科的融合，促进了道路的功能向游憩、景观、文化和保护等复合功能转变，展示了在同时进行无价的自然和文化资源保护中，如何提供多元化的游憩机会，以实现平衡环境保护与游客之间关系的范式。吴研（2020）[⑥]介绍了美国国家公园的教育环境功能，指出引领公众亲自到国家公园中了解情况，与公园

①　邓武功，丁戎，杨芊芊，等.英国国家公园规划及其启示[J].北京林业大学学报(社会科学版),2019,18(02):32-36.

②　林孝错，张伟.中外国家公园建设管理体制比较[J].工程经济,2016,26(09):68-71.

③　李亚娟.国内外民族社区旅游开发模式研究[J].贵州社会科学,2016,(08):36-43.

④　刘海龙.美国州立公园体系的发展、特征与评估[J].风景园林,2019,26(11):64-70.

⑤　余青，韩淼.美国国家公园路百年发展历程及借鉴[J].自然资源学报,2019,34(09):1850-1863.

⑥　吴妍，刘紫微，陆怡帆，等.美国国家公园环境教育规划与管理现状研究及其对中国的启示[J].中国园林,2020,36(01):102-107.

管理人员交流，而不是仅限于课本及社会生活中的宣传，提出这种教育机制是值得借鉴的。我国国家公园在建设过程中，应充分结合生态教育评价、学校环境教育评价。上述两位学者对国家公园内部细节的研究是极为稀少的，同时也提供了一种研究国家公园的新视角。

（3）我国国家公园社区参与研究

在不断地研究中，学者认识到目前我国国家公园体制建设有两大突出问题：一是国家公园内部有大量原住居民，要做好保护为主的前提下，保证全民公益性优先，实现平衡保护与发展的目标，就要重视社区居民在国家公园管理中的重要作用。因此学者从社区参与作用、参与程度、参与内容、参与形式这几个方面做出了研究。张晓妮[①]（2007）认为国家公园是有效缓解园区和社区之间矛盾、有效促进生态系统可持续发展的途径，是与周边的社区形成共同发展关系的途径。李庆雷（2010）[②]基于新公共服务理论进一步指出，完善公园与社区居民信息通道建设是我国国家公园实现共建共享发展目标的重要手段。蔚东英[③]（2017）根据我国国家公园实际情况，提出从国家层面制定国家公园法律，地方政府依据具体情况，制定一园一法的法规或条例，国家公园立法也需要公众参与。高燕（2017）[④]提出国家公园与社区居民的冲突，可以用制定社区参与制度、明确土地权属、制定特许经营制度这三个途径去解决，也为其他国家公园的发展与管

① 张晓妮,王忠贤,李雪.中国自然保护区社区共管模式的限制因素分析[J].中国农学通报,2007,(05):396-399.
② 李庆雷.基于新公共服务理论的中国国家公园管理创新研究[J].旅游研究,2010,2(04):80-85.
③ 蔚东英,王延博,李振鹏,等.国家公园法律体系的国别比较研究——以美国、加拿大、德国、澳大利亚、新西兰、南非、法国、俄罗斯、韩国、日本10个国家为例[J].环境与可持续发展,2017,42(02):13-16.
④ 高燕,邓毅,张浩,等.境外国家公园社区管理冲突:表现、溯源及启示[J].旅游学刊,2017,32(01):111-122.

理提供了经验。周睿（2017）[①]以国外国家公园、中国保护区社区管理的措施为经验借鉴，以钱江源国家公园为例研究其社区问题，指出国家公园社区管理体制的核心是：明确划界范围、承认社区的主人身份、进行契约管理、有偿征用土地，同时调查研究了社区居民对参与国家公园管理的感知度，得出结论为社区居民对共同管理政策感知度高，应逐步进行落实。闫水玉（2016）[②]在总结国外国家公园社区共管经验基础上，依据集体选择理论，总结出我国国家公园实施社区共同管理的七项原则。程绍文（2018）[③]以神农架国家公园为例，运用结构方程模型将社区居民感知对其参与意愿的影响进行了分析。杨金娜（2018）[④]分析了我国国家公园社区参与主体、参与内容，从组织机制、引导机制、评估机制、保障机制四个方面出发，构建了社区居民参与国家公园建设的机制框架。尚婷婷（2019）[⑤]以东北虎豹国家公园为例，构建了可持续生计评价模型，采用熵值法，评价了园区居民生计水平。何思源（2019）[⑥]以武夷山国家公园为例，结合环境权利、社会—生态系统等基础理论，分析社区居民环境权利实现途径。田美玲[⑦]（2020）以神农架国家公园体制试点区为例，运用因子分析法和方差分析法分析社区居民感知类型及成因，得出结论为社区居民整体感知最强的是

---

①　周睿,曾瑜皙,钟林生.中国国家公园社区管理研究[J].林业经济问题,2017,37(04):45-50+104.

②　闫水玉,孙梦琪,陈丹丹.集体选择视角下国家公园社区参与制度研究[J].西部人居环境学刊,2016,31(04):68-72.

③　程绍文,张晓梅,胡静.神农架国家公园社区居民旅游感知与旅游参与意愿研究[J].中国园林,2018,34(10):103-107.

④　杨金娜,尚琴琴,张玉钧.我国国家公园建设的社区参与机制研究[J].世界林业研究,2018,31(04):76-80.

⑤　尚婷婷,曹玉昆.东北虎豹国家公园周边居民可持续生计评价分析[J].林业经济,2019,41(10):17-22.

⑥　何思源,苏杨,程红光,等.国家公园利益相关者对生态系统价值认知的差异与管理对策——以武夷山国家公园体制试点区建设为例[J].北京林业大学学报(社会科学版),2019,18(01):93-102.

⑦　田美玲,康玲,方世明.社区居民感知视角神农架国家公园体制试点区管理机制研究[J].林业经济问题,2020,40(03):236-243.

共同保护措施，成因在于经验、社会影响、自我能力等。

（4）我国国家公园旅游发展中社区参与研究

有学者认为，国家级自然保护区、重点风景名胜区、国家级森林公园等是中国国家公园体系提出之前，兼有自然保护和休闲游憩功能的保护区类型。为使保护和发展取得共赢，人与自然和谐发展，我国国家公园体制试点中，社区居民应参与到国家公园的生态旅游发展中，通过参与项目开发、公园管理，使社区居民取得外部收益及管理经验，实现生态保护与社区居民发展的平衡，在参与中同样也要有严格的制度进行保障，具体研究如下：张海霞（2010）[①]分析了国际上典型的三种旅游发展模式，即混合型旅游、中央集权型、分散型规制模式，在此基础上，分析在我国国家公园体制下旅游规制的路径选择，以及路径的可行性，并且以沙雅胡杨湿地为案例，构建了一个有赖于宏观机制改革的旅游规制方案，具有一定的实际指导意义。唐芳林与张海霞的研究，从整体上代表了近些年来，国内学者对国家公园的建设、国家公园管理方面的认识和对如何建设的建议。罗佳颖（2010）[②]以普达措国家公园为例，分析社区居民在旅游发展过程中积极参与的基本情况，并对普达措国家公园社区参与旅游时出现的问题进行了制度化设计。袁花（2012）[③]分析研究了普达措国家公园旅游产业生态化发展的可行性。周正明（2013）[④]以普达措国家公园为例，分析了该公园社区居民参与现状，评价了社区居民参与国家公园旅游的效应，提出建立社区共管协会、合理分配利益的保障机制、提升社区居民参与能力、开展生态

① 张海霞.国家公园的旅游规制研究[D].华东师范大学,2010.

② 罗佳颖,薛熙明.香格里拉普达措国家公园洛茸社区参与旅游发展状况调查[J].西南林学院学报,2010,30(02):71-74.

③ 袁花.云南普达措国家公园旅游产业生态化发展的可行性分析研究[J].山西师范大学学报(自然科学版),2012,26(01):121-124.

④ 周正明.普达措国家公园社区参与问题研究[J].经济研究导刊,2013,(15):205-207.

旅游等社区居民参与措施。周睿等（2017）[①]通过分析钱江源国家公园体制管理与社区居民感知的关系，指出将旅游特许经营和社区发展规划相结合是国家公园发展的重要路径。钟林生（2017）[②]同样选择钱江源国家公园为例，构建出国家公园社区旅游发展的空间适宜性评价体系，并搜集数据进行评估，提出了国家公园社区旅游发展的分类引导途径。刘佳、张雨苗（2017）[③]通过分析国内外旅游资源非利用价值研究的过程和阶段特征，指出国家公园旅游资源非利用价值的研究视角应不断拓展，提高了研究方法的系统性和理论的实践性。

（5）三江源国家公园相关研究

作为我国的第一个国家公园，三江源国家公园的研究时间并不长，通过系统梳理相关的研究文献发现，2015 年的研究主要围绕国家政策方面，探讨中国三江源国家公园的试点启动工作，同时借鉴国外国家公园发展经验，探索向深层次、研究型、生态保护型国家公园发展的模式及路径研究。2016 年至今研究进入高峰期，生态保护与治理、园区内牧民的生态移民及社区参与问题，是学者重点研究的领域。2016 年举办的三江源国家公园生态保护与绿色发展学术会议上，中国智慧城市发展研究中心产业组组长刘绿茵博士认为，三江源国家公园更应注重移动互联、大数据应用和信息平台建设，提高智慧管理的精细化、体验化和智能化。中南林业科技大学闫文德教授认为，三江源地区中有一部分处于较为原始封闭的生态系统，此处居民一直保持着传统的生活、生产方式，因此三江源国家公园生态系统保护，要处理好园内和园外居民、生物保护与利用的关系。

---

① 周睿，钟林生，虞虎.钱江源国家公园体制试点区管理措施的社区居民感知研究 [J].资源科学,2017,39(01):40-49.
② 钟林生，周睿.国家公园社区旅游发展的空间适宜性评价与引导途径研究——以钱江源国家公园体制试点区为例 [J].旅游科学,2017,31(03):1-13.
③ 刘佳，张雨苗.国内外旅游资源非使用价值评估研究综述 [J].热带地理,2017,37(01):130-141.

在三江源国家公园旅游发展研究中，青海省科学技术厅副厅长苏海红认为，在三江源区的实践探索方面，在生态保护优先的前提下，应按该区域实际情况，发展资源环境可承载的生态产业，解决农牧民的生活生计以及发展问题，同时改善公共服务、基础设施，强化社会管理与服务，强调通过生态产业的发展实现绿色发展、实现生态富民是试点的重要任务。李婧梅（2016）[①] 认为，三江源地区建设中，改善人口与环境关系的重要途径是建设智慧国家公园，发展生态旅游，使政府、经营者、原住牧民们获得发展和经济利益，最终实现和谐共赢。向宝惠[②]（2017）将生态旅游社会—生态系统理论，运用于试点区生态旅游开发中，认为建设生态旅游服务区也至关重要，在选址上要选远离园区的城镇，集中布局公共服务、自驾营地，其次绿色运营、游客管理、环境教育、社区参与同样是非常重要的内容，此研究为三江源国家公园体制试点区的生态旅游发展提供理论支撑与实践指导。康渊[③]（2018）从乡村振兴的角度对三江源国家公园的体制试点工作提出建议，并提出了构建草原综合体的概念。马婷（2021）[④] 以三江源国家公园为例，使用条件价值法研究了牧民生态旅游资源保护的支付意愿，结果表明 2018 年支付意愿为 133 元。支付意愿的产出，倾向应用于保护野生动植物、土壤和水资源，收入和受教育程度对支付意愿影响较大。熊文琪（2020）[⑤] 以三江源国家公园生态旅游所涉及的利益相关者为基础，构

① 李婧梅.三江源国家公园发展思路与建设路径探索——三江源国家公园生态保护与绿色发展学术会议综述 [J].青海社会科学,2016(04):52-56.

② 向宝惠,曾瑜皙.三江源国家公园体制试点区生态旅游系统构建与运行机制探讨 [J].资源科学,2017,39(01):50-60.

③ 康渊,王军.三江源国家公园试点区乡村景观营造模式探讨 [J].中国园林,2018,34(12):93-97.

④ 马婷.三江源国家公园居民对社会生态转型适应与对策研究 [D].北京:中央民族大学,2021

⑤ 熊文琪,秦子薇,张玉钧,等.三江源国家公园生态旅游路径研究 [J].环境科学与管理,2020,45(08):1-4.

建出多主体参与的三江源国家公园生态旅游发展框架。方玮蓉（2021）[①] 认为在当地政府的驱动下开展生态体验项目，是在实现资源可持续利用的基础上，进一步完成三江源国家公园整体建设目标的途径。调研发现果洛州可开展生态旅游、民族文化、红色教育等项目，生态体验项目的管理模式需进一步探索。

在三江源国家公园社区参与旅游机制的研究中，相关研究较少。赵翔（2018）[②] 调研了三江源地区对生态管护员的选聘及管理方式、牧民对生态管护公益岗位的态度，并提出提升优化策略。毛江晖（2019）[③] 指出特许经营在国家公园领域内的应用尚处于探索期，并以三江源国家公园为例，分析了该地区开展特许经营的可行性，提出了制定特许经营项目清单、强化执行特许经营管理政策、健全配套特许经营政策的建议。

综上所述，中国国家公园体制建立时间较短，尚未形成系统的理论体系，实践性的案例分析并不丰富。现行国家公园体制是在相应的法律法规、管理机制逐步实现配套的情况下，发挥了生态保育、教育科研、休闲游憩等基本功能，是在生态保护的基础上从事限制性开发活动，实现了国家公园生态保护展示、生态文明传承、共建共享的要求。这也成为探索三江源国家公园牧民参与共建路径的基本思路。

---

① 方玮蓉.三江源国家公园精益化可持续发展模式研究——以果洛藏族自治州 M 县生态体验项目为例 [J].青海民族研究,2021,32(01):53-59.

② 赵翔,朱子云,吕植,等.社区为主体的保护：对三江源国家公园生态管护公益岗位的思考 [J].生物多样性,2018,26(02):210-216.

③ 毛江晖.基于双赢模式的三江源国家公园特许经营构想 [J].经济与社会发展,2019,17(06):64-70.

1.3 研究内容及技术路线

1.3.1 研究内容

本课题的研究内容主要包括九个部分：

第一部分绪论。阐述本课题研究的背景、意义、研究方法、技术路线。

第二部分理论基础。对课题研究依据的相关理论进行阐述，为后续研究提供支撑。

第三部分研究方案设计与实施。对本课题研究如何调查、数据如何处理、实地调研如何开展等情况进行阐述。

第四部分三江源国家公园旅游发展调研与分析。调研分析三江源国家公园的概况、园区旅游发展基础、园区旅游发展现状，为后续三江源国家公园进一步发展旅游，以及三江源国家公园旅游发展下牧民参与共建机制的研究提供基础。

第五部分三江源国家公园牧民参与旅游的调研与分析。包括现阶段牧民参与旅游的方式，牧民参与旅游感知及态度、意识、诉求调查，利益相关者对牧民参与旅游的态度、感知调查，牧民参与旅游发展的影响因素评价分析四部分内容，为后续分析提供方向。

第六部分三江源国家公园旅游进一步发展思路与定位。是在第四部分分析的基础上进行的研究，包括旅游发展总体思路及定位。

第七部分三江源国家公园旅游发展下牧民参与共建机制主体构成及互动关系。在第五部分调研结果上，在三江源国家公园旅游进一步发展的背景下，进行共建机制主体的研究，内容包括了参与核心主体、利益相关主体各自的角色及功能，各参与主体互动关系。

第八部分三江源国家公园旅游发展下牧民参与共建机制构建。在上述研究的基础上，构建出牧民参与的框架，提出框架所包括的内容。

第九部分研究展望。在调查分析研究结果的基础上，指出本课题的局限性和后续的研究方向。

1.3.2 研究技术路线

根据研究的逻辑与思路，技术路线图如图 1-1 所示：

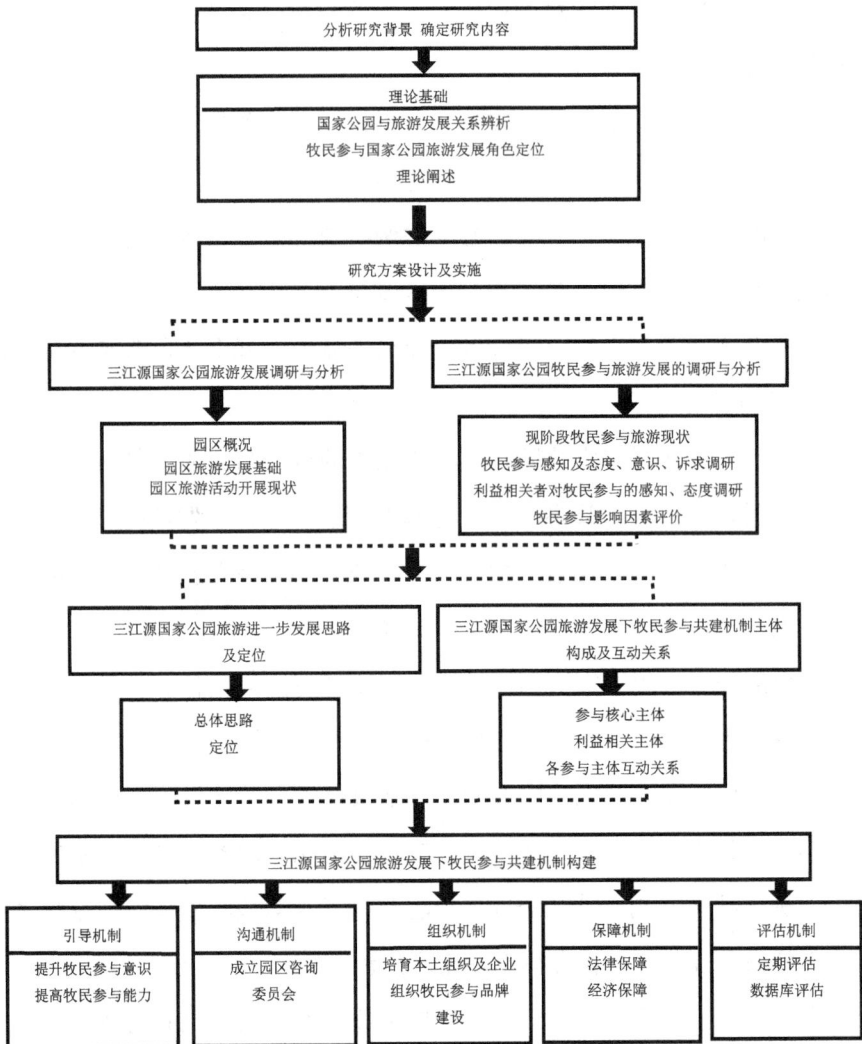

图 1-1 技术路线图

1.4 研究方法及创新之处

1.4.1 研究方法

为使研究具有针对性，本课题研究采用定量及定性的研究方法，进行实地调研、问卷调查、深度访谈以及数理统计、专家调查法，了解了研究区域基本情况、牧民群体的参与情况，进行整体机制的构建。

（1）文献研究法

文献法可以清晰地展现当前学术理论研究的最新成果和相关理论，快速了解研究对象的基本情况，为了保证科学性和严谨性，此次研究资料均来自 CNKI 数据库、万方数据库和课题相关的国内外著作及相关文献，通过对著作和文献的阅读，了解本课题研究领域的成果及经验，确定了研究框架，为本课题的研究提供方法指导、概念界定提供资料；另外为了获得三江源国家公园社会经济发展相关资料，在三江源国家公园官方网站、国家青藏高原科学数据中心等多处搜集了资料，构成了课题的基础数据资料。

（2）实地调研法

为获得牧民参与的第一手资料，本课题进行了 3 次实地调研。2018—2019 年，联系三江源国家公园黄河源园区、长江源园区、澜沧江源园区管委会进行调研，获取国家公园旅游发展的基础资料。2020—2022 年，根据三江源国家公园总体规划划分出的试点区及产业规划区，在三江源管理局、当地公安机关、组织部报备后赴当地典型的试点村进行调研。

（3）社区调查和访谈

为了解三江源国家公园基本情况，旅游发展的情况及社区参与的态度及现状，在实地调研时，运用半结构式访谈、关键人物的深度访谈、问卷调查等方法，获得第一手资料。

（4）数理统计法

进行调查结果的统计分析时，出于保证数据结果的可靠性、通用性和可比性的考虑，采用 SPASS 数理统计软件中线性回归分析法、聚类分析法、层次分析法进行对所搜集资料及数据进行分析；采用 AMOS 软件建立结构方程模型进行模型的构建和数据的分析，目的是对影响因素、参与意识做出合理的分析和分类；利用 ArcGIS 编制图件，以便更加清晰地反映三江源国家公园发展的现状。

（5）VOSviewer 共现网络可视化分析法

课题研究中除调查问卷外部分资料由访谈获得，对于如何从文本中获得科学的统计结果，课题应用了 VOSviewer 共现网络可视化分析。该软件可以支持文本数据分析，实现"共现聚类"，在此基础上提取相应的字段构建共现网络，如共词网络类，最终基于关系强度与方向的测度指标聚类，寻找到不同类型的团体，以团体大小反映元素的重要性。即从文本中科学地找出态度或问题的共词聚类，并且将这些共词以颜色聚类、关系线的可视化图形来表示，可以从图形中明确地发现对访谈内容表达的重点。

具体做法为：在软件中选择文档导入软件—信息单元即关键词抽取—建立共现矩阵—利用相似度计算—对关系进行标准化处理—统计分析（一般描述统计＋聚类）—可视化展现（布局＋其他图形属性映射）。

1.4.2 可能的创新之处

（1）选题方面。虽然社区参与在我国已经有了很丰富的研究成果，但是多集中在乡村旅游、景区、保护地的社区参与方面，针对国家公园社区参与机制进行深入的研究，目前只有两位学者涉及：学者张引提出了我国国家公园社区共管的机制，杨金娜学者提出了国家公园社区参与的机制；尚未有针对三江源国家公园牧民参与机制的研究，更缺乏从旅游角度出发对社区居民参与的相关机制研究，因此，本课题研究也在此领域做出了细致化的研究。

（2）在实证研究方面。本课题选择了三江源国家公园进行研究，丰富了国家公园的实证研究。

（3）在研究内容方面。本课题对三江源国家公园旅游的进一步发展提出了思路和定位；将牧民作为旅游发展中参与的主体，围绕牧民这个主体，明确了其他利益相关主体的角色及作用，明确了牧民和利益相关主体之间的关系；对三江源国家公园旅游发展下牧民参与共建机制进行了完善，并且丰富了机制实现的途径。

2 理论基础

2.1 国家公园与旅游发展关系辨析

国家公园最早起源于美国，是由国家批准、设立并进行管理的边界清晰的陆地或海洋区域。国家公园在成为面向公众的公园及娱乐场所的同时，使该区域的自然风景、生物以及其他景物保持现有的自然状态，免于破坏[①]。世界自然保护联盟将国家公园的作用描述为保护这一区域的大尺度生态过程、物种、生态系统特征，范围定义为大面积自然或近自然区域，同时从精神、教育层面出发，提供与该区域环境和文化相容的休闲和游憩的机会，在科学层面出发，实现该区域自然资源的保护和合理利用。自1872年美国黄石国家公园建立以来，各个国家建成了各种类型和规模的国家公园，目前所建成的国家公园一般都有以下几个特征：一为国家公园通常都以天然形成的环境为基础，且该环境和在该环境下所形成的景观，因在其所在国家境内，甚至在世界范围内，具有珍稀性和独特性，有不可替代的重要及特别的影响；二为国家公园以自然存在的景观为主，在有必要的情况下才辅助以人为的建筑、设施[②]。目前我国关于国家公园的定义，在《建立国家公园体制总体方案》中被阐述为："由国家批准设立并主导管理，边界清晰，以保护具有国家代表性的大面积自然生态系统为主要目的，实现

---

① 国务院公报.《建立国家公园体制总体方案》[EB/OL].(2017-09-26)[2021-02-02]. https://www.gov.cn/gongbao/content/2017/content_5232358.htm.

② 李琰.何谓国家公园？ [N/OL].人民日报海外版,2016-05-03[2020-04-03]. http://paper. people.com.cn/rmrbhwb/html/2016-05/03/content_1675823.htm

自然资源科学保护和合理利用的特定陆地或海洋区域"①。综上所述，国家公园既不完全等同于严格意义上的自然保护区，也不同于一般意义上的旅游景区，而是介于两者之间的，由一个国家划定、设立、管理的需要特殊保护、管理和利用的自然区域，是一种能够合理处理生态环境保护与资源开发利用关系的行之有效的保护和管理模式。

国家公园设立和存在的意义在于，以生态环境、自然资源保护和适度旅游开发为基本策略，适度开发，发挥其生态旅游、科学研究和环境教育功能，大范围带动该区域典型对生态系统完整性的有效保护，不仅消除了与保护目标相冲突的开发利用方法，保护了生态系统的完整性，还为公众提供了旅游、科研、教育和娱乐的机会和场所②。在生态环境保护与自然资源利用矛盾突出的地区，这种保护与开发有机结合的模式不仅可以保护生态环境和生物多样性，而且可以促进当地旅游业和经济社会的发展，最终实现资源的可持续利用③。在此基础上，中国建成统一规范高效的中国特色国家公园体制，会使交叉重叠、多头管理的碎片化问题得到有效解决，对重要生态系统进行更为严格的保护，对珍稀野生动植物进行长效保护，从而有效保护我国自然和文化遗产的真实性和完整性，形成新的自然生态系统保护体系和模式，实现生态环境治理体系和治理能力现代化，确保国家生态安全，实现人与自然和谐共处④。在阐述国家公园内涵的基础上，对国家公园与旅游发展之间的关系具体阐述如下：

---

① 国务院公报.《建立国家公园体制总体方案》[EB/OL].(2017-09-26)[2021-02-02].https://www.gov.cn/gongbao/content/2017/content_5232358.htm.
② 李梦一.什么是国家公园？设立的意义何在？[N/OL].2014-04-14[2021-05-02].https://www.stdaily.com/cehua/Apr14th/202204/7bf0d73872c04c74a27a0fae4c61ca91.shtml.
③ 新华网.我国开始试点建设国家公园[J].资源与人居环境,2008(21):50-51.
④ 魏钰,雷光春.从生物群落到生态系统综合保护：国家公园生态系统完整性保护的理论演变[J].自然资源学报,2019,34(09):1820-1832.

（1）国家公园是开展生态旅游的理想场所

原生态景观是生态旅游的重要吸引物之一，包括山川河流、森林草原、湖泊沼泽、珍稀野生动植物等，原生态景观保持了完整的生态系统，游客可以通过对该景观的观赏，感受大自然的魅力，了解生态保护的重要性和方法；国家公园通常是文化遗产和自然景观的重要保护区域，拥有极具特色的生态系统和资源条件，具备生态旅游吸引物最重要特征—自然性和原真性，因此是开展生态旅游的理想场所，各个国家在国家公园建设时，都开发了国家公园的游憩功能；在国家公园内开展生态旅游活动符合重视和保护原始自然景观、野生动植物以及独特地域文化理念，也正因为如此，国家公园具备生态旅游的吸引力来源和物质基础。[①]

（2）国家公园的建设理念与生态旅游的发展理念高度契合

生态旅游和国家公园的根本理念是一致的，两者都要求实现资源的永续利用。生态旅游发展理念的核心是可持续发展，在自然环境和文化遗产的保护与利用上，将旅游发展与生态环境、社会文化、经济发展相协调，以实现可持续发展[②]。生态旅游强调在旅游活动中，应尽可能减少对环境的负面影响，开发和推广可持续的旅游产品和服务，为当地社区提供可持续的经济和社会福利；生态旅游需要培养旅游者的环境、文化保护意识和尊重意识，要求政府和社会组织进行监管和管理，因此还应促进社会、文化的发展；国家公园的建设理念，是以绿色、共享、发展理念为主导，在减少人为活动对国家公园生态干扰和影响的前提下进行，在发展时生态系统

---

① 张玉钧,薛冰洁.国家公园开展生态旅游和游憩活动的适宜性探讨[J].旅游学刊,2018,33(08):15.

② 张玉钧.中国生态旅游发展与展望之二：发展成效与成功经验[R/OL].(2014-04-13)[2012-06-11].http://ftourcn.isenlin.cn/sf_B1FFB907765D4B699FEEB76F0692575C_246_555CC330384.html.

保育、经济及社会发展也要同时进行①，通过自然教育、科学研究、自然游憩等方式，促进实现社会、经济发展，实现生态保护等多种功能，最终达到促进国家公园可持续发展的目标的实现。

（3）人与自然和谐共生理念决定了国家公园旅游发展方式为生态旅游

我国自然保护区有着严格的生态保护政策，多数自然保护区从设立以后，几乎就以保护为主，叫停了大众旅游活动②，多部门交叉管理使得生态旅游与自然保护区之间的关系不明确，开发时缺乏顶层设计，也没有相应的开发标准，只是在环境保护为主的前提下，开展以观光、科普为主的旅游活动③，如表 2-1 所示，因此我国保护区的旅游活动没有得到充分开展，尚处于初级阶段。

在我国国家公园在试点初期对"旅游"和"生态旅游"等名词是有意回避的，原因既有管理层对生态旅游内涵理解有差异，也有对地方生态旅游开发结果不尽如人意的考量，国家公园的公益性体现不足。④ 基于此，我国借鉴国际有效做法，立足国情制定了《建立国家公园体制总体方案》，将国家公园的功能明确定位为国家公园的首要功能，是重要自然生态系统的原真性、完整性保护，同时兼具科研、教育、游憩等综合功能，旅游作为中国国家公园同时兼有的功能，在制度上被确定下来⑤；国家公园管理办

---

① 国务院公报.《关于建立以国家公园为主体的自然保护地体系的指导意见》[EB/OL]. (2019-02-26)[2020-06-1].http://ftourcn.isenlin.cn/sf_B1FFB907765D4B699FEEB76F0692575C_24 6_555CC330384.html.

② 张利涛，卢艳香，朱颜，苏雪芹.青海以国家公园为载体的生态文明建设研究 [J].生态经济 ,2019,35(10):212-216.

③ 彭杨靖，樊简，邢韶华，等.中国大陆自然保护地概况及分类体系构想 [J].生物多样性 ,2018(3):315-325.

④ 张朝枝，曹静茵，罗意林.旅游还是游憩？我国国家公园的公众利用表述方式反思 [J].自然资源学报 ,2019(9):1797-1806.

⑤ 中国人民共和国生态环境部.《建立国家公园体制总体方案》[EB/OL].(2017-09-27) [2019-09-10].https://www.mee.gov.cn/zcwj/zyygwj/201709/t20170927_422371.shtml

公室在解读指导意见中声明："开展国家公园体制试点工作，其核心目标就是保护我国重要生态系统的原真性和完整性，给子孙留下珍贵的自然遗产，不是为了搞旅游，更不能搞大开发①。"这一制度允许有限度地利用自然资源发展生态产业，其中发展生态旅游是重要方面，这也是推动国家公园科学保护与旅游高质量发展的途径之一。

表 2-1　自然保护地与旅游发展

发展阶段	自然保护地类型	管理部门	各类型保护地对旅游的描述
旅游兴起阶段（1982 年—1999 年）	森林公园	国家林业局	观光游览、科学考察、科普教育
生态旅游阶段（2000 年—2014 年）	地质公园	自然资源部	观光游览、科学考察、科普教育、研学旅游
	水利风景区	水利部	观光游览、休闲度假旅游、科普教育
	湿地公园	国家林业局	生态观光旅游、科学考察、科普教育
	海洋特别保护区	国家海洋局	生态观光旅游、科学考察、科普教育
明确生态游憩功能阶段（2015 年－至今）	国家公园体制	国家林业和草原局	生态体验、环境教育为主的生态旅游

（4）国家公园体制决定了生态旅游开发的严格性

国家公园生态旅游是在特定区域以环保及社区参与为主适度发展的生态旅游，因此首先要以保护为主。《关于建立以国家公园为主体的自然保护地体系的指导意见》提出，国家公园和自然保护区实行分区管控，原则上

---

① 国家林草局.国家林草局解读《国家级自然公园管理办法（试行）》[EB/OL].(2023-11-06)[2023-11-10].https://geo.hainan.gov.cn/sdzj/zxjd/202311/6698dbb885794ec39f8b5e96de35e1e4.shtml

核心保护区内禁止人为活动，一般控制区内限制人为活动，国家公园的一般控制区内可"划定适当区域开展生态教育、自然体验、生态旅游等活动，构建高品质、多样化的生态产品体系"①；这一空间制度的规定，要求国家公园在划定区域内有限度地利用自然资源发展生态产业。国家公园旅游的重点在于访客身临荒野之中的体验感、参与感，要以高品质生态体验及教育为主，以公园独特资源供给特色体验，优化线路和主题活动，生态体验以大尺度生态景观观赏为主要形式，科普、教育内容以沉浸性、交互性的自然教育手段进行，避免与传统景区产品同质化，为全社会提供最美最优质的生态产品，让生态保护成果增强广大人民群众的获得感，而非是以旅游经济效益为主。国家公园旅游实行特许经营制度，从生态保护角度出发，特许经营制度是对政府主导的社会公益制度的一项补充，也是确保国家公园社会服务功能完善的途径。在政府主导下，特许经营是可以提高社会资本参与国家公园生态保护效率、提升国家公园服务质量的一项政策，同时也可以促进国家公园生态产品价值转化，最终达到有效提高国家公园保护效率和保护质量的目标。旅游特许经营、社区特许经营、基础设施特许经营、区域联合特许经营等都是国家公园发展的趋势。

2.2 牧民参与国家公园旅游发展角色定位

旅游作为三江源国家公园实现社区发展的途径之一，要将牧民作为生态旅游发展的核心参与者。

从旅游发展角度来看，牧民是三江源国家公园旅游发展的关键组成部分，在发展中不可或缺。首先，牧民是促进三江源国家公园的生态保护与可持续发展的主要力量，牧民了解生态保护的意义和方法，可以通过参与

---

① 新华社.《关于建立以国家公园为主体的自然保护地体系的指导意见》[EB/OL].(2019-06-26)[2023-11-10].https://www.gov.cn/zhengce/2019-06-26/content_5403497.htm

公园管理机构制定的环保计划、资源回收计划和清洁计划，参与保护当地生态资源的工作，共同推进生态旅游业的可持续发展；通过牧民的监督，可以发现和及时处置当地的环境污染问题和生态破坏行为，保障三江源国家公园的生态环境和资源的安全；而通过参与，牧民也会更深入地了解三江源国家公园的生态环境和资源，认识到生态环境保护的重要性；更重要的是深度参与生态保护的牧民还可以积极推广生态旅游理念，宣传环保意识，牧民可以与游客进行沟通，引导游客保护环境、防止污染，从而实现三江源国家公园增强社会公众保护意识的功能。其次，牧民可以帮助游客增强景观体验与文化体验的真实感，作为园区内的居民，牧民对当地的历史、文化、风俗有着更为深入的了解，可以将地道的日常生活、最真实的旅游内容和文化内涵传递给三江源国家公园的游客，为游客提供更加真实的旅游体验，并且有助于展示当地的文化内涵和传统；牧民可以为游客提供丰富的文化和娱乐活动，游客通过参加当地的传统工艺体验、传统美食体验、传统舞蹈表演等活动，可以更好地了解当地文化和文化内涵，进而深入体验当地文化，同时游客还可以通过参与当地的日常活动和文化节庆活动，或者参加当地牧民组织的社区活动来加深旅游体验；而牧民提供的与访客的交流和互动，可以让游客了解牧民的生活和文化背景，从而加深对三江源国家公园的认识；第三，牧民可以促进当地文化传承和价值传递，三江源国家公园有着独特的传统文化、民族文化和自然景观。在旅游发展的过程中，维持文化遗产的完整性与稳定性是当地人需要积极关注的一个问题，当地牧民可以通过实际参与，对其所处的文化环境有更深入的认识，并将这种认知传承给游客，从而保护、传承并推动当地的文化，让更多人了解"三江源"国家公园品牌的内涵。总之，牧民是旅游的服务者和环境维护者，为旅游者提供住宿、导游、休闲等活动的服务和信息，负责维护景区环境，保护生态资源，同时牧民的文化和生活是游客们探寻生态旅游的重要方式，牧民的参与可以增进旅游的可持续发展。

　　三江源国家公园旅游的发展可以为牧民提供更多的就业机会，包括公园管理、导游、餐饮、住宿等相关产业，为当地居民创造更多的就业机会，提高牧民的收入水平。牧民可以参与当地文化产品的开发和推广中，如特色手工艺品、美食、民间医药、音乐等，从而让更多的人了解当地的文化价值，推动当地特色文化产品的发展和推广；牧民可以通过参与社会公益活动来传递和推广社区的文化和价值观，如义工服务、环保行动等，这可以让牧民更加了解和关注社区的文化传承和发展，培养居民文化责任感和义务感；同时旅游的发展也会使社区的基础设施得到改善，包括道路、桥梁、供水、供电等基础设施，这可以为牧民的日常生活提供更加便捷的条件，提高生活质量；旅游还可以让游客和居民互动沟通，增强居民对于自己社区的文化认同和归属感，通过旅游的宣传和推广，让更多的人了解三江源国家公园的独特魅力，促进公园的发展与保护工作。牧民的宣传、投资和参与可以促进生态旅游所需资源的保护，同时也可以帮助减少生态破坏的行为。总之三江源国家公园旅游发展可以为牧民带来更多的发展机会，包括增加就业机会、改善基础设施、增强文化认同和认知机会；牧民通过深度参与旅游产业的发展，可以分享到旅游业所带来的收益，获得更多的利益和福利，从而改善自身的生活水平，推动社区的可持续发展，这些都是促进公园旅游发展和公园可持续发展的重要因素。

　　三江源国家公园生态环境脆弱，自然灾害频繁，园区内牧民因受教育程度较低、交通落后等原因，依赖自然资源的程度较高，生产生活方式单一，其中长江源、黄河源园区牧户主要收入来源为畜牧业收入和国家补助，澜沧江园区农牧民除畜牧业收入和国家补助外，虫草为主要收入来源，占收入的60%～70%^①，多数没有其他收入来源，寻求替代生计的能力也非常有限；在发展的理念及建设目标要求下，三江源国家公园在建设中划定了

　　① 赛杰奥.社区参与：三江源国家公园生态保护与生计和谐发展的新篇章[EB/OL].(2021-12-22)[2022-03-08].https://www.163.com/dy/article/GRQQA2H30512TRKA.html.

生态红线，部分地区限制了经济发展活动，使得农牧民对资源的利用也被
不同程度的限制，传统的生产生活方式同样也受到限制或禁止，原本自我
发展能力不足的区域后续发展更加困难，牧民选择生态保护行为后对抗风
险的能力下降，更加依赖政府资金支持，生态保护与社区发展的矛盾日趋
突出①。

　　旅游作为牧民替代生计的选择，强化牧民的参与作用，能实现社区参
与的最佳效果，实现三江源国家公园的可持续发展。因此，不仅要通过智
力及资金支持，让牧民在遵循三江源国家公园旅游发展目标、管理制度的
基本原则下，利用自身的优势参与到旅游经营、旅游服务、利益分配等环
节，使传统牧民逐步向旅游业转移；还要建立农牧民与国家公园建设的利
益连接机制，使牧民获得经济效益，从而促使牧民更加积极地投入旅游发
展全过程，获得权利、承担责任，在保障旅游业可持续发展的同时，实现
社区全面发展；除此之外，要积极探索如何能够调动起牧民的积极性参与
机制，促使社区居民在参与旅游发展的过程中，能够充分享受到旅游发展
带来的利益，从而实现区域内各主体和谐相处、合作发展的共赢局面。

2.3 相关理论阐述

2.3.1 生态旅游理论

　　生态旅游理论的来源可以追溯到 20 世纪 60 年代初期，当时环保意识
逐渐兴起，人们开始关注环境问题的影响。随着旅游业的发展，人们逐渐
意识到旅游业对环境的影响，因此开始关注生态旅游。生态旅游理论的发
展可以归结为以下几个方面：（1）环境保护运动的兴起：1962 年，美国最
著名的环保组织—自然保护协会（Nature Conservancy）成立，开始推动

---

① 赛杰奥.社区参与：三江源国家公园生态保护与生计和谐发展的新篇章 [EB/OL].
(2021-12-22)[2022-03-08].https://www.163.com/dy/article/GRQQA2H30512TRKA.html.

环保运动的发展；（2）生态学的发展：1960年代，生态学开始逐渐走入人们的视野，生态学的理论成果为后来的生态旅游理论提供了理论基础；（3）旅游业的发展：20世纪60年代以来，旅游业得到了快速发展，人们逐渐意识到旅游业对环境的影响，因此开始关注生态旅游；（4）生态旅游实践的经验总结：20世纪70年代，一些国家开始推行生态旅游，通过实践总结经验，为生态旅游理论的发展提供了实践基础。综上所述，生态旅游理论的来源是多方面的，包括环保运动、生态学的发展、旅游业的发展以及生态旅游实践的经验总结等。

生态旅游理论的核心是可持续性，旅游业应该在满足人们旅游需求的同时，最大限度地保护和改善环境，促进经济、社会和文化的发展。生态旅游理论的核心包括以下几个方面[①]：（1）环境保护。生态旅游的核心是环境保护，旅游活动应该尽可能地减少对环境的负面影响，包括减少污染、保护野生动植物、保护生态系统等；（2）社会责任。生态旅游应该尊重当地的社会文化和传统，保护当地居民的权益，促进当地社区的发展；（3）经济效益。生态旅游应该注重旅游业的经济效益，通过旅游业的发展促进当地经济的发展，提高当地居民的生活水平；（4）教育意义。生态旅游不仅仅是一种旅游活动，它还具有教育意义。通过旅游活动，公众可以更好地了解自然环境、文化历史等，提高对环境保护的认识。

生态旅游理论的实践可以促进旅游业的可持续发展，同时保护自然环境和文化遗产，并为当地社区提供经济和社会福利。这种发展理念是对传统旅游业的一种创新和改革，其实践经验和成功案例也为其他地区和行业提供了借鉴和启示；基于此，结合国家公园的发展理念，课题将生态旅游理念引入三江源国家公园旅游发展中，为发展思路、目标定位、产品定位、要素定位提供理论支撑。

---

① 保护区平台.什么是生态旅游?[EB/OL].(2023-12-15)[2022-03-12]http://bhq.papc.cn/sf_90B539DF7EE44548A310B18A35F5F908_209_1335E561541.html.

2.3.2 利益相关者理论

利益相关者一词最早出现在《战略管理：利益相关者管理的分析方法》一书中，书中对利益相关者管理理论进行论文阐述，该理论是指企业的经营管理者，为使得各个利益相关者的利益达到综合平衡的状态而进行的特定的管理活动。[①]

利益相关者理论核心思想是将由股东掌握的企业决策权及相应利益，一部分移交给利益相关者，基础内容包括明确利益相关者和界定利益相关者类别。利益相关者理论中利益相关者的范畴为合法的主要的个体、团体，有学者将利益相关者进行了具体分类，分为内部利益、外部利益、远端利益三类相关者。其中内部利益相关者为企业员工、管理人员等，外部利益相关者[②]为供应商、自然环境等，远端利益相关者为消费者、政府管理机构等。随着利益相关者理论不断完善，学者还划分出主要、次要利益相关者[③]，但都存在彼此满足、互惠互利的关系，所以其互动的形式就包括合作、信息咨询和交换。企业的决策权及相应利益和利益相关者利益相协调的途径是一种制度性措施，即监督和激励。

由此可见利益相关者理论最初是用于企业管理方面的，随后各个学科融合发展，此理论被引入到旅游学科中，在自然保护地管理、旅游规划、城市规划中。引入利益相关者理论是国家公园管理手段的升级，也是保护和发展的平衡发展的途径；根据该理论，三江源国家公园旅游发展中，牧民是保护地管理的一个重要主体，政府、非营利机构、企业是重要的利益相关者，在保障社区居民参与方面意义重大，在社区居民参与过程中应明确利益相关者的态度，更好地构建社区居民参与机制。

---

① 孙晓. 利益相关者理论综述 [J]. 经济研究导刊 ,2009(02):10-11.

② Sirgy MJ. Measuring corporate performance by building on the stakeholder model of business ethics[J]. Journal of Business Ethics, 2002, 35(3): 401–414.

③ 孙晓. 利益相关者理论综述 [J]. 经济研究导刊 ,2009(02):10-11.

2.3.3 共生理论

美国生物学家马古利斯在"盖娅假说"的基础上提出了共生理论，该学者并不认同生命如达尔文所述消极被动地去适应环境，他认为生命实际上是积极主动地去改造所处的环境，因此，生命有机体与新的群体、环境融合，是地球的进化过程。[①] 当前人们认识到共生是人类与人类之间、人类与自然之间、自然与自然之间，经过适应、合作而形成的相互依存的关系，这种关系和谐、统一才能进行下去。

共生理论具体定义为同一环境中的不同生物，在共同生活中形成的互利关系，是以合作为基础的竞争关系，这种关系不完全是适者生存的，更多的是双方取长补短的合作、竞争。在这个过程中，双方有各自的独立性，按照自身的特色和特质不断发展，因此在相互合作弥补的过程中可能产生新的模式结构。[②] 各学者在此基础上提出"共生"的概念，随着各学科之间的交流密切，学者意识到共生是一个范围不断拓展的概念，人类和自然界更需要达到和谐的共生共存的状态。

在此基础上，共生理论在各个学科中得到应用。学者认为，社区是一个系统的组织，在发展中，除了依靠社区居民的主观能动性发挥之外，还要依靠政府管理、各类机构和各类社会组织进行多元化的共同发展。共生理论认知下的社区居民参与，是指政府、其他组织机构认识到在市场发展层面存在的问题，并制定相应政策，引导、辅助社区居民贡献力量，达到共发展的状态，从而达到减少社区矛盾的目的。[③] 基于此，本课题在研究国家公园旅游发展中牧民参与方式时，引入共生理论，分析牧民与园区外牧民、生态体验者、国家公园管理者、非营利机构之间的关系，明确其各

① 彭佳.民族自生系统论：符号学视域下的多民族文化认同体[J].民族学刊,2020,11(03):44.

② 彭佳.民族自生系统论：符号学视域下的多民族文化认同体[J].民族学刊,2020,11(03):45.

③ 杜威.多维距离对企业扶贫捐赠的影响研究[D].上海：上海师范大学,2020.

自的角色及其作用，提出国家公园这一区域中共享成果的路径。

2.3.4 可持续发展理论

可持续发展理论经过了一个长期而漫长的形成过程，可持续发展是指在满足当下社会人们生产生活需求的同时，又不危及后代人满足其需求的发展；可持续发展理论由生态可持续性、经济可持续性、社会可持续性组成，这三者的关系是互相依存，互为基础的。可持续发展理论的内涵也非常丰富[①]，首先强调共同发展，即整个世界和各个地区都是一个复杂的系统，每一个系统都和其他系统之间有着密切的关系，但是只要一个系统出现问题，就会连带其他系统出现紊乱，最终影响整个系统的整体发展；其次强调协调发展，协调不仅包括空间区域的协调，还包括了在一定空间内所有的资源环境、人口、内部环境的协调发展；第三强调公平发展，包括了时间上和空间上的公平，对于这个内涵的解读就是现代社会经济的发展绝不能以牺牲后代的生活环境为代价，一个国家和地区的发展，也不能建立在牺牲其他国家和地区的基础之上；最后强调多元化的发展，各个国家和各个地区都要遵循本国或本地区的实际，在符合本国或本地区实际情况的基础之上，进行多元化多模式的发展，这样才可以使发展进行下去。

人类社会的发展和经济的不断进步，为生存环境带来了改变，但人类活动同时对环境产生了很大的影响，《21世纪议程》提出解决环境问题的方法，就是要提倡可持续发展。[②] 自然保护区拥有丰富的自然资源和生物多样性，而周围社区大多保留着传统生活和生产方式，在利用自然保护区资源的同时，也会对生态环境造成一定程度的破坏，自然保护区的资源保护与社会经济发展之间的矛盾也以此而产生—如果追求经济增长，忽视环

---

① 钱俊生. 可持续发展：理论与实践 [M]. 北京：中国环境科学出版社。
② 中国 21 世纪议程管理中心. 中国 21 世纪议程 [EB/OL].(2021-6-23)[2022-03-12] https://www.acca21.org.cn/UploadFiles/file/20210623/637600408456011968/002.pdf.

境和社会效益，将影响资源的保护，但是强调环境保护，而忽视经济发展也会制约社会的发展。如果当地居民的生计得不到保障，将影响对自然资源的有效保护，只注重经济利益或只注重保护，都是相对片面的，要在保证经济快速发展的同时，控制对环境的破坏，实现良性发展和良性循环模式，可持续发展是必然选择。

国家公园的可持续发展是可持续发展理论在自然保护区开发和管理中的应用。合作共赢是发展之道，为了自然保护区以及国家公园的保护和发展能取得共赢效果，运用可持续发展理论时，不仅要关注需求的"需求"，还要关注需求的局限性。[①] 为了满足需求，必须首先满足居民的基本生活需求和对他们需求的限制。根据这一观点，针对资源的社会需求和对掠夺性资源使用的限制，管理者应以可持续发展理论为指导，以经济发展为基础，在保护资源和生物多样性的前提下，实现保护区及其社区的可持续发展，进一步实现自然、经济和社会复杂系统的可持续稳定发展，最终实现以人为本的社会进步。

此外，自然保护地及国家公园的建设中，游憩或生态旅游是一个关键的话题，也是推动可持续发展的最重要方式。[②] 国家公园的理念是坚持生态保护首位，具有国家代表性、全民公益性，将旅游向全民公益性转变，将一般旅游活动向可持续生态旅游转变。课题中，可持续理论用于三江源国家公园旅游开发的研究，三江源国家公园要实现可持续旅游的发展，就要在国家公园管理体制的要求下遵循生态空间的管控要求，强化旅游活动和服务的管理，确保三江源国家公园的游憩功能得到有效发挥。

---

① 张海霞；汪宇明. 可持续自然旅游发展的国家公园模式及其启示 [J]. 经济地理，2010,30(01):156-161.

② 袁淏；彭福伟. 国家公园可持续旅游发展的战略选择 [J]. 北京林业大学学报 (社会科学版).2019,18 (01):22-25.

2.3.5 社会交换理论

社会交换理论的起源可以追溯到 20 世纪初的社会学家乔治·霍默斯，霍默斯认为，人们的行为是基于他们所期望获得的反馈和奖励，人们不仅会考虑物质奖励，如工资和物品，还会考虑非物质奖励，如社会认同和情感支持[①]；在 20 世纪 50 年代，社会学家乔治·赖特·米尔斯和哈罗德·凯尔曼推广了社会交换理论的概念，认为人们的行为是基于他们所期望获得的反馈和成本，而这些反馈和成本可能是物质的或非物质的[②]；在 20 世纪 60 年代，社会学家彼得·布莱克修正了社会交换理论[③]，认为人们的行为是基于他们所期望获得的利益和成本，而这些利益和成本可以是直接的或间接的。

社会交换理论基于以下几个假设：个体的行为是基于理性的决策，人们会考虑自己所做的行为所带来的成本和收益，以及与其他行为的比较[④]。社会交换是一种相互依存的过程，每个人都需要其他人来获得资源和利益，同时也为其他人提供资源和利益[⑤]。社会交换是有规律的，人们往往会参考先前的交流经验来决定如何与其他人进行交流[⑥]。社会交换可以是正式的或非正式的，正式的社会交换通常涉及货币或其他形式的契约，而非正式的社会交换则是基于信任和情感的关系[⑦]。社会交换理论可以用来解释许多社会现象，例如个人的决策和行为、组织内部的互动，以及不同文化和社会群体之间的交流。此外，社会交换理论还可以作为一种实践工具，用于帮助人们改善他们之间的关系，并更好地理解其他人的行为和动机。

---

① Margulis L. Serial endosymbiotic theory (SET) and composite individuality[J]. Microbiology Today, 2004, 31(4): 172-175.

② Mills C W. The sociological imagination[M]. Oxford: Oxford University Press, 2000.

③ Blau P. Exchange and power in social life[M]. London:Routledge, 2017.

④ Blau P. Exchange and power in social life[M]. London:Routledge, 2017.

⑤ Mills C W. The sociological imagination[M]. Oxford: Oxford University Press, 2000.

⑥ Margulis L. Serial endosymbiotic theory (SET) and composite individuality[J]. Microbiology Today, 2004, 31(4): 172-175.

⑦ Mills C W. The sociological imagination[M]. Oxford: Oxford University Press, 2000.

　　总而言之，社会交换理论的根据是：人们在进行交往时通常都是希望能够从中获得某种回报，因此交往关系就是一种交换关系。换言之，人们在交往时，通常都希望交流自己的资源从而获得来自对方的资源，这种资源可以是金钱、物质、服务、情感等；社会交换理论强调人们在交往中的互动作用，以及对方的行为对自己的影响，从而帮助人们理解人际交往的本质、规律以及影响。依据社会交换理论，社区居民参与到国家公园建设及管理的过程，同样也是社会交换的过程，社区居民的参与意愿及程度，主要受到在交换过程中的收益影响。因此，该理论框架也可用来解释社区居民在参与过程中的动力因素。社区居民认为国家公园带来的收益超过了所付出的成本，将会以积极、支持、肯定的态度去支持，反之，如果国家公园带来的收益并没有使得他们的付出得到正常的回报，成本低于收益，态度则是消极、反对的。在本课题研究中，运用社会交换理论，可以对牧民的感知进行研究，进而分析其参与意识。

3 研究方案设计实施

3.1 研究方案设计

3.1.1 设计调查问卷及访谈内容

（1）牧民调查问卷设计

本课题是针对牧民的调查问卷，内容要涵盖对基本情况和影响因素的调研。第一部分为牧民基本信息的调查，包括牧民的年龄、文化程度、家庭主要成员、收入以及收入的主要来源；第二部分的内容围绕参与感知进行，主要了解牧民参与的方式，参与的内容及程度，分为参与基本情况调查及影响因素调查，由以下几个问题组成：牧民参与旅游的态度调查，牧民对旅游发展影响的感知，牧民参与旅游中对自身影响因素的感知，牧民对政府管理机构、企业、非营利机构和其他利益相关者如生态体验者、城镇居民影响的感知调查；第三部分围绕牧民参与意识及诉求进行，主要为牧民对参与国家公园旅游发展的意识调研，首先征求专家及三江源国家公园三个园区管委会管理者的意见，其次考虑本课题研究的背景，在选择牧民参与方式时，综合国家公园旅游发展方式、三江源国家公园总体规划，着重考虑与生态体验、环境教育有关的内容，在特许经营范围内，考虑牧民感兴趣并认为有意义、待遇好、收益高、时间充足、资金充足、有相关技能、有经营基础、简单、没有能力限制的方式，对牧民进行参与意识的调查，然后进行牧民参与诉求的调查。

在具体的问卷调查过程中，在不改变原有含义的前提下，问卷问题及选择的用词会进行变化，目的是在便于牧民了解的基础上，获得具体准确的结果。

（2）专家调查问卷设计

本课题立足于研究旅游发展下三江源国家公园旅游发展中牧民参与建设的问题，围绕研究主题，根据实地调研和文献综述总结出机制构建包括的内容。考虑到三江源国家公园的总体规划，以及该地区牧民的实际情况，编制三江源国家公园旅游发展中牧民参与影响因素专家意见调查问卷，请国家公园管理机构、青海省发改委、自然保护地管理机构，以及社区共管、生态旅游等相关领域专家、学者对各影响因素进行赋值。

（3）设计访谈内容

访谈提纲是针对不同的利益相关者，因此在实际调研后做了删除及修改。访谈提纲分两部分内容：一方面围绕对三江源国家公园旅游资源的了解，以及对旅游发展的认知进行；另一方面围绕对旅游发展中牧民参与的认知及态度，牧民自身在参与旅游中的作用进行。

3.1.2 设计调研方式

本课题从旅游发展的角度出发，研究三江源国家公园牧民参与机制研究，所以在研究对象上除牧民之外，还包括管理者即政府管理机构、与社区发展相关的非营利机构、特许经营企业、城镇居民、生态体验者等。这几个主体均属于利益相关者，都要进行调研和访谈。针对上述不同的利益相关者采用不同的调研方法：

（1）深入访谈

作为政策的制定者和执行者，政府管理机构的态度和认知，对于牧民参与三江源国家公园旅游发展机制构建有十分重要的影响，因此课题组采用深入访谈的方法进行调研，提前预约三江源国家园区各园区管委会管理者，在管委会办公点进行，时长 1 至 3 小时；在访谈中由课题组成员提出问题，管理人员回答问题，课题组成员录音并对重要问题进行记录，并在追问的时候集中讨论相关问题，在访谈完成后将录音进行整理。

（2）半结构式访谈＋深入访谈

对非营利机构、特许经营企业进行访谈时，课题组选取山水自然保护组织为非营利机构的代表，生态畜牧业合作社理事、云享自然的管理人员为企业的代表，园区周边城镇居民为城镇居民代表进行访谈，采用预约访谈、电话访谈以及在居民小区开展访谈的形式，在访谈过程中根据受访者的回答，随机拓展和进行深入访谈，目的是得到更多的可行性建议。

（3）问卷调查＋访谈

牧民是本次调研的重点，为充分了解牧民对国家公园的认知、参与的意愿、期望的方式，在实地调研中，课题组采用了问卷调查的方式，一是在管委会、村、牧委会的帮助下，集中进行问卷调查；二是通过入户进行问卷调查，入户时，聘请藏语翻译共同协助完成，时长 0.5 至 1 小时不等，对于文化程度有限的部分牧民，则通过问卷加访谈的形式进行，在征得受访者同意后，对部分没有填写问卷内容的牧民进行录音。在问卷调查的同时根据牧民的基本情况对其开展访谈，对具体问题进行深度访谈。

3.1.3 数据处理方式

针对不同的资料，采用不同的数据处理方法。

（1）对搜集到的文字资料与二手资料进行整合，总结三江源国家公园的概况、社区发展情况、旅游发展情况、牧民参与情况。

（2）将国家公园管理机构、非营利机构、特许经营企业、城镇居民的访谈记录和录音转为 word 文本供话语分析使用。为了科学阐释利益相关者的看法，减少研究者的个人主观阐释，话语分析采用设计 ROST Content Mining 6 作为辅助，VOSviewer 软件分析，得出 VOSviewer 共现网络可视化分析图汇总结果。

（3）对牧民的问卷数据进行统计后，采用 SPSS 软件进行分析总结，AMOS 软件建立结构方程模型（SEM）进行模型的构建和数据的采集、分析，利用 ArcGIS 编制相关用图。

3.2 调研方案实施

3.2.1 选择调研地点

由于三江源国家公园范围广、地区差异大，按照《试点方案》《总体规划》《三江源国家公园生态体验与环境教育规划》《三江源国家公园产业发展和特许经营专项规划》《三江源国家公园社区发展和基础设施建设专项规划》的要求，此次调研分两个方向进行地点选择：

首先，选择三江源国家公园管理局、三江源国家公园长江源园区管委会、黄河源园区管委会、澜沧江源园区管委会进行调研；对各园区所在地政府进行调研，了解三江源国家公园以及园区牧民的基本情况、园区生态旅游发展基本情况，为后续调研地点的选择提供依据。

其次，在第一次调研的基础上，确定调研地点。三江源国家公园面积广，牧民仍以散居为主，因此在选择时主要考虑牧民定居点。筛选可调研的定居点时，以选择能为研究提供相对完整信息的研究地点为原则选择最终调研地点。

3.2.2 开展实地调研

2018 年 5 月，课题组成员与三江源国家公园管理局生态保护处取得联系，前往三江源国家公园管理局进行调研，搜集三江源国家公园管理局相关资料、三江源国家公园试点建设相关资料；对三江源国家公园管理局局长李晓楠进行访谈，了解三江源国家公园试点建设的基本情况、发展生态旅游的政策，以及三江源国家公园管理局管理体制及内设部门，征询其对本课题如何进行调研的建议及意见。

2019年7至8月，在三江源国家公园管理局报备获得准入证后，与4名课题组成员赴青海省果洛藏族自治州玛多县玛查理镇黄河源园区管委会、玉树市杂多县萨呼腾镇澜沧江源园区管委会、玉树市结古镇长江源园区管委会进行调研。与黄河源园区、澜沧江源园区管委会、长江源园区曲麻莱管理处、长江源园区治多管理处取得联系后，获取园区试点建设的基础资料，以及园区牧民相关信息；对管委会管理人员进行访谈，主要了解园区基本情况、牧民基本情况、园区生态保护及发展生态旅游的基本情况，以及对本课题进行调研的建议及意见。在黄河源园区管委会、长江源园区管委会、澜沧江园区安排下，赴扎陵湖国际重要湿地、通天河保护区及"长江第一湾"、昂赛大峡谷等地，了解上述保护地实际情况，适度发展生态旅游的各项设施与条件。此次调研，为课题调研对象选择、问卷设计、访谈提纲设计提供了方向。

2020年7至8月，第一站赴黄河源园区进行调研。取得联系的单位有玛多县委组织部、玛查理镇人民政府、玛查理镇社区委员会、玛查理新村村委会、扎陵湖乡人民政府、擦泽村委会；与上述单位管理人员沟通调查问卷内容并向玛查理镇派出所备案后，对牧民进行问卷调查，生态管护员、生态畜牧业合作社管理人员的访谈由村委会组织调研会进行；之后分别与玛查理镇政府管理人员、村委会管理人员进行了访谈；对园区居民小区进行入户问卷调查及访谈，对宾馆、餐饮店经营者，经营民族用品商户，旅行社管理人员进行了访谈。

在村委会的协助下，对村牧民代表、生态管护员代表进行问卷调查，由村委会组织生态畜牧业合作社管理人员的访谈调研会；对村委会管理人员进行访谈，对云享自然人员进行电话访谈。

第二站赴澜沧江源园区进行调研。取得联系的单位有杂多县县委组织部、昂赛乡人民政府、昂赛管护站、昂赛赛马会组织办公室、年都村牧委会。与上述单位管理人员沟通调查问卷内容并向昂赛乡派出所备案后，在年都村牧委会的组织下聘请翻译，对牧民进行入户问卷调查，对生态体验示范点管理及经营人员、生态合作社管理人员、生态管护员访谈；生态体验者的访谈由昂赛管护站管理人员、昂赛赛马会管理人员组织座谈会进行；之后对杂多县组织部管理人员、昂赛管护站管理人员进行了访谈；对非营利机构典型代表大猫谷旅游产业有限公司、山水自然保护中心管理人员、云享自然和伙伴机构斑马户外管理人员进行了电话访谈；聘请翻译在杂多县萨呼腾镇格仲幸福人家小区进行了入户问卷调研及访谈；对 4 家宾馆、3 家餐饮店经营者进行了访谈；与萨呼腾镇加索下滩社区妇联组织巾帼志愿服务队取得联系并进行了访谈。

第三站赴长江源园区红旗村、马赛村进行调研。两处调研地分属两个县，取得联系的单位有长江源园区国家公园曲麻莱管理处、长江源园区国家公园治多管理处、曲麻莱县叶格乡人民政府、治多县扎河乡人民政府、红旗村牧民委员会。在与管理处人员沟通调研内容后，调研由长江源园区国家公园曲麻莱管理处组织红旗村 4 个村级管护队代表、生态管护员督导员进行了牧民问卷发放及回收；红旗村牧民委员会组织了拖俄俄加合作社、妇联工作人员的访谈。

马赛村调研由长江源园区国家公园治多管理处组织村级管护队管理人员辅助进行；之后与长江源园区国家公园曲麻莱管理处、长江源园区国家公园治多管理处管理人员进行了访谈，了解长江源园区生态体验点建设的思路；在治多县加吉博洛镇吉尕小学索南达杰宣传中心进行了调研，对该校老师进行了访谈。

4 三江源国家公园旅游发展调研与分析

4.1 园区概况

三江源国家公园总面积为 12.31 万平方公里，海拔在 3335 米—6564 米之间，介于东经 89°50'57"-99°14'57"，北纬 32°22'36"—36°47'53"，占三江源国土面积的 31.16%，其中冰川雪山 833.4 平方公里、河湖和湿地 29842.8 平方公里、草地 86832.2 平方公里、林地 495.2 平方公里，涉及治多、曲麻莱、玛多、杂多 4 县和可可西里自然保护区管辖区域，共 12 个乡镇、53 个行政村，包括三江源国家级自然保护区的扎陵湖—鄂陵湖、星星海、索加—曲麻河、果宗木查和昂赛 5 个保护分区和可可西里国家级自然保护区，为增强连通性和完整性，将 0.66 万平方公里非保护区一并纳入[①]。

其中长江源园区位于玉树藏族自治州治多、曲麻莱县，介于东经 89°50'57"-95°18'51"，北纬 33°9'5"-36°47'53"，园区总面积 9.03 万平方公里，包括可可西里国家级自然保护区、三江源国家级自然保护区索加—曲麻河保护分区，涉及治多县的索加乡和扎河乡、曲麻莱县的曲麻河乡和叶格乡，共 15 个行政村；黄河源园区位于果洛州玛多县境内，介于东经 97°1'20"-99°14'57"，北纬 33°55'5"—35°28'15"，园区总面积 1.91 万平方公里，包括三江源国家级自然保护区的扎陵湖—鄂陵湖和星星海 2 个保护分区，涉及玛多县的黄河乡、扎

---

① 青海省人民政府.《三江源国家公园总体规划 (2023-2030 年)》

[EB/OL].(2023-08-24)[2024-02-02].http://wap.qinghai.gov.cn/jdhy/zjjd/202308/t20230824_193294.html

陵湖乡和玛查理镇，共 19 个行政村，2687 户 7411 人[①]；澜沧江源园区位于玉树藏族自治州杂多县，介于东经 93°38'24"–95°55'40"，北纬 32°22'36"–33°56'6"，与长江源园区接壤，园区总面积 1.37 万平方公里，包括青海三江源国家级自然保护区果宗木查、昂赛 2 个保护分区，涉及杂多县的莫云、查旦、扎青、阿多和昂赛乡，共 19 个行政村。[②]

三江源位于青海省南部，是长江、黄河、澜沧江的发源地，独特的地理位置、地貌特征、高山气候和生态系统特征，发挥着生物多样性保护、水源涵养等多项重要生态服务功能，是我国重要的生态安全屏障。20 世纪末，受气候变化和人类活动的影响，三江源生态系统的服务功能不断下降，湖泊萎缩，冰川萎缩，草原退化，生物多样性受到严重威胁。[③] 三江源国家公园的建设，可以保障三江源生态安全、资源安全、物种安全，更有利于协调保护与开发的关系。

4.1.1 建设历程

考虑三江源的地理位置、关键作用和重要意义，梳理出建设历程，对现阶段三江源国家公园的发展方向有一定的指导作用。通过梳理调研所获得的资料，分析出三江源国家公园的建设历程经历了开发利用期、改革调整期、保护发展期，目前进入到开发利用期。三江源国家公园在开发利用期的基础上，后续必将进入品质提升期，因此开发利用期是三江源国家公园实现国家公园经济与社会发展共赢目标的最关键时期，具体阶段阐述如下：

---

① 青海省人民政府 .《三江源国家公园总体规划 (2023-2030 年)》
[EB/OL].(2023-08-24)[2024-02-02].http://wap.qinghai.gov.cn/jdhy/zjjd/202308/
t20230824_193294.html

② 青海省人民政府 .《三江源国家公园总体规划 (2023-2030 年)》
[EB/OL].(2023-08-24)[2024-02-02].http://wap.qinghai.gov.cn/jdhy/zjjd/202308/
t20230824_193294.html.

③ 李芬，张林波，李岱青 . 国家公园：三江源地区生态环境保护新模式 [J]. 生态经济 ,2016,32(01):191-193.

1949 年—1976 年为开发利用期。这个阶段，国家机构经历了多次改革进行权力下放，三江源区生态养护由地方政府实施，成立了国务院环境保护领导小组办公室。[①]

1977 年—2003 年为改革调整期。[②] 在这一个阶段，以"农牧业生产责任制""农村产业结构调整"等形式调整生产经营模式。青海省人民政府组织编写了《三江源省级自然保护区规划》，三江源自然保护区成立。

2004 年—2014 年为保护发展期。这个阶段的重点是实施三江源自然保护区生态保护和建设总体规划。通过项目开展，三江源地区草地退化趋势得到初步遏制，草畜矛盾日趋减缓，重点治理区生态好转。[③]

2015 年—2025 年为开发利用期。如图 4-1 所示，2015 年 12 月，中央全面深化改革领导小组第十九次会议审议通过《中国三江源国家公园体制试点方案》，青海省三江源地区开展国家公园体制试点正式确定。方案建议将三江源国家公园体制试验区建设为"青藏高原生态保护修复示范区，三江源共建共享、人与自然和谐共生的先行区及青藏高原大自然保护展示和生态文化传承区""在实现生态系统和文化自然遗产的完整有效保护的同时并为公众提供精神、科研、教学、休憩等公共服务功能[④]"。2016 年 3 月 5 日，我国正式印发了《三江源国家公园体制试点方案》，三江源国家公园体制试点应运而生，明确了突出并有效保护修复生态、探索人与自然和谐发展模式、创新生态保护管理体制机制、建立资金保障长效机制和有序扩大社会参与等五项主要任务[⑤]。2017 年底，三江源国家公园体制试点任务已

---

① 魏加华 . 三江源生态保护研究报告 [M]. 北京 : 社会科学文献出版社 .2018.

② 魏加华 . 三江源生态保护研究报告 [M]. 北京 : 社会科学文献出版社 .2018.

③ 魏加华 . 三江源生态保护研究报告 [M]. 北京 : 社会科学文献出版社 .2018.

④ 马秀 . 三江源国家公园大事记 [N/OL]. 青海日报 ,2021-10-19[2022-03-08].https://xw.qq.com/cmsid/20211013A026C100.

⑤ 马秀 . 三江源国家公园大事记 [N/OL]. 青海日报 ,2021-10-19[2022-03-08].https://xw.qq.com/cmsid/20211013A026C100.

全面完成①。2018 年 1 月 17 日，国家发改委网站发布《三江源国家公园总体规划》，明确 2020 年前正式设立三江源国家公园②；至 2020 年 1 月 8 日，《关于实施三江源国家公园体制试行方案》的部署意见中确定的八方面三十一项重点工作任务全部完成③；2021 年成立三江源国家公园，范围规划以三大河源头典型代表区为主要格局，将之前三江源国家级自然保护区，以及可可西里国家级自然保护区等合并形成了包括长江、黄河、澜沧江三个园区在内的"一园三区"格局。④

2025 年以后为品质提升期。三江源国家公园中期目标是到 2025 年⑤，三江源国家公园的保护和管理体制机制不断健全，绿色发展方式全面形成，形成山水、林田、湖草生态系统良性循环，特色国家公园服务、管理、科研体系形成，生态文化得到大力弘扬；长期目标是到 2035 年，三江源国家公园将成为两个典范：生态保护的典范与体制机制创新的典范，同时成为中国国家公园示范建设的现代化国家公园⑥。

---

① 马秀.三江源国家公园大事记 [N/OL].青海日报,2021-10-19[2022-03-08].https://xw.qq.com/cmsid/20211013A026C100.

② 马秀.三江源国家公园大事记 [N/OL].青海日报,2021-10-19[2022-03-08].https://xw.qq.com/cmsid/20211013A026C100.

③ 马秀.三江源国家公园大事记 [N/OL].青海日报,2021-10-19[2022-03-08].https://xw.qq.com/cmsid/20211013A026C100.

④ 马秀.三江源国家公园大事记 [N/OL].青海日报,2021-10-19[2022-03-08].https://xw.qq.com/cmsid/20211013A026C100.

⑤ 马秀.三江源国家公园大事记 [N/OL].青海日报,2021-10-19[2022-03-08].https://xw.qq.com/cmsid/20211013A026C100.

⑥ 马秀.三江源国家公园大事记 [N/OL].青海日报,2021-10-19[2022-03-08].https://xw.qq.com/cmsid/20211013A026C100.

《中国三江源国家公园体制试点方案》通过	《中国三江源国家公园体制试点方案》正式印发	三江源国家公园体制试点任务完成	公布《三江源国家公园总体规划》	31项重点任务完成	三江源国家公园设立
2015年	2016年	2017年	2018年	2020年	2021年

图 4-1　三江源国家公园开发利用期建设内容

4.1.2 生态特点

三江源国家公园以山原和高山峡谷地貌为主，地貌的主要骨架是海拔 4000 米—5800 米的高山，东南部唐古拉山北麓多为高山峡谷，中西部和北部为河谷山地，拥有大面积的高寒草甸和沼泽湿地[①]。公园内拥有冰川 833 平方公里，占全国冰川面积 1.4%，青海省冰川面积 22.7%，园区内可可西里山，连接起与羌塘高原、藏色岗日、土则岗日、金阳岗日、普若岗日等山顶分别发育的不同水系的小冰帽，形成了组合型冰帽，气势壮观；丹霞地貌位于杂多县昂赛乡境内，分布面积三百余平方公里，海拔 3800 米左右，是唐古拉山脉与横断山脉过渡地带鲜有地质景观，也是青藏高原发育最完整的白垩纪丹霞地质景观[②]。公园内拥有丰富的地貌变化，反映出历史上剧烈的地壳活动，延续至今。可可西里具有"三山间两盆的态势"，几乎呈平行相间排列的山脉、湖泊自北向南排列，整体形成具有观赏和研究价值的地质地貌景观[③]。

三江源国家公园湖泊众多，主要集中分布在内陆河流域和长江、黄河

---

① 蔚东英,张强,张景元,李晓南.三江源国家公园世界的三江源 [J].森林与人类,2021(11):24-47+6-7.

② 蔚东英,张强,张景元,李晓南.三江源国家公园世界的三江源 [J].森林与人类,2021(11):24-47+6-7.

③ 康维海.青海首次发现大面积白垩纪丹霞地质景观 [N].中国国土资源报,2015-11-23(001).

的源头段，也是世界上海拔最高、数量最多、面积最大的高原湖群区之一。三江源是长江、黄河、澜沧江三条江河的发源地。其中，长江和黄河居中国河流之首，澜沧江则是世界第七大河及东南亚第一长河，在流经青海、西藏、云南三省后出境流经东南亚国家，被称为湄公河①。可以说，发源于三江源的大江大河，不仅是孕育中华文明的重要河流，也在世界大河中占据重要地位。

三江源国家公园是高寒湿地的典型代表区域。湿地类型以草本沼泽湿地为主，由丛生草本植物为优势物种组成湿地，分布广阔，是中国面积最大的天然草本沼泽分布区②。同时，三江源地区也是世界上高寒沼泽湿地中海拔最高、面积最大的区域，是我国乃至世界重要湿地分布较集中的典型代表区域，是构成"中华水塔"主要的保水屏障和蓄水库。三江源国家公园是青藏高原大型食肉动物富集区，是地球上分布种类最多、最密集且栖息地最完整的区域，还是中国大型食肉动物最主要的庇护所之一。三江源地区是青藏高原生态系统的典型代表，是青藏高原特有物种的物种多样性、遗传多样性和生态系统多样性保护的重要区域③。

三江源地区是中国藏族文化、源头文化的核心区域，拥有丰富多样的文化资源。藏族人民在三江源地区创造了丰富灿烂的精神文化资源，宗教经典、地方民族史志以及文学作品等丰富多彩，长篇英雄史诗《格萨尔王传》的流传具有代表性，在当地形成了独具特色的"嘎嘉洛文化"。藏族创造和传承的文化资源，给后人留存了巨大文化宝库。国家公园所在的四县，有 2 人为国家级代表性传承人，9 人为省级代表性传承人，7 处进入省级非

---

① 杜尚儒 . 走进世界最高国家公园 [J]. 新西部 ,2020(04):5-12.
② 杜尚儒 . 走进世界最高国家公园 [J]. 新西部 ,2020(04):5-12.
③ 杜尚儒 . 走进世界最高国家公园 [J]. 新西部 ,2020(04):5-12.

物质文化遗产名录，1 处进入国家级非物质文化遗产名录。^①调研资料整理
结果显示，分布于四县的历史文化遗迹和文物点有 69 处，其中有 4 处国家
级文物保护单位，39 处省级文物保护单位。其中的藏传佛教寺院初建年代
久远，文化内涵丰富，文物价值极高^②。三江源地区的传统文化，是草原牧
民必不可少的生活元素；寺院也承担了本地传统文化保护和传承的重要功
能，保护和集成了大量物质与非物质文化遗产。三江源国家公园文化遗存
如表 4-1 所示：

表 4-1　三江源国家公园文化遗存统计表^③

项目	级别 / 数量		
	国家级	省级	小计
非物质文化遗产	1	7	88
历史文化遗迹和文物点	4	39	43
传承人	2	9	11

　　三江源国家公园建设目标为成为共建共享、人与自然和谐共生的先行
区，以及青藏高原大自然保护展示区和生态文化传承区^④。三江源国家公园
的设立，能够解决"九龙治水"体制存在的问题，实现自然资源的资产管
理功能和国土空间用途管制，实现"两个统一行使"，生态系统实现永续保
护，使国家生态安全屏障愈加牢固；还可以保证园区内牧民全面发展，并

　　①　青海省人民政府.《三江源国家公园总体规划 (2023-2030 年)》
[EB/OL].(2023-08-24)[2024-02-02].http://wap.qinghai.gov.cn/jdhy/zjjd/202308/
t20230824_193294.html.
　　②　青海省人民政府.《三江源国家公园总体规划 (2023-2030 年)》
[EB/OL].(2023-08-24)[2024-02-02].http://wap.qinghai.gov.cn/jdhy/zjjd/202308/
t20230824_193294.html.
　　③　根据调研资料整理。
　　④　青海省人民政府.《三江源国家公园总体规划 (2023-2030 年)》
[EB/OL].(2023-08-24)[2024-02-02].http://wap.qinghai.gov.cn/jdhy/zjjd/202308/
t20230824_193294.html.

解决资源环境承载能力问题，促进牧民生产生活条件的改善，建成小康社会，最终形成人与自然和谐发展新模式。[①]

4.1.3 功能分区

《三江源国家公园总体规划（2023—2030）》指出三江源国家公园的生态管理目标总结为三大类[②]：第一，生态系统方面，首先要保护生态系统原真性、完整性，包括草原、森林、河流、湖泊、湿地等生态系统；其次要持续维持生态系统的整体功能，最主要是维持水源涵养和生物多样性功能；最后要开展生态保护工程，如湿地、生物多样性保护工程，此外还要通过综合治理，提高生态产品的供给能力。第二，人与自然关系方面，首先要实现两者间的和谐共处，进行生态教育与生态体验，其次强调人的发展，要进行社区居民的参与建设与管理。第三，围绕文化保护传承方面，科学规划促进文化活态传承。其中在进行社区居民的参与建设与管理方面，要引导社区的自我建设和管理，建设基础设施和公共服务设施，通过特许经营的方式使牧民参与国家公园建设，发展绿色产业，提高社区经济收入。

三江源国家公园针对不同的功能分区，落实了最严格的生态保护要求，制定相应的生态保护措施，实现生态系统的原真完整保护。三江源国家公园功能分区设置核心保育区、生态保育修复区、传统利用区[③]，如表 4-2 所示。

核心保育区不进行人工干预，维持自然状态，采取严格的封禁措施，

---

① 青海省人民政府 .《三江源国家公园总体规划 (2023-2030 年)》
[EB/OL].(2023-08-24)[2024-02-02].http://wap.qinghai.gov.cn/jdhy/zjjd/202308/t20230824_193294.html.

② 青海省人民政府 .《三江源国家公园总体规划 (2023-2030 年)》
[EB/OL].(2023-08-24)[2024-02-02].http://wap.qinghai.gov.cn/jdhy/zjjd/202308/t20230824_193294.html.

③ 青海省人民政府 .《三江源国家公园总体规划 (2023-2030 年)》
[EB/OL].(2023-08-24)[2024-02-02].http://wap.qinghai.gov.cn/jdhy/zjjd/202308/t20230824_193294.html.

除原有居民和经批准的巡护、科考外，禁止一切其他人类活动，逐步禁止生产性畜牧活动，逐步拆除围栏，拆除过程中及时采取恢复措施，避免破坏草场；生态保育修复区强化自然恢复，实施禁牧，并有针对性地采取黑土滩治理、草地补播、草原鼠虫害综合防治等人工干预措施，待恢复后再开展休牧、轮牧形式的利用，加强严格保护；传统利用区严格实行草畜平衡政策推广生态有机畜牧业，进一步减轻草原牲畜承载压力，加快牧民转产转业，逐渐减少人类活动。[①]

表 4-2   三江源国家公园功能分区表 [②]

三江源国家公园功能分区			与自然保护区关系	
功能区	面积（平方公里）	比例（%）	功能区	面积（平方公里）
核心保育区	90570.25	73.55	核心区	41711.49
			缓冲区	43177.76
			实验区	2316.01
			非自然保护区	3364.98
生态保育修复区	5923.99	4.81	核心区	0.00
			缓冲区	0.00
			实验区	5527.28
			非自然保护区	396.71
传统利用区	26647.16	21.64	核心区	0.00
			缓冲区	2088.95
			实验区	21761.59
			非自然保护区	2796.61

---

① 青海省人民政府 .《三江源国家公园总体规划 (2023-2030 年)》[EB/OL].(2023-08-24)[2024-02-02].http://wap.qinghai.gov.cn/jdhy/zjjd/202308/t20230824_193294.html.

② 青海省人民政府 .《三江源国家公园总体规划 (2023-2030 年)》[EB/OL].(2023-08-24)[2024-02-02].http://wap.qinghai.gov.cn/jdhy/zjjd/202308/t20230824_193294.html.

4.1.4 园区管理体制

三江源国家公园自然资源所有权由中央政府直接行使，试点期间委托青海省政府代行。在青海省西宁市挂牌成立三江源国家公园管理局，为正厅级单位。管理局为青海省政府派出机构，承担三江源国家公园试点区，以及青海省三江源国家级自然保护区范围内，各类国有自然资源资产所有者管理职责。管理局内设党政办公室、生态保护处、规划与财务监审处、执法监督处、人力资源管理与宣传教育处5个部门。[①]

设立长江源、黄河源、澜沧江源国家公园管理委员会，承担园区内外生态管护工作。长江源管委会下设治多、曲麻莱和可可西里三个管理处，管委会（管理处）加挂自然资源资产管理分局的牌子[②]。在玛多、杂多、曲麻莱、治多四个县，分别整合国土、林业、环保、水利等部门，在这些部门相关职责基础上，组建起生态环境和自然资源管理局，组建的单位既是管委会/管理处的内设机构，同样也是县政府的工作部门[③]；整合林业站、草原工作站、湿地保护站、水土保持站等有关自然资源和生态保护单位，设立县级生态保护站；整合国土执法、森林公安、环境执法、草原监理等自然资源执法机构，组建起国家公园园区管委会资源环境执法局，开展综合执法；国家公园范围内12个乡镇政府，为增加国家公园相关管理职责，挂保护管理站牌子，调整划转409个编制。[④]

此外，由于三江源国家公园管护范围过大，为保证国家公园的建设和制度实施，在设立保护站和派出所等管理部门时，在原来三江源国家级自然保护区及可可西里国家级自然保护区原有保护站、派出所的基础上，规划新建或改扩建18处保护站，以及13处派出所；在访客管理方面，在格

---

① 根据三江源国家公园管理局官网资料整理。
② 根据三江源国家公园管理局官网资料整理。
③ 根据三江源国家公园管理局官网资料整理。
④ 根据三江源国家公园管理局官网资料整理。

尔木市、玛多县、曲麻莱县、治多县、杂多县建设科普教育服务中心，规划建设 12 处门禁；管理局系统各级部门共同组成三江源国家公园志愿者服务委员会，负责志愿者录用、管理和服务，开展对志愿服务的全周期管理。[①]

4.1.5 社区发展情况

（1）居住情况

目前，公园内牧民已基本实现定居，呈大散居小聚居分布，公园范围内共有牧民 19109 户、72074 人，基本为藏族。在历史进程中形成了逐水草而居的生产生活方式，生产生活主要依靠草原和牧业生产。改革开放特别是进入 21 世纪以来，为改善广大牧民群众生计，实施了三江源生态保护和建设一期工程的生态移民工程、游牧民定居工程，以及玉树灾后重建安置等，基本实现游牧民群众的定居，三江源国家公园各园区定居情况呈现出以下特征：[②]

第一，分布主要以行政村为基础，沿道路和集镇定居，聚落和散居户共同组成管理单元；

第二，总体上牧民居住仍较为分散，特点呈现为大散居、小聚居的分布，聚落程度较低、规模较小，除 12 个乡镇政府驻地和野牛沟、多秀、唐格玛等大型定居点外，其他定居点多则 5 户，少则 1-2 户；

第三，初步出现向各级行政中心聚集趋势，80% 以上的牧民居住在乡镇政府周围 50 公里（直线距离）的范围内。

---

① 中国政府网.《三江源国家公园生态体验和环境教育专项规划》[EB/OL].(2021-8-31)[2022-04-08].https://www.gov.cn/xinwen/2018-01/17/5257568/files/c26af29955e141bda0d736a-673dac4c5.pdf.

② 中国政府网.《三江源国家公园社区发展和基础设施建设专项规划》[EB/OL].(2018-1-17)[2022-04-10].https://www.gov.cn/xinwen/2018-01/17/5257568/files/c26af29955e141bda0d736a-673dac4c5.pdf.

第四，定居与游牧相结合。冬季居住在定居点的牧民，夏季多在夏季草场进行游牧生产。老人和儿童逐渐向定居点和行政中心聚集，聚居点老人和儿童人口比例高，青壮年人口比例低。

随着相关工程的实施，三江源国家公园牧民的聚集程度越来越高，但目前聚居和散居并存，散居为主的状态在一定时间内仍将持续，总体未形成布局合理的村庄体系。[①]

（2）民生水平

三江源国家公园范围内所涉四县，全部都是国家扶贫开发重点县，治多、曲麻莱、玛多三县主要收入来源为国家补助、畜牧业收入，三县仍以传统畜牧业为主，生态旅游、民族手工业等生态产业发展滞后，杂多县除国家补助和畜牧业收入外，虫草收入为主要来源之一。四县总体发展特征一致：经济产出总量小，产业基础薄弱，社会发育程度低，结构单一，培育度相对较低；[②]三江源国家公园范围内包含的地区、国家公园范围内人口和经济社会情况具体如表4-3所示。

由于历史、民族、文化等方面的原因，三江源地区长期以来形成了其固有的逐水草而居的游牧生产生活方式，同时造就了公园内较为分散的牧民居住形态。社区发展的过程中，引导牧民有序聚居，其生产生活方式和居住形态都将发生改变。帮助牧民适应新的生活方式，引导牧民转产转业，解决后续产业问题，是社区发展必须解决的重要问题。[③]

[①]　中国政府网.《三江源国家公园社区发展和基础设施建设专项规划》[EB/OL].(2018-1-17)[2022-04-10].https://www.gov.cn/xinwen/2018-01/17/5257568/files/c26af29955e141bda0d736a-673dac4c5.pdf.

[②]　根据《三江源国家公园总体规划(2023-2030年)》资料整理。

[③]　根据《三江源国家公园社区发展和基础设施建设专项规划》资料整理。

表 4-3　2020 年国家公园范围人口和经济社会情况统计表①

园区	乡/镇	人口（人）		劳动力（人）	聚居情况	人均纯收入（元）	主要来源
		总人口	贫困人口				
长江源园区	索加乡	6656	3008	3131	散居为主	2380	畜牧＋补助
	扎河乡	6872	2037	3502	散居为主村、县、乡分布	4063	畜牧＋补助
	曲麻河乡	7448	1147	1893	散居为主政府主导定居点	8380	畜牧＋补助
	叶格乡	6380	1556	3715	散居为主	4214	畜牧＋补助
黄河源园区	黄河乡	2422	985	1357	散居为主	5351	畜牧＋补助
	玛查理镇	1591	754	1310	散居为主	5351	畜牧＋补助
	扎陵湖乡	2252	951	1252	散居为主寺院另有30户	16743	畜牧＋补助
澜沧江源园区	昂赛乡	8501	1066	2115	散居为主	6705	畜牧＋补助＋虫草
	查旦乡	5525	2613	3008	散居为主	5502	畜牧＋补助＋虫草
	莫云乡	6323	2671	2130	散居为主	4592	畜牧＋补助＋虫草
	扎青乡	9183	2400	4592	散居为主	6792	畜牧＋补助＋虫草
	阿多乡	8921	1799	2215	散居为主	5850	畜牧＋补助＋虫草
		2259	734	565	散居为主	5780	畜牧＋补助＋虫草

---

① 根据《三江源国家公园社区发展和基础设施建设专项规划》资料整理。

近年来，随着生态畜牧业的推进和以牧业为主的合作社推广，逐步改变畜牧业生产方式，牧民收入结构将逐步发生改变。因此，三江源国家公园人民日益增长的生活生产需要，与保护发展之间的矛盾会愈加突出，民生改善任务重，实现和巩固精准脱贫难度大，同步全面建成小康社会要付出更加艰辛的努力。

（3）社区规划

国家公园作为国家所有、全民共享、世代传承的重点生态资源，是国家生态安全的重要屏障，是国家形象的名片。三江源国家公园的社区参与机制中，牧户是"参与者"。牧民对环境保护的响应是生态保护战略有效实施的关键，主体参与意愿直接影响生态保护项目实施的成效和可持续性，是区域生态经济可持续发展的前提。《三江源国家公园社区发展和基础设施建设专项规划》中就提出三江源国家公园要以全民参与、共建共享为原则，加强宣传教育，引导牧民通过多种形式参与，共同建设新公园、新社区，共同享用建设红利[①]。对于园区内牧民如何参与国家公园建设，也做出了如下规划[②]：

①引导社区参与建设国家公园

鼓励和引导社区通过多种形式参与到国家公园的保护、建设和管理过程中，为国家公园提供必要的支撑，从单一的牧民转变为公园的建设者、保护者和管理者。一是为生态保护修复工程、保护设施、科研监测设施及生态体验和环境教育设施等的建设和运行提供劳务服务，直接参与建设。二是通过生态管护公益岗位、环境保护公益岗位，以及志愿服务等形式参与国家公园的生态环境保护。三是在工程建设、科研监测、巡查巡护等过程中，将社区作为后勤保障点，提供必要的支撑；在生态体验和环境教育

---

① 根据《三江源国家公园社区发展和基础设施建设专项规划》资料整理。

② 根据《三江源国家公园社区发展和基础设施建设专项规划》资料整理。

过程中，优先引导提供必要的餐饮和住宿服务；鼓励和扶持有条件的牧民以个人或合作社的名义参与公园内有机畜产品及其加工产业、生态体验和环境教育服务业、文化产业、中藏药开发利用等特许经营的方式参与，引导牧民参与生态体验和环境教育等的运营和管理。四是发展生态畜牧业，改变牧业生产方式，扶持创办牧业合作社，引导牧民有序加入。五是积极引导培育环保小组、扫盲小组、妇女互助小组等社区志愿服务组织，参与社区治理。六是发挥主人翁精神，主动参与到国家公园的日常管理运行中，特别是参加对访客的管理。

②建立国家公园促进社区发展机制

通过国家公园建设促进社区发展，让当地牧民充分享用公园建设带来的红利。一是国家公园建设实施的各类工程项目所需的劳动岗位，优先考虑当地牧民，支付劳务报酬，实现牧民增收。二是在现有基础上，扩大生态管护公益岗位的规模，达到社区牧民"每户一岗"的要求，使其获得稳定的工资性收入。三是继续实施各类生态补偿，经评估可适当提高补偿标准，保障牧民的基本权益。四是通过实施保护和广泛宣传，提升相关地方产品的生态价值和知名度，提高生态产品附加值的同时为牧民的生产和经营提供便利。五是将社区环境综合整治作为国家公园建设的重要内容，进一步改善人居环境。

③建立社区沟通机制

加强政府信息公开、重大事项公示和社会信用体系建设，建立社区居民意见采纳和反馈机制；建立社区扩大会议制度，进行公园生态保护、工程建设、产业发展的相关规划时积极征求社区的意见，引导社区参与重大事项决策，建立牧民意见采纳和反馈机制。

4.2 园区旅游发展基础

4.2.1 资源方面

（1）旅游资源分类及等级

参照《旅游资源分类、调查与评价》中的分类体系[①]，以及旅游资源人文、自然"两分法"的本体属性，通过实地考察及与当地旅游管理部门访谈等途径，对三江源国家公园所包括四县的旅游资源进行了调查，整理与筛选出具有代表性的旅游资源单体如表 4-4、4-5、4-6 所示。

经梳理发现，三江源国家公园旅游资源主类全部具备，31 个亚类中拥有 25 种，自然旅游资源单体占三江源国家公园旅游资源单体总量的 46%，以水域风光、地文景观为主，生物景观次之；人文旅游资源单体占三江源国家公园旅游资源单体总量的 51%，以建筑与设施为主，遗址遗迹次之；自然旅游资源基本类型与人文旅游资源基本类型的搭配较为合理，原生态人文类旅游资源较多，如图 4-2 所示。

经调研发现，三江源国家公园中长江源园区旅游资源单体最多，占三江源国家公园旅游资源单体数量的 40%，以地文景观、水域风光为主，其次为澜沧江源园区占比 35%，以遗址遗迹、建筑与设施为主，黄河源园区相比较低为 22%，以水域景观、建筑与设施为主；总体来看，长江源园区自然旅游资源与人文旅游资源搭配合理，澜沧江源园区以人文旅游资源为主，虽然黄河源园区旅游资源单体较其他两个园区少，但是类型搭配合理，具体如图 4-3 所示。

参照《旅游资源分类、调查与评价》中的"旅游资源共有因子综合评

[①] 中华人民共和国文化和旅游部.《旅游资源分类、调查与评价》（GB／T 189722017)[EB/OL].(2022-6-1)[2023-04-10].https://zwgk.mct.gov.cn/zfxxgkml/zykf/202206/t20220601_933315.html.

价系统"①，从旅游天然性、保护性、参与性出发，从"要素价值""影响力"和"附加值"3个评价项目，包括"观赏游憩使用价值""历史文化科学艺术价值""珍稀奇特程度""规模、丰度与几率""完整性""知名度和影响力""适游期或使用范围"和"环境保护与环境安全"8个评价因子，总分为100分。发放专家打分表，按得分高低可将旅游资源分为五个等级，其中五级、四级、三级旅游资源统称为"优良级旅游资源"，二级、一级旅游资源统称为"普通级旅游资源"。

表 4-4　三江源国家公园旅游资源分类表（长江源园区）②

长江源园区	自然旅游资源	地文景观	综合自然旅游地	AAA 山丘型旅游地	雅拉达泽雪山、原哇拉则山、当江杂扎神山、颇章达则神山、达那七峰、乃加玛神山、江嘉多德圣山、君拉日邦神山
			地质地貌形迹	ACE 奇特与象形山石	通天河晒经台、格萨尔王天然石桥、嘉洛红宫遗址
			地质地貌过程形迹	ACG 峡谷段落	恩钦生龙荣大峡谷、坎荣峡谷、娘荣谷、然察大峡谷、香龙沟峡谷、冷日峡谷
			地质变动遗迹	ADF 冰川堆积体	湖北冰峰

---

① 中华人民共和国文化和旅游部.《旅游资源分类、调查与评价》(GB／T 189722017)[EB/OL].(2022-6-1)[2023-04-10].https://zwgk.mct.gov.cn/zfxxgkml/zykf/202206/t20220601_933315.html.

② 根据调研资料和《青海省三江源地区生态旅游发展规划 (2009-2025》资料整理。

续表

长江源园区	自然旅游资源	水域风光	河段	BAA 观光游憩河段	长江源源头、通天河、曾松曲、跑牛河、楚玛尔河、聂恰河、当曲、库赛河、色吾曲、巴塘河、吉曲十八弯
			天然湖泊与池沼	BBA 观光游憩湖区	星宿海、错拉巴鄂阿东湖、金银湖、库赛湖、特拉什湖、卓乃湖
			泉	BDB 地热与温泉	不冻泉、布荣药山温泉、达那温泉、觉拉温泉
		生物景观	树木	CAA 林地	江西林场、黑刺林区、江荣沟原始森林、坎达峡森林保护区、东仲林场
			草原与草地	CBA 草地	江荣滩、查荣擁、邦荣滩、雅荣滩、巴荣滩、巴塘草原、嘉洛草原
			野生动物栖息地	CDB 陆地动物栖息地	可可西里、治多白唇鹿场、楚玛尔河野生动物观赏区、隆宝滩黑鹤栖息地
长江源园区	人文旅游资源	遗址遗迹	史前人类活动场所	EAA 人类活动遗址	桥南遗址、晒经台东遗址、梅诺遗址、久革遗址
			社会经济文化活动遗址	EBA 历史事件发生地	嘉洛迎亲潭、贡萨寺遗址、七渡口、格萨尔王登基台
		建筑与设施	综合人文旅游地	FAA 教学科研实验场所	索南达杰自然保护站、楚玛尔河自然保护站
				FAC 宗教与祭祀活动场所	结古寺、夏日寺、拉布寺、桑周寺、莫合尼姑寺、文成公主庙、吉然寺、德雅寺、觉拉寺、嘉那嘛呢石经城、勒巴沟
			景观建筑与附属型建筑	FCA 佛塔	藏娘佛塔
				FCG 摩崖石刻	白龙村岩画、甘珠尔石刻城
				FCH 碑碣（林）	可可西里世界自然遗产纪念碑
				FC1 广场	格萨尔王广场
			交通建筑	FFA 桥	不冻泉特大桥、通天河大桥、长江源头第一桥

续表

长江源园区	人文旅游资源	旅游商品	地方旅游商品	GAB 农林畜牧产品及制品	扎什加羊、曲麻莱蕨麻、曲麻河乡野血牦牛、绿色有机畜产品
				GAD 中草药品及制品	冬虫夏草、炉贝母、芫根、红景天等
				GAE 传统手工产品与工艺品	鸟嘎编织品
		人文活动	人事记录	HAA 人物	格萨尔王传说
			民间习俗	HCH 特色服饰	康巴类服饰
			现代节庆	HDD 体育节	玉树赛马节

表 4-5　三江源国家公园旅游资源分类表（澜沧江源园区）[①]

澜沧江源园区	自然旅游资源	地文景观	综合自然旅游地	AAA 山丘型旅游地	格拉丹东雪山、喇嘛诺拉神山、玉珠峰、嘎朵觉悟神山、巴艾涌地质公园
			地质地貌过程形迹	ACG 峡谷段落	昂赛大峡谷、扎曲大峡谷、巴茸巴空峡谷、尕尔寺峡谷
			地质变动遗迹	ADI 丹霞	白垩纪时期丹霞地貌
		水域风光	河段	BAA 观光游憩河段	澜沧江源头、冬曲、登额曲、杂曲、孜曲、吉曲
			天然湖泊与池沼	BBA 观光游憩湖区	常措湖、永红湖、扎木措、尼日阿错改
				BBB 沼泽与湿地	当曲上游湿地保护区、果宗木扎湿地保护区、查旦湿地
			泉	BDB 地热与温泉	托吉温泉

---

① 根据调研资料和《青海省三江源地区生态旅游发展规划 (2009-2025)》资料整理。

续表

澜沧江源园区	自然旅游资源	生物景观	树木	CAA 林地	吉日沟原始森林、果道沟原始柏树林、昂赛森林灌丛

澜沧江源园区	自然旅游资源	生物景观	树木	CAA 林地	吉日沟原始森林、果道沟原始柏树林、昂赛森林灌丛
			草原与草地	CBA 草地	野牛滩
			野生动物栖息地	CDB 陆地动物栖息地	君曲河野驴栖息地、野狼滩动物群观赏、当曲高原鸟类栖息地、雪豹观赏地
	人文旅游资源	遗址遗迹	史前人类活动场所	EAA 人类活动遗址	乃日森纳苯教寺院遗址、巴艾寺遗址、吉泳穿石箭、肯宝玛然吉曲渡河口、森阿赛遗址、斯日那申扎曲渡河口、加乐然猛玛渡河口、旁色玛扎曲河溜索桥、色池吉曲溜索桥、杂美扎曲河古桥、迪亚寺修行洞、进藏第九通道
		建筑与设施	综合人文旅游地	FAA 教学科研实验场所	澜沧江源星空摄影基地
				FAC 宗教与祭祀活动场所	桑青尼姑寺、日瓦多玛寺、色扎寺、达那寺、斯日寺、佐青寺
			景观建筑与附属型建筑	FCA 佛塔	扎那白塔、瓦村纳洛瓦白塔
				FCG 摩崖石刻	年都村古岩画、桑巴林周石刻、喇嘛诺拉圣地志摩崖石刻、喇嘛诺拉圣经石刻、米拉口巴岩画、巴艾寺古塔壁画
			交通建筑	FFA 桥	长江源头第一桥
		旅游商品	地方旅游商品	GAB 农林畜产品与制品	绿色有机农畜产品
				GAD 中草药品及制品	知母、雪莲、秦艽、甘青青兰
				GAE 传统手工产品与工艺品	苏鲁金属打制技艺、格吉圆形书法

续表

澜沧江源园区	人文旅游资源	人文活动	人事记录	HAA 人物	金属锻造制作技艺传承人丁江才
			艺术	HCC 民间演艺	格吉萨松扎、格萨尔王说唱
			现代节庆	HDD 体育节	玉树"文化探源活动"、生态杂多骑行节、澜沧江自然观察节

表 4-6　三江源国家公园旅游资源分类表（黄河源园区）①

黄河源园区	自然旅游资源	地文景观	综合自然旅游地	AAA 山丘型旅游地	花石峡石山、东格多纳冬什则、勒那冬则、扎智益山、窝洛堆扎山、阿尼科山、巴颜喀拉山
		水域风光	天然湖泊与池沼	BAA 观光游憩河段	黄河源源头、星星海、哈美盐湖、扎陵湖、鄂陵湖、托索湖
				BBB 沼泽与湿地	冬格措纳湖国家湿地公园
		生物景观	草原与草地	CBA 草地	那然塘、玛查里塘
			野生动物栖息地	CDB 陆地动物栖息地	黑颈鹤栖息地

---

① 根据调研资料和《青海省三江源地区生态旅游发展规划 (2009-2025》资料整理。

续表

黄河源园区	人文旅游资源	遗址遗迹	史前人类活动场所	EAA 人类活动遗址	莫格德哇遗址
			社会经济文化活动遗址	EBD 废弃生产地	玛多唐蕃遗址
		建筑设施	综合人文旅游地	FAC 宗教与祭祀活动场所	措哇尕泽寺、和科寺、日科寺、卡克寺、曲那迈寺
			景观建筑与附属型建筑	FCH 碑碣（林）	黄河源牛头碑
			交通建筑	FFA 桥	黑河桥
		旅游商品	地方旅游商品	GAB 农林畜牧产品及制品	玛多藏羊
				GAD 中草药品及制品	冬虫夏草、唐古特大黄、羌活、暗紫贝母、秦艽、藏茵陈等
				GAE 传统手工产品与工艺品	瓦当、玛尼石刻、糌粑、氆氇机、角制藏牌、曲拉
		人文活动	人事记录	HAA 人物	吐蕃王松赞干布迎接文成公主、格萨尔传说、森姜珠姆故里传说
			民间习俗	HCH 特色服饰	安多类服饰
			现代节庆	HDD 体育节	"天上玛多"文化旅游节

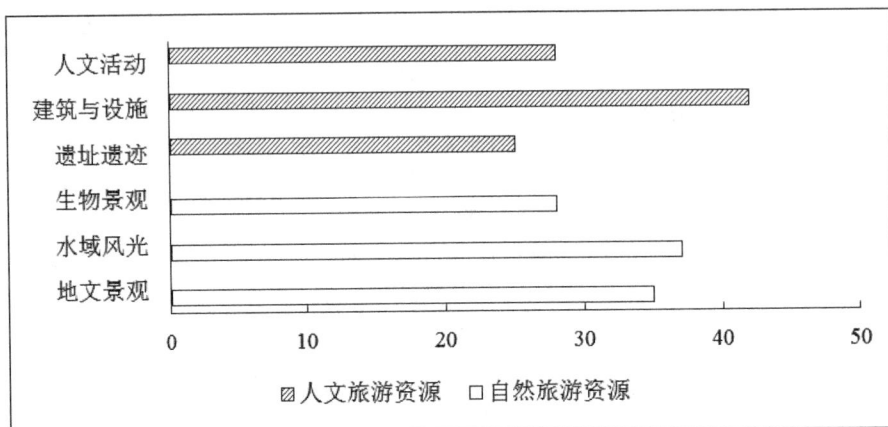

图 4-2　三江源国家公园主要旅游资源类型数量对比图

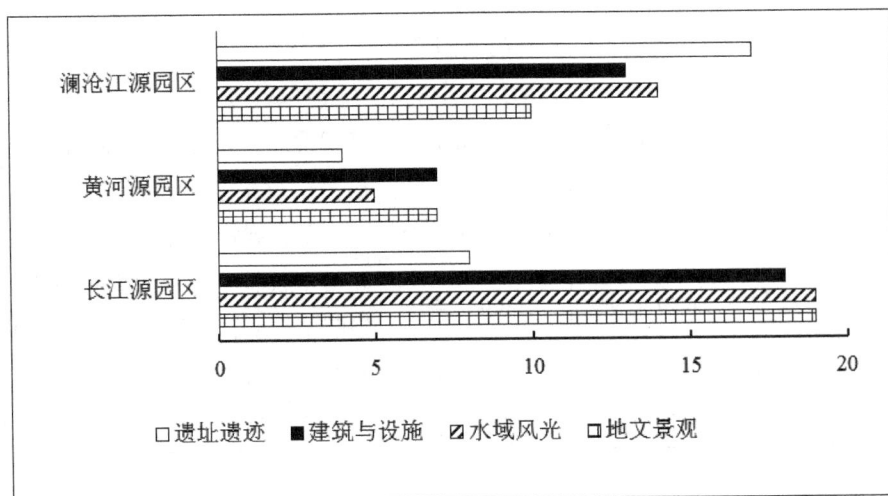

图 4-3　三江源国家公园各园区主要旅游资源类型对比

　　对三江源国家公园旅游资源确定质量等级时，除了结合实地调查获取的初步资料和直接感受印象以外，参考了当地提供的地方志等文字材料，包括各主要景区（点）的说明或介绍、有关部门提供的资料及对当地旅游发展的设想。另外，此次评价中旅游商品单体尚未有较为统一或公认的评判标准，如中草药制品及农畜产品等，故未予以评价。五级旅游资源单体11 处，占总数的 6%；四级旅游资源单体 27 处，占总数的 12%；三级旅游资源单体 58 处，占总数的 26%；普通级旅游资源单体 82 处，占总数的 38%。

由表 4-7 可知，三江源国家公园旅游资源普通级、三级、四级、五级之间的比例为 80 ：58 ：26 ：13，呈金字塔结构，优良级中的四级、五级旅游资源单体，在三江源国家公园旅游开发中有着举足轻重的地位，使三江源国家公园在发展中具备了较强的资源优势。

从长江源园区、黄河源园区、澜沧江源园区所拥有的优质旅游资源对比来看，长江源园区优良旅游资源单体数较多，其中三级、四级单体数量在三个园区里最多，而澜沧江源区旅游资源优良单体数较少，但相比其他两个园区五级资源单体数量多，黄河源园区优良旅游资源分布最为均衡。三江源国家公园各园区旅游资源等级对比如图 4-4 所示。

表 4-7　三江源国家公园旅游资源等级分类表

等级		旅游资源单体
优良级	五级	长江源头、黄河源头、澜沧江源头、可可西里、扎陵湖、鄂陵湖、昂赛大峡谷、白垩纪时期丹霞地貌、昂赛原始森林、雪豹观赏地、年都村古岩画
	四级	玉珠峰、嘎朵觉悟神山、雅拉达泽雪山、巴颜喀拉山、尕尔寺峡谷、格拉丹冬雪山、通天河、当曲、星宿海、星星海、然察大峡谷、江荣沟原始森林、巴塘草原、隆宝滩黑颈鹤栖息地、冬格措纳湖国家湿地公园、文成公主庙、嘉那嘛呢石经城、甘珠尔石刻城、不冻泉、江西林场、楚玛尔河自然保护站、索南达杰自然保护站、当曲上游湿地保护区、乃日森纳苯教寺院遗址、喇嘛诺拉圣经石刻、米拉口巴岩画、勒巴沟
	三级	当江杂扎神山、通天河晒经台、恩钦生龙荣大峡谷、坎荣峡谷、楚玛尔河、嘉洛草原、治多白唇鹿场、楚玛尔河野生动物观赏区、吉然寺、托索湖、玛查里塘、尕尔寺峡谷、果宗木扎湿地保护区、查旦湿地、果道沟原始柏树林、当曲高原鸟类栖息地、结古寺、扎那白塔、可可西里世界自然遗产纪念碑、黄河源牛头碑、格萨尔王广场、游牧山歌、格萨尔王说唱、格萨尔王登基台、格萨尔王天然石桥、不冻泉特大桥、通天河大桥、长江源头第一桥、尕哇拉则山、达那七峰、乃加玛神山、冷日峡谷、湖北冰峰、巴塘河、吉曲十八弯、金银湖、布荣药山温泉、达那温泉、觉拉温泉、江荣滩、晒经台东遗址、嘉洛迎亲潭、贡萨寺遗址、扎曲大峡谷、巴茸巴空峡谷、尕尔寺峡谷、冬曲、常措湖、君曲河野驴栖息地、斯日那申扎曲渡河口、加乐然猛玛渡河口、澜沧江源星空摄影基地、桑巴林周石刻、喇嘛诺拉圣地志摩崖石刻、巴艾寺古塔壁画、玉树"文化探源活动"、生态杂多骑行节、澜沧江源国际自然观察节、玉树赛马节、"天上玛多"文化旅游节

续表

普通级	颇章达则神山、江嘉多德圣山、君拉日邦神山、嘉洛红宫遗址、娘荣谷、香龙沟峡谷、聂恰河、库赛河、色吾曲、错拉巴鄂阿东湖、库赛湖、特拉什湖、黑刺林区、坎达峡森林保护区、东仲林场、吉日沟原始森林、昂赛森林灌丛、托吉温泉、查荣擁、邦荣滩、雅荣滩、巴荣滩、桥南遗址、梅诺遗址、久革遗址、七渡口、夏日寺、拉布寺、桑周寺、莫合尼姑寺、德雅寺、觉拉寺、藏娘佛塔、花石峡石山、冬格多纳冬什则、勒那冬则、扎智益山、窝洛堆扎山、阿尼科山、那然塘、莫格德哇遗址、玛多唐善遗址、借哇萩泽寺、和科寺、日科寺、卡克寺、曲那迈寺、黑河桥、喇嘛诺拉神山、登额曲、杂曲、孜曲、吉曲、永红湖、扎木措、尼日阿错改、野牛滩、野狼滩动物群观赏、巴艾寺遗址、吉泳穿石箭、肯宝玛然吉曲渡河口、森阿赛遗址、旁色玛扎曲河溜索桥、色池吉曲溜索桥、杂美扎曲河古桥、迪亚寺修行洞、进藏第九通道、桑青尼姑寺、日瓦多玛寺、色扎寺、更那寺、斯日寺、佐青寺、瓦村纳洛瓦白塔、格萨尔王传说、吐蕃王松赞干布迎接文成公主、金属锻造制作技艺传承人士丁江才、游牧山歌、森姜珠姆故里传说

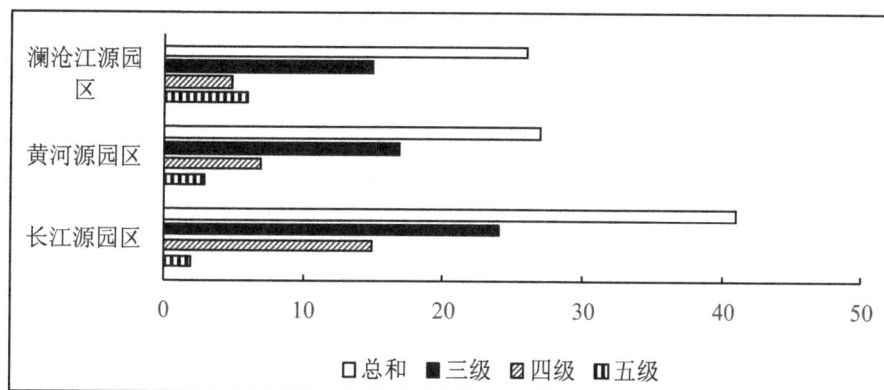

图 4-4 三江源国家公园各园区主要旅游资源等级对比

（2）旅游资源特征

第一，呈集聚和片状空间分布。

核密度分析用来计算点要素在其周围邻域中的密度，靠近栅格搜索区域中心的关键点的权重值较大，反之则较小，以反映点状地理事物的分布状态与聚集程度，公式如下：

$$\widehat{\lambda}_h\left(s\right)=\sum_{i=1}^{n}\frac{3}{\pi h^4}\left(1-\frac{\left(s-s_i\right)^2}{h^2}\right)^2$$

式中：s 为待估计旅游资源的位置，si 为落在以 s 为圆心的旅游资源，h 为半径范围内的第 i 项旅游资源的位置

为更直观地描述三江源国家公园旅游资源的空间分布状况，运用 ArcGIS 10.2 对三江源国家公园旅游资源进行核密度测算，总体来看，三江源国家公园旅游资源核心集聚区主要分布在澜沧江园区；长江源园区呈成多点分布状态，集中在玉树市到园区之间的范围，且和澜沧江源园区旅游资源分布空间距离较近，黄河源园区呈片状分布状态，旅游资源分布与其他两个园区之间有一定距离。

各园区不同类型旅游资源空间分布也有一定的特征，澜沧江园区地文景观、生物景观、人文类旅游资源都呈现集聚状态，水域景观呈片状分布状态，且和长江源园区空间分布距离近；长江源园区生物景观、遗址遗迹类旅游资源成多点分布状态，水域景观、地文景观呈片状分布状态，地文旅游资源、生物旅游资源空间分布特征呈现局部小区域集中特征；黄河源园区水域类旅游资源、人文活动景观呈现出片状集聚特征，对比来看，人文旅游资源比自然旅游资源集中，以小尺度区域为主，并自中心向外围逐渐分散。

第二，整体极具原生态及高垄断性。

三江源国家公园地处安多、康巴藏区，藏族历史文化悠久，"流淌着文字的沟"——勒巴沟，现为国家重点文物保护单位，展现的是藏族宗教石

刻的历史，精美的岩画带有浓厚的唐代佛教艺术造型风格，具有极高的历史文化价值；世界第一大嘛呢石经城——新寨嘉那嘛呢石经城、"东方《伊利亚特》"——《格萨尔王传》被誉为"当今世界唯一活着的最长的史诗"，是唐蕃古道历史文化遗存地，文成公主庙、迎亲滩等在国内有很高的知名度，石刻、岩画、壁画、宗教寺院等均为藏区特色的原生态文化典型代表，具有极高的文化价值；杂多县更是"中国藏族山歌之乡"，是高原游牧山歌文化的富集区，也是格萨尔神授说唱奇人的富集地。[1] 三江源国家公园中利用民俗风情旅游资源开展的节事活动，如玉树歌舞、赛马会、康巴艺术节等，都体现了独具特色的民族文化。

第三，澜沧江源园区跨区跨境优势突出，具备高端体育旅游发展潜力。

综合来看，澜沧江源园区旅游资源具有以下几方面特点：园区内旅游资源分类集中了极具价值的五级优质旅游资源，涵盖地文、水域、生物景观、遗址遗迹；人文旅游资源中，建筑与设施类旅游资源有澜沧江源星空摄影基地，旅游商品类旅游资源有中药制品及手工艺制品，人文活动中艺术类旅游资源具有极高的文化价值；各类旅游资源空间分布集中，和长江源园区空间分布距离较近，在资源共享共建的发展目标下，有合作发展的条件，跨区域资源整合增加资源优势，进行深度开发，可实现旅游共同发展；更重要的是澜沧江—湄公河流域六国共同建立的新型次区域合作机制给澜沧江源区带来更广阔的发展机会。

上述资源及发展条件，使得澜沧江源园区成为青藏高原大自然保护和民族文化展示的理想区域，具备高端生态体验旅游、大健康旅游的发展优势和潜力，高原跨境旅游资源优势更加突出。

第四，长江源园区旅游资源类型完整，是生态体验及环境教育绝佳展示地。

---

[1] 根据调研资料和《青海省三江源地区生态旅游发展规划 (2009-2025》资料整理。

　　长江源园区地广人稀，却有悠久的历史文化沿革，唐蕃古道经由此地，第十世班禅大师由此进藏，此地自古以来就是青、川、藏三地的重要交易集散地和交通枢纽，是康巴藏人的文化贸易中心；长江源头有着独特的自然生态风光，扎什加羊、曲麻莱蕨麻、曲麻河乡野血牦牛等特色旅游商品，更使得该园区在旅游产业方面的发展更具潜力；玉树赛马会集中展示浓郁的民族风情，已列入国家级非物质文化遗产名录；可可西里生态保护是中国生态保护的标志地，1992 年就已成立西部工作委员会，民间第一座自然保护站—索南达杰自然保护站，展示了巡护员真实的生态保护日常，以索南达杰、野牦牛队等英雄人物为代表的坚守精神[①]。可可西里坚守精神已成为青海五大精神高地之一，在此地坚守的生态管护员以获得"斯巴鲁生态保护奖"为荣[②]；在青海省越来越注重生态文明建设、生态环境保护、绿色发展的大背景下，可可西里坚守精神为保护生态环境注入了新的精神动力。

　　上述资源为长江源园区构建青藏高原大自然保护展示和生态文化传承区奠定了基础。长江源园区生物景观及人文旅游资源分布较多，在进行生态教育时能全面展示园区生态特色；且园区自然景观呈片状分布，在游憩时，景观观赏性具有多样性及连续性，是三江源国家公园进行生态文明建设、探索国家公园游憩功能开发新模式的极佳展示地。

　　第五，黄河源园区文化资源特色突出，适合环境教育及文化体验旅游。

　　黄河源园区特殊的自然地理条件造就了玛多独具特色的自然、人文旅游资源。格萨尔的传说、吐蕃王松赞干布迎接文成公主的历史故事、以莫格德哇遗址为代表的文化遗址，都具有较高的历史文化价值，为民俗文化体验游提供了良好的平台；地质演变过程中，玛多县境内形成了大大小小的湖泊，因此在黄河源园区可以看到壮观的"千湖景观"；由于自然条件

---

① 根据调研资料和《青海省三江源地区生态旅游发展规划(2009-2025)》资料整理。

② 魏爽. 可可西里坚守精神代代传 [N/OL]. 青海日报,2019-10-1[2023-11-06]. https://baijiahao.baidu.com/s?id=1646180535107449186&wfr=spider&for=pc.

恶劣，玛多县大多地区较完整地保留着自然界的粗犷原始面貌，体现着原始古朴的自然美；以绘画、雕刻为代表的藏族佛教文化，为民族服饰、民族手工艺品的发展奠定了良好基础，特色中药材种类在三个园区占有优势[1]；从旅游资源的空间分布上看，该园区资源分布集中，资源与资源之间在空间距离上有优势，人文及自然景观能够进行集中地展示，科考类项目开展、环境教育项目的实施有优势。

上述旅游资源构成了黄河源园区旅游发展的基础，且该园区自然及人文旅游资源分布十分集中，构建了该园区以游憩观光、文化展示、科考教育为主的旅游发展格局。

4.2.2 政策方面

（1）发展区域—传统利用区

三江源国家公园有严格的功能分区，《三江源国家公园总体规划（2023—2030）》[2]中规定三江源国家公园按照生态系统功能、保护目标和利用价值划分为核心保育区、生态保育修复区、传统利用区等不同功能区，实行差别化保护；核心保育区禁止旅游开发，生态保育修复区实行严格保护，禁止开展经营性活动，传统利用区是旅游发展的主要区域，可以设立生态体验服务企业，适度开办牧家乐，提供餐饮、购物、娱乐等服务设施，合理确定访客承载数量，严格控制访客流量，按照划定的生态体验线路开展生态体验和环境教育；三江源国家公园作为首批的五个国家公园之一，要在国家公园体制建设、发展路径等方面先行先试，这一规定确保三江源国家公园在科学保护的情况下，可以在传统利用区开拓游憩功能利用自然资源

---

[1] 根据调研资料和《青海省三江源地区生态旅游发展规划 (2009-2025》资料整理。
[2] 青海省人民政府.《三江源国家公园总体规划 (2023-2030 年)》
[EB/OL].(2023-08-24)[2024-02-02].http://wap.qinghai.gov.cn/jdhy/zjjd/202308/t20230824_193294.html.

发展旅游。

（2）发展性质—非商业经营性适度发展

在《三江源国家公园总体规划（2023—2030）》①中提出三江源国家公园实行严格保护，除生态保护修复工程和不损害生态系统的居民生活生产设施改造，以及自然观光、科研教育、生态体验外，禁止其他开发建设。《三江源国家公园总体规划（2023—2030）》②中规定：严禁在流转草原上建设或变相建设旅游度假村。中国共产党青海省第十三次代表大会第二场新闻发布会上，时任三江源国家公园管理局局长李晓南强调，三江源国家公园旅游发展的核心是保护生态，"不搞大旅游、大开发"。

因此，在三江源国家公园传统利用区在发展旅游时，只可依托社区、居民点和监测设施等提供必要的服务，适度开展旅游服务和项目，生态设施建设控制在小体量设施范围，严格限制商业经营性旅游设施建设，牧家乐及文化和餐饮娱乐服务，也要以特许经营方式适度开办，严格限制商业经营性旅游活动③；公园外支撑服务区域可以建设必要的生态体验和环境教育接待服务基地，也要通过特许经营的方式进行旅游活动，特许经营范围规定为生态体验和环境教育服务业、有机畜产品加工业、民族服饰、餐饮、住宿、旅游商品及文化产业等④。以上规定，可以在三江源国家公园游憩旅游功能开发时，最大限度地保护自然生态和自然文化遗产的原真性、完整性。

---

① 青海省人民政府.《三江源国家公园总体规划 (2023—2030 年)》[EB/OL].(2023-08-24)[2024-02-02].http://wap.qinghai.gov.cn/jdhy/zjjd/202308/t20230824_193294.html.

② 青海省人民政府.《三江源国家公园总体规划 (2023—2030 年)》[EB/OL].(2023-08-24)[2024-02-02].http://wap.qinghai.gov.cn/jdhy/zjjd/202308/t20230824_193294.html.

③ 根据《三江源国家公园总体规划 (2023—2030 年)》、《三江源国家公园社区发展和基础设施建设专项规划》、《三江源国家公园经营性项目特许经营管理办法 (试行)》资料整理。

④ 根据《三江源国家公园总体规划 (2023—2030 年)》、《三江源国家公园社区发展和基础设施建设专项规划》、《三江源国家公园经营性项目特许经营管理办法 (试行)》资料整理。

（3）管理制度—特许经营制度

三江源国家公园依法界定了各类自然资源资产产权主体的权利和义务，在园区内进行的所有的人类活动包括科学研究、环境教育、游憩康养和其他社会活动等，开展的前提是对生态环境不会产生破坏性影响，因此必须经过科学评估后政府方可以批准，同意授权经营，这也是国家公园自然资源利用所遵守的自然保护地控制区经营性项目特许经营管理办法，即特许权制度①。特许经营在产权关系明晰基础上确定所有者和经营者之间利益关系，包括服务类、设施类、技术类等，均与三江源国家公园旅游发展相关。其中服务类特许经营包括特色游憩活动、餐饮、购物、住宿、交通等，每一项活动都要制定相关的标准，如价格收取、设施建设、管理程序的标准；设施类特许经营包括基础设施类、旅游设施类等，同样也制定了相关的建设及使用规范②；技术类特许经营包括国家公园内农牧产品品种优化、生产加工模式改进等，以提高农牧产品质量和生产效率从而增加农牧民收入，推进旅游产业形成，实现开发与生态保护的协调统一③。

旅游不一定需要极特别的特许经营制度，但国家公园的旅游必须有特许经营制度来进行管理和约束，尤其是三江源国家公园生态脆弱敏感，不严格规范旅游经营者、旅游参与者的行为，以及旅游经营活动的性质、类型势必会给园区生态带来影响④。作为一个国家公园，特许经营机制必须由国家来管理，以确保公园的保护和管理工作得到有效落实，对于特许经营企业的招标、评审、管理和评估等环节，国家公园管理局会依据国家相关

---

① 根据《三江源国家公园总体规划 (2023-2030 年)》《三江源国家公园社区发展和基础设施建设专项规划》《三江源国家公园经营性项目特许经营管理办法 (试行)》资料整理。

② 根据《三江源国家公园总体规划 (2023-2030 年)》《三江源国家公园社区发展和基础设施建设专项规划》《三江源国家公园经营性项目特许经营管理办法 (试行)》资料整理。

③ 根据《三江源国家公园总体规划 (2023-2030 年)》《三江源国家公园社区发展和基础设施建设专项规划》《三江源国家公园经营性项目特许经营管理办法 (试行)》资料整理。

④ 根据《三江源国家公园总体规划 (2023-2030 年)》《三江源国家公园社区发展和基础设施建设专项规划》《三江源国家公园经营性项目特许经营管理办法 (试行)》资料整理。

法律法规和政策，明确范围和标准，规范经营者的行为，确保公园内的经营活动有序进行，并且符合国家公园的发展、保护和管理要求[①]。

特许经营制度可以为三江源国家公园旅游发展提供重要的保障和推动作用，为公园内的旅游业、餐饮业、住宿业、休闲娱乐业等行业带来新的发展机遇，促进三江源地区的经济社会发展。真正形成生命共同体的前提是发展体现保护性和专业性的旅游，而专业的旅游也需要有专业的特许制度。

4.3 园区旅游活动开展现状

综合前文对国家公园与旅游关系的了解，梳理所搜集到的三江源国家公园各园区旅游发展相关资料，目前，三江源国家公园旅游发展现状分析如下：

（1）黄河源园区

黄河源园区有两湖一河一碑，即扎陵湖、鄂陵湖、黄河源及黄河源牛头纪念碑等旅游资源，建设"黄河之源""千湖之县""格萨尔赛马称王地"的旅游品牌；在国家公园试点前，扎陵湖和鄂陵湖旅游景区为3A级景区，周边分布有星星海旅游景区、东格措纳湖旅游区、查朗寺旅游景区等多处景区，接待国内外团队游客、自驾游游客进行观光旅游，已实施了扎陵湖—鄂陵湖景区停车场、旅游公厕、游服中心及旅游网站建设，县城也新增了宾馆，规范了出租车运营管理，已初步形成旅游发展框架[②]。

三江源国家公园体制试点建设以来，黄河源园区积极开发文化旅游产品，积极探索特许经营项目，具体如表4-8所示。2016年开展了"天上玛

---

① 根据《三江源国家公园总体规划(2023-2030年)》《三江源国家公园社区发展和基础设施建设专项规划》《三江源国家公园经营性项目特许经营管理办法(试行)》资料整理。

② 根据调研资料和《青海省三江源地区生态旅游发展规划(2009-2025)》资料整理。

多"旅游宣传周和摄影展等活动，编排演出大型歌舞剧《天上玛多》；将格萨尔民间文化说唱的艺术价值和旅游相结合，开发出了独具特色的文化旅游节事旅游产品，如格萨尔戏曲表演、格萨尔艺术主题彩绘石头，其中格萨尔艺术主题彩绘石头制作工艺简单且方便携带，作为旅游商品出售给当地带来了旅游收入，也促进了格萨尔文化的传承与发展，初步形成了景区旅游发展的框架①。在此期间，为更好地实现园区的保护，关闭了扎陵湖—鄂陵湖旅游景区、星星海景区，规划和尝试国家公园特许经营项目；2020 年规划为"西宁—玛多—双湖"线、"玛多—玉树"线，两条旅游线路，成立云享自然文旅有限公司，"云享自然"是三江源国家公园管理局授权开展国家公园生态产品特许经营企业，通过"特许经营企业 + 社区 + 政府"的模式，企业负责设计线路、调配人力和管理市场运作，政府负责监督管理以及负责协调当地牧民与企业，开放生态体验特许经营，生态体验项目包括露营、徒步、观察野生动物、摄影等活动，预约小团队模式访问体验②；在 2021 年运行西宁—玛多—扎陵湖—鄂陵湖旅游线路，主要体验扎陵湖自然景观，体验藏族民俗风情，规划建设生态教育设施，建成后将以传统的宣传方式结合新技术新方式，对牧民、访客、公众宣讲三江源国家公园的相关法律法规、建设的意义；在生态体验、生态教育的基础上，依托资源优势，黄河源园区计划推进畜牧业绿色发展，培育园区特色的高原生态畜牧业成为该园区旅游发展的另一个重点③。

（2）澜沧江源园区

澜沧江源园区旅游发展的重点在于打造澜沧江森林峡谷览胜走廊，逐

---

① 郭振 . 三江源国家公园生态旅游业发展路径分析 [D]. 西宁：青海师范大学 ,2017.

② 根据调研资料《青海省三江源地区生态旅游发展规划 (2009-2025)》和《三江源国家公园生态体验和环境教育专项规划》资料整理。

③ 根据调研资料《青海省三江源地区生态旅游发展规划 (2009-2025)》和《三江源国家公园生态体验和环境教育专项规划》资料整理。

步成为生态观光体验、漂流、探险、竞技和高原健身等多种功能于一体的，具有示范意义的生态体验园区。试点前园区内杂多县打造"澜沧江源""长江南源""中国冬虫夏草之乡""宝地杂多""神境昂赛"等旅游品牌，持续推进澜沧江源头、长江南源和昂赛乡果道沟三条旅游环线公路的规划设计及项目、自驾车营地建设项目，以及昂赛乡200平方公里丹霞地质公园申报省级地质公园规划，使昂赛旅游和丹霞地貌研究进入实质性推进阶段[①]。

表 4-8　黄河源园区旅游发展情况表 a

时间	相关工作 / 活动
2016 年	三江源一期工程项目验收 组建黄河源园区管委会和乡（镇）村生态保护管理站（队） "天上玛多"旅游宣传周、摄影展
2017 年	生态管护员培训上岗 三江源二期工程建设 编制格萨尔戏曲表演 开发格萨尔艺术主题彩绘石头旅游商品
2018 年	关闭扎陵湖—鄂陵湖景区、星星海景区 规划特许经营项目
2020 年	成立云享自然文旅有限公司 规划旅游线路 试运行特许经营生态体验项目
2021 年	组织发展生态畜牧业合作社 运行西宁—玛多—扎陵湖 / 鄂陵湖生态体验线路 建设生态教育服务点，计划开展生态教育项目

---

① 根据调研资料《青海省三江源地区生态旅游发展规划 (2009-2025》和《三江源国家公园生态体验和环境教育专项规划》资料整理。

表 4-8 黄河源园区旅游发展情况表 b

	生态体验线路	体验地点	体验方式	体验主题及内容
黄河源园区	西宁—玛多—扎陵湖—鄂陵湖	玛查理镇、牛头碑、扎陵湖	预约制	藏地史诗、酥油下午茶（文化体验）江河探源、堤闻啼鸟（自然景观体验）
	环境教育	建设地点	教育方式	教育内容
	生态体验中心环境教育点（建设中）	玛查理镇	展出影像、图片、实物、音频	向大众传递三江源国家公园价值 向访客宣讲国家公园政策与法规 向访客宣讲国家公园的意义与美学价值 向园区内牧民实施渗透式环境教育

澜沧江源园区内杂多县最先开展了生态体验特许经营活动，园区管委会与山水自然保护中心签订 2016 年—2019 年战略合作备忘录，开展的生态体验项目以当地社区牧民为主体，山水自然保护中心以陪伴者和技术支持方身份协助进行[1]；2017 年—2018 年澜沧江源区进行了生态体验基础设施的建设，在杂多县调动牧民建成原生态牧家乐 4 家，在年都村建设牧家乐营地及游客服务中心、建设昂赛高原地质奇观景区基础设施，规划开展昂闹村温泉扶贫旅游项目[2]。

2019 年运行玉树—杂多—治多生态体验线路，主要体验主题为极目天河、昂赛之径，以体验昂赛大峡谷自然风貌为主要内容，保尔森基金会生态保护项目成立大猫谷网站配合完成访客预约工作[3]。为了控制访客数量、确保各接待牧户能获得同等招待访客的机会，所有示范户共同组成社区合作社，由社区合作社统一负责为访客匹配牧户接待家庭，访客来访完全实

① 根据调研资料、山水自然保护中心官网资料进行整理。
② 根据调研资料、《三江源国家公园生态体验和环境教育专项规划》资料进行整理。
③ 根据调研资料、大猫谷官网资料进行整理。

行预约制，通过大猫谷网站进行先期查询，在线填写抵达日期及行程安排，并提交护照或者身份证复印件和个人简介等必要信息，供合作社申请国家公园自然体验游憩许可和分配住宿安排用[1]；建设科普教育服务设施及保护监测设施，以对访客进行管理。

2020年三江源国家公园管理局接收了年都村和其他试点村不同形式的合作社——"雪豹观察"合作社特许经营申请，和北京川源自然户外运动有限公司合作经营昂赛自然体验项目和三江源国家公园昂赛生态体验和环境教育项目，开展了雪豹寻踪、徒步、漂流等特许经营内容；此外园区以"格萨尔"文化、"山歌"文化等非物质文化遗产资源开展了系列文化旅游活动，如昂赛大峡谷国际自然观察节、格萨尔王学术论坛、牦牛文化节等；以虫草为主打的特色旅游产品开发也成为该县一大特色[2]；此外，在旅游资源整理和挖掘、客源市场调查和确定方面，园区利用现代媒体和对口支援机制的优势，进行了各种方式的旅游资源宣传推介工作，旅游业营销工作在三个园区中走在前列，具体开展项目如表4-9所示。

（3）长江源园区

长江源（可可西里）园区是三江源国家公园中面积最大的园区，功能区划明显，旅游管制严格，该园区旅游开发以科考游为主，节事旅游为支撑。

2014年—2015年，可可西里保护站就将反映可可西里反盗猎工作的600多幅照片制作成130块展板[3]，并印制10万份宣传册和3万枚纪念章，在北京、石家庄、济南、青岛、南京、杭州、上海、西安、西宁举行了可可西里生态和藏羚羊保护巡回图片展，《青海省三江源区生态旅游发展规划（2009—2025）》将可可西里不冻泉、索南达杰、沱沱河和五道梁四个自然

---

① 根据调研资料、大猫谷官网资料进行整理。
② 根据调研资料《三江源国家公园生态体验和环境教育专项规划》资料进行整理。
③ 知名百科. 青海可可西里国家级自然保护区 [EB/OL]. [2024-04-02]. http://qwbaike.cn/doc-view-2572.html.

保护站为中心，成立生态科普教育区，野外版块的范围基本位于青藏公路、铁路沿线两公里范围内，游客可以在这个区域体会到可可西里自然环境的部分特征。[①]

表 4-9 澜沧江源园区旅游发展情况表 a

年份	开展的工作 / 活动
2016	生态体验特许经营试点启动 三江源第二届牦牛文化节暨首届澜沧江源雪域山歌节、澜沧江昂赛大峡谷国际自然观察节、首届澜沧江源风情文化旅游节暨杂多虫草交易会 国际雪豹论坛、全国格萨尔王学术论坛 长江南源科考 3 次 澜沧江源漂流 5 次 拍摄微电影《源来》
2017 年	建设生态牧家乐（神山度假村、涯卓生态牧家乐、格中牧家乐、江源度假村）、年都村旅游扶贫游客接待中心 牧家乐营地
2018 年	建设昂赛高原地质奇观景区基础设施 规划开展昂闹村温泉扶贫旅游项目 山水自然保护中心开展自然体验接待向导培训
2019 年	保尔森基金会生态保护项目成立大猫谷网站 运行玉树—杂多—治多生态体验线路
2020—2022	开始"雪豹观察"合作社特许经营 开展雪豹寻踪、徒步、漂流等特许经营生态体验项目

[①] 根据调研资料、《青海省三江源地区生态旅游发展规划 (2009-2025)》和《三江源国家公园生态体验和环境教育专项规划》资料整理。

表 4-9　澜沧江源园区旅游发展情况表 b

	生态体验线路	体验地点	体验方式	体验主题及内容
澜沧江源园区	玉树—杂多—治多	昂赛大峡谷、昂赛林地保护站、山水自然保护中心昂赛工作站	大猫谷网站预约	极目天河、昂赛之径（自然景观体验）我在三江源（文化体验）
	环境教育设施	建设地点	教育方式	教育内容
	科普教育服务设施 保护监测设施（建设中）	杂多县	设置监测设备	控制访客容量 管理访客行为 提供相应服务

　　自 2016 年以来，可可西里颁布旅游"谢客令"，园区注重文化旅游产品的开发，成功举办了一系列文旅活动，如首届黄河寻根溯源国际自驾车旅游文化节、首届黄河源游牧文化旅游节、首届"格萨尔"赛马艺术节、首届尕朵觉悟徒步转山节等活动；投资 100 余万元编排大型舞台剧《岭·格萨尔赛马称王》，在国内多个城市进行巡演，取得了一定的宣传影响作用；此外园区通过相关选聘程序，正式确定"一户一岗"生态管护员 1502 名[1]，组织园区各村社进行《三江源国家公园条例》《三江源国家公园总体规划》等相关法律法规的宣讲工作；2018 年开始对周边景区进行环境整治，成功申报并批准中国最美"生态文化旅游示范县"，与青海尚士华格实业有限公司签订旅游开发项目合作备忘录，由该公司出资拍摄文化旅游宣传纪录片《山川百源》[2]；2020 年园区内 20 多名妇女参加民族手工艺编织培训，产品由妇联主任带动在县、州进行出售[3]；2022 年规划玉树–曲麻莱生态体验线路，主要以宗教文化体验为主，以公路观光的形式进行沿路自然

---

① 根据调研资料整理。
② 根据调研资料整理。
③ 根据调研资料整理。

景观的观赏；[①] 在通天河汇入处修建观景台，观景台建成后可用以观察野生动物，目前还没有投入使用，进行完善自然教育与生态体验基础设施建设，如计划实施长江源曲麻莱园区自然教育课堂基础设施、园区内 4 处科普教育服务设施建设，构建以科普教育基地为中心，配合生态体验线路和多途径科普教育为辅的园区自然生态教育及体验体系[②]。具体开展项目如表 4-10 所示。

表 4—10 长江源园区旅游发展情况表 a

年份	主要工作 / 活动
2016 年	编排大型舞台剧"岭·格萨尔赛马称王"
2017 年	首届黄河寻根溯源国际自驾车旅游文化节、2017 年首届黄河源游牧文化旅游节、首届尕朵觉悟转山徒步节暨首届藏地十大圣山国际自驾车旅游文化节、《三江源国家公园条例》《三江源国家公园总体规划》宣讲工作 手工艺编制培训班 生态管护员培训上岗
2018 年	三江源二期黑土滩治理、草原有害生物防控、法律法规的宣讲工作 周边景区环境整治 申报中国最美"生态文化旅游示范县" 拍摄《山川百源》宣传片 可可西里颁布旅游"谢客令"
2020 年	开始生态畜牧合作社特许经营
2021 年—2022 年	通天河汇入处修建观景台，规划生态体验项目 规划运行玉树—曲麻莱生态体验线路 计划实施自然教育课堂基础设施建设方案 计划实施园区内 4 处科普教育服务设施建设方案

---

① 根据调研资料、《三江源国家公园生态体验和环境教育专项规划》资料整理。
② 根据调研资料、《三江源国家公园生态体验和环境教育专项规划》资料整理。

表4—10 长江源园区旅游发展情况表b

	生态体验线路	体验地点	体验方式	体验主题及内容
长江源园区	玉树—曲麻莱	玉树到治多线公路沿线贡嘎寺、禅古寺	大猫谷网站预约	地质奇观（自然景观体验）高原圣行（文化体验）
	环境教育设施	建设地点	教育方式	教育内容
	科普教育服务设施保护监测设施	巴干乡寄宿制学校索南达杰保护站	博物馆、展览室、保护站展示	学校开展自然环境教育 博物馆、展览室、保护站展示环保知识及成果

5 三江源国家公园牧民参与旅游发展的调研与分析

为了解三江源国家公园牧民参与旅游发展的现状，从四方面进行调研，一是牧民对旅游发展影响的感知调研，二是牧民对利益相关者影响的感知，三是牧民对自身影响因素的感知，四是牧民的参与态度、意识及期望。

此次调研地点选择三江源国家公园三个园区内典型的试点村—擦泽村、马赛村、红旗村、年都村，产业发展区玛查理镇玛查理新村进行调研。其中，年都村位于杂多县昂赛乡境东南，面积 700 平方公里，平均海拔 3900米以上，地处三江源国家公园澜沧江源园区核心地带，也是该园区唯一的示范村，全村共 270 户，其中，贫困户 137 户，有劳动能力 820 人，聚居100 户 500 人，典型的以畜牧业为主的村落，动植物资源丰富，一级重点保护动物有雪豹、金钱豹、白唇鹿、黑颈鹤等，该村的发展重点是保护雪豹等旗舰野生动物，打造澜沧江森林峡谷览胜走廊，塑造国际河流源区探秘胜地①。马赛村总户数 493 户 1615 人，有劳动力 800 人，贫困家庭 132户，易地搬迁至县城的有 282 户，居住在乡政府所在地的牧户 8 户，生活在牧区的 203 户，人均收入 4695 元，该村动植物资源及历史文化遗产丰富。红旗村总户数 568 户、人口数 1467 人，贫困户建档立卡户共有 193户 562 人，有 16 个生态畜牧合作社，每个合作社年底都有分红，2021 年年底村集体经济 + 合作社分红效益均分有 185 万左右，规模最大的分红合作社是拖俄俄加合作社、牧羊娃合作社②。红旗村是全国第十一批全国"一村一品"种牦牛示范村、青海省乡村振兴示范点、青海省民族团结升级示

---

① 根据政府及各园区提供的资料整理。
② 根据政府及各园区提供的资料整理。

范村、中国国家公园体制机制创新项目示范点单位[①]。擦泽村是黄河源园区中玛多县扎陵湖乡下辖的行政村，共有牧户 118 户 379 人，其中建档立卡贫困户 59 户 185 人。该村为纯牧业村，产业和收入结构单一，主要收入来源为国家补助、畜牧业收入。[②]擦泽村有"黄河源头"牛头纪念碑、鄂陵湖、迎亲滩遗址等旅游资源，有专业合作社 1 所。[③]玛查理镇在《三江源国家公园生态体验和环境教育专项规划》中，被划为产业支撑区，同时也被划为一类社区，发展目标是安置自愿转产转业的牧民解决其后续产业问题，建设成区域经济、产业、文化中心，最终目标为建成三江源国家公园特色小镇[④]；玛查理镇是玛多县政治经济文化的中心，也是重要的交通要道，城区面积 0.68 平方公里，总人口 2238 人，全镇设立生态管护员 338 名，建立生态畜牧业合作社 6 个，设有幼儿园 2 所，九年一贯制学校 1 所，小学 1 所，玛查理镇野牛沟新村人口 281 人，玛查理新村 556 人，主要收入来源为国家补助、畜牧业收入。[⑤]

　　本次调研对象主要为三江源国家公园三个园区擦泽村、马赛村、红旗村、年都村，产业发展区玛查理镇玛查理新村，不同年龄层次、不同生活状态的牧民、生态管护员，自三江源国家公园开展生态体验特许经营活动以来，各园区成立了马队、摩托车队进行更为全面的生态管护。因此，本次调研的牧民中，还包括了生态体验向导、马队成员、摩托车队成员。调研由当地政府、村牧委会、聘请的翻译共同协助完成，共回收 1115 份问卷，需要说明的是，在实地调研发放问卷的过程中发现：第一，牧民普遍的文化程度不高，因此，为了便于统计，对于文化程度高这一问题的调研，用牧民能够有很好地认知和一定的技能去表达；第二，政府管理机构、非

---

① 根据政府及各园区提供的资料整理。
② 根据政府及各园区提供的资料整理。
③ 根据政府及各园区提供的资料整理。
④ 根据调研资料、《三江源国家公园生态体验和环境教育专项规划》资料整理。
⑤ 根据政府及各园区提供的资料整理。

营利机构、特许经营企业都具有宣传、培训、组织的作用，因此，为了便于牧民的理解，统一将此类利益相关者的影响向牧民描述为宣传、培训、组织，将城镇居民、生态体验者的影响描述为信息提供作用；第三，与牧民沟通年收入这一个问题时，用畜牧＋补助、畜牧＋补助＋其他收入表示，将畜牧＋补助＋其他收入描述为年收入高。

澜沧江源园区年都村向牧民共发放 211 份问卷，收回 106 份，所调研的 106 人中，男性 85 人，女性 21 人，年龄 25—34 岁的 5 人，35-44 岁的 55 人，45—54 岁的 39 人，55—65 岁的 7 人；文化程度高的 96 人，文化程度低的 10 人，年收入单一的 25 人，年收入高的 81 人。长江源园区马赛村集体调研的 64 人中，男性 29 人，女性 35 人，年龄为 25—34 岁的 5 人，35—44 岁的 40 人，45—54 岁的 17 人，55—65 岁的 2 人；文化程度高的 39 人，文化程度低的 25 人，年收入单一的 13 人，年收入高的 51 人；长江源园区红旗村向牧民共发放 318 份问卷，收回 303 份，所调研的 303 人中，男性 31 人，女性 272 人，15—24 岁的 68 人，25—44 岁的 109 人，45—64 岁的 85 人，65 岁及以上的 41 人；文化程度高的 165 人，文化程度低的 138 人，年收入单一的 35 人，年收入高的 268 人。黄河源园区擦泽村调研共向牧民共发放 141 份问卷，收回 136 份，所调研的 136 人中，男性 63 人，女性 73 人，年龄为 15—24 岁的 41 人，25—44 岁的 67 人，45—64 岁的 28 人；文化程度高的 119 人，文化程度低的 17 人，年收入单一的 41 人，年收入高的 95 人；玛查理镇向牧民共发放 512 份问卷，收回 506 份；所调研的 506 人中，男性 341 人，女性 165 人，年龄为 15—24 岁的 178 人，25—44 岁的 248 人，45—64 岁的 80 人；文化程度高的 46 人，年收入单一的 238 人，年收入高的 268 人；其中参与三江源国家公园旅游发展意愿积极的人数中男性为 297 人，女性为 117 人，具体如表 5-1 所示。

表 5-1　被调查者基本情况

调研地	人口统计学特征		人数
澜沧江源园区年都村牧民基本情况	性别	男	85
		女	21
	年龄	25—34 岁	5
		35—44 岁	55
		45—54 岁	39
		55—65 岁	7
	文化程度	高	96
		低	10
	年收入	单一	25
		辅以其他收入	81
长江源园区马赛村牧民基本情况	性别	男	29
		女	35
	年龄	25—34 岁	5
		35—44 岁	40
		45—54 岁	17
		55—65 岁	2
	文化程度	高	39
		低	25
	年收入	单一	13
		辅以其他收入	51

续表

长江源园区红旗村牧民基本情况	性别	男	31
		女	272
	年龄	15—24 岁	68
		25—44 岁	109
		45—64 岁	85
		65 及以上	41
	文化程度	高	165
		低	138
	年收入	单一	35
		辅以其他收入	268
黄河源园区擦泽村牧民基本情况	性别	男	63
		女	73
	年龄	15—24 岁	41
		25—44 岁	67
		45—64 岁	28
		65 及以上	0
	文化程度	高	119
		低	17
	年收入	单一	41
		辅以其他收入	95

续表

黄河源园区玛查理新村牧民基本情况	性别	男	341
		女	165
	年龄	15—24 岁	178
		25—44 岁	248
		45—64 岁	80
		65 及以上	0
	文化程度	高	46
		低	460
	年收入	单一	238
		辅以其他收入	268
合计			1115

5.1 现阶段牧民参与旅游现状

5.1.1 参与方式及内容

《三江源国家公园社区发展和基础设施建设专项规划》①中鼓励和引导社区通过多种形式参与到国家公园的保护、建设和管理过程中，为国家公园提供必要的支撑，从单一的牧民转变为公园的建设者、保护者和管理者。一是为生态保护修复工程、保护设施、科研监测设施及生态体验和环境教育设施等的建设和运行提供劳务服务，直接参与建设。二是通过生态管护公益岗位、环境保护公益岗位，以及志愿服务等形式，参与国家公园的生态环境保护。三是在工程建设、科研监测、巡查巡护等过程中，将社区作为后勤保障点，提供必要的支撑；在生态体验和环境教育过程中，优先引

---

① 中国政府网.《三江源国家公园社区发展和基础设施建设专项规划》[EB/OL].(2018-1-17)[2022-04-10].https://www.gov.cn/xinwen/2018-01/17/5257568/files/c26af29955e141bda0d736a-673dac4c5.pdf.

导提供必要的餐饮和住宿服务；鼓励和扶持有条件的牧民以个人或合作社的名义参与公园内有机畜牧产品及其加工产业、生态体验和环境教育服务业、文化产业、中藏药开发利用等特许经营的方式参与，引导牧民参与生态体验和环境教育等的运营和管理。四是发展生态畜牧业，改变牧业生产方式，扶持创办牧业合作社，引导牧民有序加入。五是积极引导培育环保小组、扫盲小组、妇女互助小组等社区志愿服务组织，参与社区治理。六是发挥主人翁精神，主动参与到国家公园的日常管理运行中，特别是参加对访客的管理。

根据三江源国家公园三个园区旅游发展现状的分析结果，基于目前各园区发展中的工作重点，对三江源国家公园牧民参与旅游情况进行了调研，具体如表 5-2 所示，总体来说，现阶段牧民参与旅游的方式及内容可以总结为以下几类：

（1）政府主导参与生态保护

三江源国家公园旅游发展中，生态保护是其中一项最重要功能，牧民生活在园区内，参与生态补偿，本身就是对园区自然环境的保护，对传统生态文化的传承和保护，因此牧民生态补偿、文化传承参与最为全面。牧民作为园区内的传统居民，遵守三江源国家公园的禁牧、休牧和草畜平衡管理制度，履行承包草原、禁牧、草畜平衡义务，接受国家级重大项目的常规性生态补偿，比如天然林管护补助、实施草原补奖、湿地林地补偿资金、野生动物争食补偿资金、生态移民搬迁安置补助、湿地生态效益试点补偿以及草原生态保护奖励补助等，此外还有农牧民基本生活燃料费补助、"1+9+3"教育经费保障机制、异地办学奖补制度等[1]；除此之外，三江源国家公园在黄河源园区开展野生动物保护补偿制度，在长江源园区、澜沧江源园区开展野生动物伤害补偿制度，"人兽冲突保险基金"的形式获得了

---

① 根据政府及各园区提供的资料整理。

政府和牧民的认可。澜沧江源园区以获得县财政支持、高校和社会学术组织资助、群众投保的方式，筹资建立了"人兽冲突保险基金"试点，组建管理小组，按照"审核员调研取证—管理小组判定损失—管理小组审核筛选—全村公示—兑现补偿"的程序，以每头牛2岁以下赔偿500元、2—4岁1000元、4岁以上1500元的标准，建立野生动物伤害补偿议事机制①；澜沧江源园区2016年—2021年连续三年举办"自然观察节"，引导牧民参与其中。

在生态保护方面，牧民一直以来都有保护生态环境的意识和行为，并且有丰富的生活经验用于保护，在平时的生产生活中，也会积极主动地进行垃圾分类。因此在国家公园中的保护层面，生态管护、环境保护、科研监测成为牧民能够参与的最常规的方式，三江源国家公园全面实现了园区"一户一岗"，2015年—2021年，共有17211名生态管护员持证上岗，青海省财政共投入4.34亿元资金，每户年均收入增加2.16万元②，三江源国家公园陆续出台了《三江源国家公园生态管护员公益岗位管理办法》《三江源国家公园体制试点生态公益岗位机制实施方案》《三江源国家公园生态管护员管护绩效考核实施细则》与生态管护员有关的政策，对生态管护员进行网格化管理与巡护，组建乡镇、村级管护站，村级管护站下辖管护小分队；实施"管护补助与责任、报酬与绩效相挂钩"的奖罚机制，管护员工资为每人每月1800元人民币，其中，70%的基础工资按季度发放，30%的绩效工资在年终考核称职后一次性兑现，对不称职者，扣发的绩效工资奖励给本村优秀管护员③；同时，三江源国家公园推进山水林草湖组织化管理保护、网格化巡查建立乡镇管护站、村级管护队伍和管护小分队，建立远

---

① 三江源，这里的生态好多了——来自青海三江源地区的见闻与思考 [EB/OL].（2019-07-02）[2021-04-10].https://m.gmw.cn/baijia/2019/07/02/32964313.html.

② 根据政府及各园区提供的资料整理。

③ 三江源国家公园管理局.三江源国家公园生态管护员公益岗位管理办法（试行）[EB/OL].（2017-10-20）[2019-04-05].http://www.sepf.org.cn/index.php/article/flfg/10696.html.

距离"点成线、网成面"管护体系，使牧民由草原利用者逐步转变为生态保护者，将原住居民转变为国家公园管护员[①]。保护生态由政府出资，由于管护范围较大、线路较长，澜沧江源园区还组建有马队、摩托车队开展巡查工作，具体在年都村组建 3 个马队，人数为 15 至 20 人，组建 3 支摩托车队，人数为 15 至 20 人，配发帐篷 1 至 2 顶及配套生活设备，实行跨昼夜巡查；规划生态监测线路，培训了 15 名牧民监测员，布设 100 台红外相机，开展生物多样性监测和以有蹄类为主的样线监测[②]。上述方式在政府管理机构做好组织，非营利机构做好培训的基础上，成为牧民参与三江源国家公园旅游中生态保护的重要方式。

表 5-2　现阶段牧民参与旅游的方式及内容

	参与内容	参与方式	
生态保护	生态补偿 生态管护员（环境维护、动物救助）	直接参与 园区管理局主导	以牧户为单位参与 以牧户为单位参与
	生态监测科研监测 日常监测	园区管理局主导、山水文化保护中心组织	以牧户为单位参与
	国家公园生态保护修复工程建设劳务 科研监测设施建设劳务 生态体验和环境教育设施建设劳务 垃圾分类	园区管理局主导、山水文化保护中心组织村委会组织	牧民自发参与 牧民自发参与
	文化传承 各类文化、体育类节庆活动参与	园区管理局主导	牧户自发参与

---

① 根据政府及各园区提供的资料整理。
② 根据政府及各园区提供的资料整理。

续表

生态体验特许经营项目	生态体验项目向导 住宿餐饮接待 交通服务	园区管理局主导，大猫谷、山水文化保护中心、云享自然、云享玛多组织	牧户为单位，22 户生态体验接待户
旅游相关合作社	生态体验合作社	园区管理局主导，京川源自然户外运动有限公司组织	以村为单位，1 个村级生态营地
	生态畜牧业合作社	园区管理局主导，专业合作社辅助	以村为单位，9 个村参与
知识及技能培训	国家公园管护办法、野生动物救治知识、垃圾分类方法	政府组织、山水文化保护中心组织	以生态管护员为主
	手工艺培训	政府组织	以村为单位参与

（2）政府＋非营利机构＋特许经营企业参与生态体验及环境教育

生态体验项目是牧民最新的一种参与方式，也是除行为参与外，牧民参与的主要方式，主要以生态体验项目运行服务（向导、接待、交通运营）为主。

目前三江源国家公园澜沧江源区、黄河源园区借助当地良好的自然资源和丰富、神秘的文化优势，在控制强度的前提下，开展高端的生态教育体验，并鼓励、引导并扶持牧民从事公园生态体验、环境教育服务等工作，使牧民在参与生态保护和公园管理中获得稳定的收益，长江源园区也正在进行生态体验点的建设。

澜沧江源区昂赛乡的生态体验项目最为典型，牧民经过培训可以为生态体验者提供向导服务、交通服务、食宿服务、医疗救助服务，例如，在杂多县政府、山水自然保护中心等组织机构、云享自然特许经营企业的引导、支持下，推广社区共管协议，实施联户经营，发展家庭牧场，开展澜沧江大峡谷览胜走廊、黄河探源等环境教育、生态体验特许经营活动，既让辖区牧民获得稳定的收益，又让参与生态体验的访客感受到"中华水塔"丰富的生物多样性，领略高原特色民族文化。2016年，15名经过培训的牧民成为自然向导，每人每天能获得500元收益，2021年，22位经过培训的牧民服务自然观察节，每位牧民都获得3000元的收入①。可见，牧民参与生态保护活动规模在不断扩大，收益也在不断提高。但生态体验项目刚刚起步，牧民主要通过生态体验项目运行服务参与，其他项目相关活动还未进行参与。

　　黄河源园区生态体验特许经营强调社区居民是特许经营的重要参与者和受益者，并通过利益一次、二次分配寻找平均分配和按劳分配的平衡点。目前注册成立了玛多云享自然文旅有限公司，邀请相关专家对体验路线、体验内容、服务设施进行了调研，编辑了黄河源园区自然教育山水林草湖系列丛书和黄河源园区生态体验环境教育解说词，组织40名牧民群众举办了环境教育和生态体验解说员培训班，支持当地牧民群众积极参与国家公园生态体验项目②；扎陵湖乡营地设计了12张客床，生态旅游的路线深入三江源腹地，往返需要两三天，由访客接待带来的现金收入中，60%至70%当月返回给提供服务的社区合作社和牧民，原住居民在获得生态管护员工资外，还能通过绿色发展分享到保护成果③。

　　目前长江源园区红旗村在通天河汇入处修建观景台，观景台建成后可用以观察野生动物，项目整体还没有投入使用，因此生态体验项目也正在建设中；马赛村共有两个生态体验点，第一个体验点是在长江源头的河湾

---

　　① 赛杰奥.社区参与：三江源国家公园生态保护与生计和谐发展的新篇章[EB/OL].(2021-12-22)[2022-03-08].https://www.163.com/dy/article/GRQQA2H30512TRKA.html.

　　② 澎湃新闻.黄河源园区：聚焦"六稳""六保"推动建国高质量发展[EB/OL].(2021-12-22)[2022-03-08].https://www.163.com/dy/article/GRQQA2H30512TRKA.html.

　　③ 张蕾.看，国家公园的全新打开方式[N/OL].光明日报,2021-8-17[2023-11-06].https://baijiahao.baidu.com/s?id=1707381657856171281&wfr=spider&for=pc.

处，规划建设以生态环境教育为主的生态体验馆，通过生态体验项目以及生态环保的科普教育的体验从而增强游客的生态环境保护意识，第二个体验点是长江七渡口体验点，从文化方面进行宣传①。今后长江源园区牧民可以通过特许经营的方式参与至国家公园建设中。

调研中发现，三江源国家公园不仅开展形式多样的自然体验活动，同时还规划开展大规模的环境教育，计划由国家公园管理局牵头进行长期的教育和培训，使牧民转变传统生产生活方式，融入公园的环境教育和资源保护中，增加收入，改善生活，摆脱贫困。三江源国家公园中博物馆、访客体验中心、保护站展陈处于开始建设的状态，因此牧民还未进行环境教育服务参与。

三江源国家公园的特许经营项目，目前除生态体验环境教育，还包括了有机畜牧产品加工业、餐饮、住宿、文化产业的开发、生态体验周边商品的加工出售，但牧民以经营者的身份参与还是较少的，多数还是以旅游服务的形式参与，主要通过政府组织，特许经营企业组织辅助的方式进行。

（3）政府＋特许经营企业主导入股合作社

三江源国家公园鼓励发展生态畜牧业合作社，公园统筹财政专项、行业扶贫、社会帮扶和各地对口支援青海的资金，推进生态畜牧业的发展，鼓励农牧民以入股的方式参与。此外，三江源国家公园利用当地传统手工技艺，如唐卡、藏医、歌舞、服饰等文化资源，培育市场主体，吸纳农牧民就业。据统计，2021年年底，三江源国家公园内已组建48个生态畜牧业专业合作社，其中，入社户数6245户，占园区内总户数的37.19%②。

三江源国家公园生态畜牧合作社牧民参与最突出的是长江源园区马赛村，采用入股分红的方法，有草场、牛羊的牧户可将草场牛羊投入到合作

---

① 根据政府及园区提供的资料整理。
② 根据政府及园区提供的资料整理。

社中，没有牛羊但有劳力的牧户可以直接参与放牧，年底共享劳动成果；以赛村生态畜牧合作社在建设中，县公安局帮扶 5 万元，县检察院帮扶 2 万元，县工商局帮扶 2 万元，扎河乡政府帮扶 3 万元①。进入运营阶段，全村按照贫困程度每户分红 1000 元至 29000 元不等，每年评选联点村合作社年度"先进工作者"②；以赛村联户经营相当于小型畜牧合作社，由有能力的人带头经营，越来越多的建档立卡贫困户通过草场承包、股份合作、参与劳务等方式与生态畜牧业合作社建立起利益联结。园区内成立的半边天妇女合作社年人均收入稳定增加，由 2014 年的 2125 元增加到 2021 年的 5372 元③。同时，通过品种改良、周转加速、草场合理流通、联营，发展家庭牧场、开发高端绿色有机品牌等各种有效举措，提高畜牧业效益，有效转化三江源地区生态资源为高质量、稀缺性特色畜产品资源而增加牧民收入，使牧户对生态保护的相关政策不再抵触，更加积极地参与国家公园相关建设，实现了区域人与自然的和谐。

黄河源园区生态畜牧合作社牧民参与也取得了初步成效，园区主要发展玛拉驿村生态畜牧业合作社，尝试将草场承包经营逐步转向特许经营，在已实施生态畜牧业建设项目的基础上，开展藏羊产业化发展项目。在该合作社运营模式下，当地牧民户将自己原有的草场、牲畜按照比例入社，而合作社在进行统一管理后，每年定期将产出利润进行分红，覆盖到牧民以及当地建档立卡贫困户，与此同时入社后的牧民还能担任合作社管理及看护人员，另发放一份工资④。

调研点中长江源园区，主要以生态畜牧业合作社为主，并且合作社也逐渐做出了品牌，各园区政府管理机构也正在和非营利机构、企业合作进行生态体验合作社的尝试，因此牧民还未进行全面参与。

---

① 根据政府及园区提供的资料整理。
② 根据政府及园区提供的资料整理。
③ 根据政府及园区提供的资料整理。
④ 根据政府及园区提供的资料整理。

（4）政府主导参与知识及技能培训

由于三江源国家公园生态环境的多样性，往往牧民还需要经过培训才能更好地进行参与。为了更好地开展生态管护工作，生态管护员常被集中开展培训，培训内容包括国家公园管护办法、野生动物救治知识、垃圾分类方法等。生态管护员经培训持证上岗，协助国家公园管理机构对生态环境进行日常巡护和保护，报告并制止破坏生态环境的行为，监督禁牧减畜和草畜平衡执行情况。除了生态监测任务，生态管护员日常还负责水质、水源的检测，也经常从事垃圾清理工作、集中连片式恢复治理等。

长江源园区旅游教育培训同样最为典型，园区积极探索中小学开展环境保护教育的新模式，在乡政府的带领下，以国家公园核心功能为出发点，设立生态教育基地,[1] 为学生普及环境保护知识，将索南达杰的精神进行学习和传承。同时学校还致力于发掘来自藏传文化之中属于生态保护的古老智慧，在寒暑假组织老师细读古籍，逐户拜访，从这些记载或是口口相传的故事中获得生态环境保护的方法；此外，妇女参与也是亮点，2020 年该园区组织多名妇女参加编织培训，产品由妇联主任带动在县、州进行出售，这也是三江源国家公园旅游发展中，持续时间最长、有一定影响力的技能培训，但其他园区还未进行具体的相关手工艺制作的技能培训。[2] 总的来看，知识及技能培训主要也是由政府主导，特许经营企业、非营利机构辅助进行。

5.1.2 参与程度

（1）程度分析

综合对三江源国家公园三个园区黄河源园区、澜沧江源园区、长江源园区进行调研的结果分析，生态保护参与程度最高，入股合作社参与程度

---

① 根据政府及园区提供的资料整理。
② 根据政府及园区提供的资料整理。

次之。

试点村及产业发展区牧民主要通过生态补偿、合作社、生态管护、生态监测、参与国家公园旅游发展获利，因此生态保护参与程度高，但生态保护中的各个方式的参与程度也有不同，排序为生态补偿、文化传承＞生态管护＞生态监测，如图5-1所示。

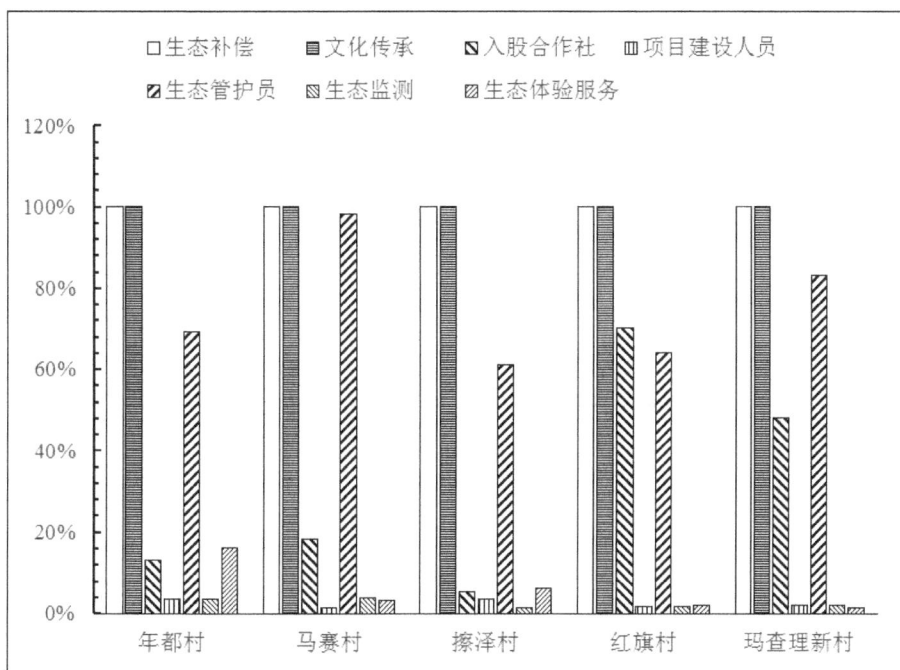

图5-1　三江源国家公园牧民生态保护参与程度

通过生态补偿参与国家公园旅游发展的程度最高，5个调研点的每个牧民、未调研到的牧民都进行了参与，生态管护5个调研点的牧民基本也都是一户一岗的形式进行参与，牧民通过生态监测进行参与的情况，5个调研点基本相似，人数相比其他形式却很少。

生态监测相对其他生态保护方式，牧民参与程度较低，生态监测在各园区有两种主要的方式，一种为基础的全年物候监测，如表5-3所示，这种监测方式对于牧民来说是和自己生活环境紧密相关的，牧民利用自己的生活知识去完成，也不需要特殊的仪器设备，因此对于牧民而言，是简单易懂的，且这种监测需要的人数较少，往往有一位生态管护员负责即可；另一种生态监测为生物多样性的监测，生物多样性监测需要红外相机、野外采样摄像机、固定无人机等设备，国家公园政府管理机构所开展的培训为生态管护基本理论和实践技能专项培训，因此对此类管护，也只是挑选少数牧民进行，综合上述调研情况，最终发现生态监测由于技术性要求高，牧民参与的程度仅限于全年物候监测，部分生物多样性监测，牧民虽有参与，但各调研村普遍参与程度不高。在调研中，由于部分村开展的生态体验中心项目刚起步，所搜集的牧民参与的数据较少，因此也反映出此类参与较少。

表 5-3   三江源国家公园牧民全年物候监测主要内容①

时间	监测活动
全年 物候监测	茎插入土壤时间 开花时间
	开花日期 每年第一场雨降雨日期
	降雨日期和持续时间 设定一块草场专门观察草场退化状况

入股合作社、生态体验参与程度适中，但每个调研点有所区别，区别主要体现在入股合作社、生态体验方面，其中红旗村、玛查理新村牧民主要通过合作社参与，年都村牧民主要通过生态体验项目参与，如图 5-2 所示。

这个区别的存在，也显示出了各园区参与程度的不同。对比分析发现其中，澜沧江园区牧民生态补偿、合作社、生态管护、生态监测、生态体

① 根据政府及园区提供的资料整理。

验等都有涉及，也反映出牧民进行了多样化的参与以及参与程度。黄河源园区牧民参与现状与澜沧江源园区相似，但是在生态体验参与上略逊色于澜沧江源园区，长江源园区牧民虽以自己的特色入股合作社进行参与，但参与生态体验的情况较少。

（2）定量评价

上述参与程度的定性评价往往主观性强，无法客观地对牧民参与进行纵向和横向的比较，课题运用层次分析法（AHP），建立三江源国家公园旅游发展中牧民参与程度评价的指标体系，并对当前牧民参与度进行定量评价。

①层次分析法原理

层次分析法（Analytic Hierarchy Process，AHP）是一种基于主观判断的多层次决策方法，由美国学者托马斯·L·赛蒂（Thomas L. Saaty）于20世纪70年代提出[①]。它通过将复杂问题分解成多个层次、多个因素、多个指标，分别进行判断和比较，最终得出总体评价和决策结果。AHP法的基本思想是：将各个因素之间的关系分解成多个层次，每个层次都有各自的因素和指标，通过对各个层次的因素和指标进行比较和评价，最终得出总体评价和决策结果。AHP法主要包括建立层次结构、构造判断矩阵、计算权重和一致性检验等步骤。在各种研究中AHP法常被应用于决定优先次序、选择方案的产生、最佳方案的决策、确定需求、资源分配、预测结果、衡量成效、系统设计、最佳化、规划、解决冲突以及评估风险等相关应用。

②层次分析法的程序

首先确定评估问题，再利用文献回顾、脑力激荡法或德尔菲法将所有的影响因素罗列出来，依其相关及独立程度，建立垂直与横向关联的层次结构。其次，建立层级结构层级的最顶端为最大的决策目标，而层级中的

---

① 托马斯 L. 萨蒂 .《创造性思维 : 改变思维做决策》[M]. 机械工业出版社 ,2017.

较低阶层则包含构成决策品质的属性或目标，这些属性的细节则在层级的较低阶层中增加，而层级中的最后一层，则包括决策的替选方案或选择。最后建立对比矩阵。成对比较矩阵之建立，在于求取要素间相对的重要程度。亦即在某个层级之要素，以上一层级某一个要素为评估准则下，进行要素间的成对比较。若有 n 个元素，则必须进行 n-（n-1）/2 次比较。

③牧民旅游参与度指标体系

根据层次分析法，将牧民参与度指标分为最高层即目标层（A）是最终要判断的社区的总体参与度；第二层为控制层（B），根据牧民参与旅游开发的内容，在控制层设定四个因子，即生态保护参与度（B1）、旅游经营参与度（B2）、旅游服务参与度（B3）、旅游管理参与度（B4）；第三层为指标层（C），在指标的选择过程中要力求全面反映控制层的内容、特征和属性，做到全面性、可比性、科学性。对于生态保护参与度，设定了 3 个指标，即参与方式的类型、参与的时长、参与的意愿（C1-C3）；对于旅游经营的投入，设定了 6 个指标，即牧民参与生态畜牧合作社、牧民参与旅游合作社、旅游收入占其总收入比例、牧民旅游就业率、牧民旅游就业层次、牧民间分配公平性（C4-C9）；对于旅游服务，设定了 5 个指标，即参与生态体验活动服务、参与文化旅游服务、参与旅游建设劳务、参与环境生态教育服务活动服务、参与园区服务工作（C10-C14）；对于旅游管理参与，设定了 5 个指标，即建设决策参与率、规划决策参与率、牧民参与监督的广度、牧民参与资源共管程度、社区意见吸纳程度（C15-C19），指标体系见表 5-4 所示：

表 5-4 牧民旅游参与度指标体系

目标层（A）	控制层（B）	指标层（C）
牧民 旅游参与度	生态保护参与度（B1）	参与方式的类型（C1）
		参与的时长（C2）
		参与的意愿（C3）
	旅游经营参与度（B2）	牧民参与生态畜牧合作社（C4）
		牧民参与旅游合作社（C5）
		旅游收入占其总收入比例（C6）
		牧民旅游就业率（C7）
		牧民旅游就业层次（C8）
		牧民间分配公平性（C9）
	旅游服务参与度（B3）	参与生态体验活动服务（C11）
		参与文化旅游服务（C11）
		参与旅游建设劳务（C12）
		环境生态教育服务活动服务（C13）
		参与园区服务工作（C14）
	旅游管理参与度（B4）	建设决策参与率（C15）
		规划决策参与率（C16）
		牧民参与监督的广度（C17）
		牧民参与资源共管程度（C18）
		社区意见吸纳程度（C19）

④专家打分和一致性检验

标度确定。多位专家将各个指标进行相互比较后，使用一个判断值来表示相对重要程度。常见的标度法有 1—5 分标度法（最低为 1 分，最高为 5 分），和 1—9 分标度法（最低为 1 分，最高为 9 分）。本案例使用 1—5 分标度法。

构造判断矩阵。当前共有 15 位专家对 4 个指标进行打分，采用 1—5 分标度法，将 15 位专家的打分进行计算平均分，得到最终判断矩阵表格。

一致性检验。针对生态保护参与度、旅游经营参与度、旅游服务参与度、旅游管理参与度总共 4 项构建 4 阶判断矩阵进行 AHP 层次法研究（计算方法为：和积法），分析得到特征向量为（0.385,0.794,2.412,0.409）。除此之外，结合特征向量可计算出最大特征根（4.120），接着利用最大特征根值计算得到 CI 值（0.040）{CI=（最大特征根 -n）/（n-1）}，CI 值用于下述的一致性检验使用。

本次研究构建出 4 阶判断矩阵，最终得到随机一致性 RI 值为 0.890，如表 5-5 所示，RI 值用于下述一致性检验计算使用。

表 5-5 一致性检验结果汇总

最大特征根	CI 值	RI 值	CR 值	一致性检验结果
4.120	0.040	0.890	0.045	通过

通常情况下 CR 值越小，则说明判断矩阵一致性越好，一般情况下 CR 值小于 0.1，则判断矩阵满足一致性检验；如果 CR 值大于 0.1，则说明不具有一致性，应该对判断矩阵进行适当调整之后再次进行分析。本次针对 4 阶判断矩阵计算得到 CI 值为 0.040，针对 RI 值查表为 0.890，因此计算得到 CR 值为 0.045<0.1，意味着本次研究判断矩阵满足一致性检验。

⑤因子权重计算

在评价现阶段牧民旅游参与度时，其中牧民参与旅游服务影响最大，其权重可达 0.312；其次是生态保护参与，其权重为 0.298；第三是旅游经营参与度，其权重达 0.213；第四是旅游管理参与度，其权重达 0.118。而进一步细分的指标的相对权重和在整体中的权重详见表 5-6。通过指标层各因子的相对权重或占整体的权重可以较为客观地测量和评价牧民旅游参与度。

表 5-6　牧民旅游参与度权重

参与方式	权重	次序	指标层	权重	占整体权重
生态保护参与度	0.298	3	参与方式的类型	0.330	0.070
			参与的时长	0.316	0.067
			参与的意愿	0.354	0.075
旅游经营参与度	0.213	2	牧民参与生态畜牧合作社	0.114	0.034
			牧民参与旅游合作社	0.159	0.047
			旅游收入占其总收入比例	0.243	0.072
			牧民旅游就业率	0.216	0.064
			牧民旅游就业层次	0.143	0.043
			牧民间分配公平性	0.125	0.037
旅游服务参与度	0.312	1	环境生态教育服务活动服务	0.138	0.043
			参与旅游建设劳务	0.146	0.046
			参与文化旅游服务	0.277	0.086
			参与生态体验活动服务	0.236	0.074
			参与园区服务工作	0.203	0.063
旅游管理参与度	0.118	4	建设决策参与率	0.173	0.020
			规划决策参与率	0.184	0.022
			牧民参与监督的广度	0.198	0.023
			牧民参与资源共管程度	0.271	0.032
			社区意见吸纳程度	0.347	0.041

⑥赋值评价

根据权重排序，以 100 分按权重赋予各个因素分值，得到牧民参与度定量评价参数表 1-5。对照牧民参与的实际情况，各个指标可用"非常低（得分小于指标分值的 20%）、低（指标分值的 20%—40%）、中等（指标分值的 40%—60%）、高（指标分值的 60%—80%）、非常高（得分高于指标分值的 80%）"5 等打分法来确定其具体得分，具体如表 5-7 所示。

表 5-7   牧民旅游参与度评价参数表

参与方式	分值	指标层	分值	参与度
生态保护参与度	27	参与方式的类型	6	0.4
		参与的时长	9	1
		参与的意愿	12	1
旅游经营参与度	24	牧民参与生态畜牧合作社	1	1
		牧民参与旅游合作社	5	1
		旅游收入占其总收入比例	6	0.3
		牧民旅游就业率	5	0.3
		牧民旅游就业层次	4	0.2
		牧民间分配公平性	3	0.8
旅游服务参与度	33	参与生态体验活动服务	3	1
		参与文化旅游服务	6	1
		参与旅游建设劳务	9	0.2
		环境生态教育服务活动服务	8	0.1
		参与园区服务工作	7	0.1
旅游管理参与度	16	建设决策参与率	1	0.1
		规划决策参与率	2	0.1
		牧民参与监督的广度	3	0.1
		牧民参与资源共管程度	4	0.1
		社区意见吸纳程度	6	0.1

征求专家意见的基础上，对三江源国家公园牧民旅游参与度进行了评价，其总得分为 8.9，如表 5-7 所示，可见当前牧民参与度非常低，尤其是旅游管理参与度，评价结果为缺失；旅游服务参与度最高，其次为生态保护。

5.2 牧民参与感知、态度、意识调研及参与影响因素调研分析

5.2.1 牧民参与感知、态度、意识调研

5.2.1.1 旅游发展影响感知

三江源国家公园牧民参与旅游发展时，对旅游发展的经济影响感知度较高，如表 5-8 所示。78% 的人认为参与可以促使其就业，85% 的人认为参与可以提高收入，49% 的人认为参与可提高生活质量；牧民对参与旅游发展带来的资源使用、生活支出改变感知不敏感，多数表现选择了否定；对参与旅游发展带来的社会影响感知度中，90% 的牧民认为参与可以帮助提升自己家乡的知名度，75% 的牧民认为随着旅游的发展，参与可以使自己的知识水平得到提升，86% 的牧民认为旅游发展中，各类文化节庆活动以牧民的民族风情展示为主进行，参与会对传统游牧文化有很好的宣传和保护作用；牧民对参与旅游发展所带来的文化方面的消极影响不敏感，多数表现选择了否定；环境保护方面，牧民对参与旅游发展所带来的积极影响持肯定的态度，85% 的人认为参与旅游有利于三江源国家公园更好的保护，能够增强园区居民的环保意识，提高居住的环境质量。对于旅游开发是否会破坏环境，牧民认为从国家公园目前的建设情况来看，三江源国家公园对生态管护员制度越来越细化，对生态管护员定期巡护活动配套了知识及技能相关培训，对参与所带来的负面影响，牧民态度表现为中立，认为此类影响要长期观察才能确定。

表 5-8 牧民参与中对旅游发展影响的感知

感知项	平均值	认同率（%）
能提高收入	4.25	85.3

续表

能带来就业机会	3.92	78.1
能改善生活水平	1.94	38.8
提高生活质量	3.72	75.0
能提高社区知名度	4.42	90.3
旅游发展能促进提高自身素质	3.73	75.4
有利于传统文化发扬	4.31	86.3
有利于丰富文化生活	1.91	38.3
能够加深自己对家乡的热爱和保护	4.15	83.4
会影响传统生活方式和生活环境	1.00	22.1
会影响邻里之间的关系	1.00	22.1
有利于园区居民增强环保意识	4.36	87.3
有利于提升自身的旅游环保意识	4.27	85.2
会提高生活环境质量	4.35	86.1
会对动植物原本生存环境有影响	2.70	48.5
会导致传统文化环境受到影响	1.53	33.4

5.2.1.2 利益相关者感知

进行各园区牧民对利益相关者方面的影响感知分析时，第一步调研牧民对政府管理机构、非营利机构、特许经营企业、生态活动体验者、城镇居民影响的整体感知概况，选择政府管理机构、非营利机构、特许经营企业、生态活动体验者、城镇居民作为自变量进行分析，将所搜集问卷数据运用 SPSS 统计分析软件进行回归分析，政府管理机构 P 值小于显著性水平 0.05，方差膨胀因子为 1.169 小于 10，表明政府管理机构通过了共线性诊断，与牧民感知之间的线性关系显著；特许经营企业、非营利机构 P 值小于显著性水平 0.05，表明特许经营企业、非营利机构这两个变量通过了共线性诊断，与牧民感知之间的线性关系显著；城镇居民 P 值大于显著性水平 0.05，生态体验者 P 值大于显著性水平 0.05，表明城镇居民、生态体验者这两个变量未通过显著性检验，与牧民感知之间的线性关系不显著，因此做剔除处理。

将未通过显著性检验的两个变量：城镇居民、生态体验者剔除后，得到了第二个线性回归模型，回归结果如下表 5-9 所示，政府管理机构、特许经营企业、非营利机构这几个变量的显著性水平都小于 0.05，都通过了显著性检验，其方差膨胀因子分别为 1.028、1.117、1.101，都通过了共线性诊断。最终得出的回归模型为：

$$Y=0.561gov+0.356ent+0.64oth$$

综上所述，牧民参与三江源国家公园旅游发展与政府管理机构和特许经营企业、非营利机构的影响有关。牧民对不同利益相关者感知不同。

政府管理机构出台各种政策，并举办相关培训，特许经营企业为牧民提供多个工作岗位，解决牧民的生计问题，牧民与非营利机构之间会进行信息的交流与互相的学习，牧民了解程度较多，对政府的感知最为明显和全面；牧民在进行生态体验服务时，要通过特许经营企业，因此，在政府管理机构、非营利机构、特许经营企业、生态活动体验者、城镇居民利益相关者中，牧民对政府管理机构、特许经营企业、非营利机构影响的感知度高。

表 5-9   牧民参与中对利益相关者影响感知回归分析

系数 [a]						
模型 B	未标准化系数		标准化 系数	t	显著性 容差	共线性统计
	标准错误	Beta				
1 （常量）	.086	.023		3.721	.000	
政府管理机构	.642	.025	.561	25.761	.000	.973
特许经营企业	.314	.020	.356	15.716	.000	.895
非营利机构	.113	.040	.064	-2.835	.005	.908

续表

系数 ^a		
模型		共线性统计
		VIF
1	（常量）	
	政府管理机构	1.028
	特许经营企业	1.117
	非营利机构	1.101

如表 5-10 所示，在具体影响感知分析中，牧民在参与时，从组织培训到政策制定，从参与中实际困难的解决到宣传政策对政府管理机构的认同率都在 80% 以上；牧民参与时，对特许经营企业的关注点在所进行的相关旅游技能培训，和对牧民参与中遇到困难的解决办法上，认同率分别为 75% 和 71%；牧民对非营利机构的了解多为开展生态监测时的交流，因此也是生态管护员认同率较高，在与牧民之间的良好关系保持、宣传自身工作让牧民了解更多知识方面，认同率在 70% 以上；对生态旅游者的感知集中在环境保护问题上，在调研中发现，牧民本身对其生活环境十分爱惜，所以在提及环境相关问题时认同率高，认为生态旅游者在旅游过程中，应该保护环境；三江源国家公园长江源园区红旗村在发展生态畜牧业时，专家在其中发挥了很大的作用，指导牧民进行技术更新，因此在感知分析时，牧民认同率较高。

表 5-10　牧民参与旅游中对利益相关者影响的具体感知

感知项	平均值	认同率（%）
政府管理部门应积极组织牧民参与培训，支持其参与	4.43	88.5
政府管理部门应进行牧民参与旅游的宣传，吸引参与	4.36	87.2
政府管理部门应制定牧民参与旅游的政策、给予支持	4.03	80.5

续表

政府管理部门应帮助解决参与旅游中遇到的困难	4.45	89.0
特许经营企业应该积极宣传其经营内容,吸引牧民参与旅游	3.42	68.3
特许经营企业应进行相关的牧民参与旅游的技能培训	3.76	75.1
特许经营企业应该帮助牧民解决在参与旅游中遇到的困难	3.57	71.3
非营利机构应多宣传其工作内容	3.67	73.4
非营利机构应保持和牧民之间的良好关系	3.61	72.1
非营利机构应该帮助牧民在参与旅游中遇到的困难	3.24	64.7
生态旅游者应该尊重牧民的文化及生活习惯	3.70	73.9
生态旅游者应该保护当地的环境	4.00	80.0
生态旅游者应该提供促进旅游发展的信息	3.94	78.7
专家应就牧民参与旅游给予意见	2.15	44.9

5.2.1.3 参与自身因素感知

牧民自身影响因素感知分析时,首先选取性别、年龄、文化程度、年收入作为自变量进行分析,将所搜集问卷数据运用 SPSS 统计分析软件进行回归分析,将未通过显著性检验的性别这一变量剔除后,得到了第二个线性回归模型,回归结果如下表。从表 5-11 可知,剔除性别这一变量后,年龄、文化程度、年收入变量的显著性水平都小于 0.05,都通过了显著性检验,其方差膨胀因子分别为 1.596、1.417,都通过了共线性诊断。最终得出的回归模型为:

$$Y=-0.480gen-0.230cul+225inc$$

因此,综合数据分析结果可以看出,参与三江源国家公园旅游发展自身影响因素感知中,牧民对文化程度、年收入、年龄这三项影响因素感知度高,调研中各园区收入主要来源依靠畜牧 + 补助,年都村牧民收入类型较前三个村多样,除畜牧 + 补助之外,还有其他例如虫草等收入,参与国家公园旅游发展能够为牧民带来其他收入,对于希望经济情况得到改善的牧民来说,更加愿意能够参与获得就业岗位或者收入。

表 5-11   牧民参与中自身影响因素感知回归分析

系数 [a]							
模型		未标准化系数		标准化系数	t	显著性	共线性统计
		B	标准错误	Beta			容差
1	（常量）	1.306	.025		51.334	.000	
	年龄	-.360	.021	-.480	-17.393	.000	.812
	文化程度	-.141	.019	-.230	-7.307	.000	.626
	年收入	6.280E-6	.000	.225	7.595	.000	.705

系数 [a]		
模型		共线性统计
		VIF
1	（常量）	
	年龄	1.232
	文化程度	1.596
	年收入	1.417

三江源国家公园各园区牧民文化程度普遍不高，参与旅游是一个长期的过程。除年龄、收入等影响外，在此分析基础上，还要对牧民自身影响因素做深入了解。因此在问卷后的访谈中，增加了牧民参与中对自身影响因素的具体感知评价。下表 5-12 反映出在涉及个人技能问题时，牧民认为沟通技能，以及专业的技能如写作、摄影等会使其在参与中更有优势。

表 5-12   牧民参与中对自身影响因素的具体感知

感知项	平均值	认同率（%）
缺乏旅游相关技能会影响参与	4.43	88.5
缺乏沟通能力会影响参与	4.45	89.0
没有经营基础会影响参与	3.67	73.4
文化水平低会影响参与	3.42	68.3

5.2.1.4 参与态度、意识

（1）参与态度

对三江源国家公园三个园区年都村、红旗村、马赛村、擦泽村、玛查理村调查数据总和的分析结果表明，牧民对参与三江源国家公园态度积极占比为85%，态度消极占比为15%，如表5-13所示，牧民对三江源国家公园旅游发展持支持态度，对参与三江源国家公园旅游发展的态度总体呈现积极状态。

表5-13　牧民对旅游发展支持度及参与旅游发展态度

感知项	平均值	认同率（%）
应该在保护的前提下，适当开发旅游	3.76	75.1
对参与旅游的总体参与态度	4.35	85.0

表5-14为总结的问卷调查和访谈中态度积极牧民的代表性回答，从表5-14中可知，牧民的态度积极表现在三方面：一是积极保护生态，从调研中也发现牧民十分珍爱当地的环境，很多保护行为都为自发组织，这部分牧民认识到国家公园对生态保护起到的作用，所以态度积极；二是在积极体现作为园区内长久生活牧民的自豪感，这部分牧民认为三江源国家公园的建设，对人们世界观、人生观、价值观都会有一定的提升，这也是促进民族团结的方式，使得他们的自豪感得以体现，所以态度积极；三是积极改善经济状态，这部分牧民认为是一次发展的机会，参与会使得自身经济方面可以得到改善。

上述受访者的分类，也是国家公园旅游发展中积极参与的牧民类型的代表，但无论在实际经济利益改善方面和在自身对生活家乡热爱之情方面积极，还是从自身信仰出发而积极，都是牧民支持国家公园旅游发展，并愿意参与进来的态度表现。

在三江源国家公园旅游发展中，有部分牧民对于参与旅游发展的态度是消极的，但占总人数的比例并不多，在 20% 左右。表 5-15 为总结的问卷调查和访谈中态度消极牧民的代表性回答，可知牧民态度消极表现为两类：一是在参与认知方面消极，这部分牧民对于国家公园和相关文件的了解不多，认知有限，认为国家公园是一件神圣的事情，望而却步，限制了其参与的意愿；二是在参与能力方面消极，被调研牧民反映，国家公园部分园区面积大，由于保护限制，交通道路建设并不是很完善，相应的工作环境也较为简陋，因此部分牧民因自己身体原因未能很好地参与，但并不是对于三江源国家公园旅游发展本身有排斥心理。

表 5-14　受访牧民参与积极态度典型表达分类总结（选取部分）

态度	您想参与三江源国家公园的建设吗？
积极	受访者 1：这个是愿意的。 受访者 2：有态度参与到国家公园这项工作，贫困村也是要脱贫发展的。 受访者 3：成立国家公园当然好，当然愿意。 受访者 4：想在国家公园工作。 受访者 5：愿意，有好处，比放牧好。 受访者 6：愿意，政府给的机会，特别想当生态保护员。 受访者 7：愿意，想改善生活条件。 受访者 8：我出生在这个地方，相信这是一个非常正确的路，特别的自豪，我觉得能把生命的意义、正确的三观传递给关注这里的人是非常好的一件事。 受访者 9：当然愿意，当地的生态保护还是需要牧民，外来人员建设毕竟不是长久之计。 受访者 10：愿意，对民族团结、环境保护好。 受访者 11：愿意，以前往四川、西藏那里搬迁的牧民比较多，由于国家公园建设，很多牧民都回来了。 受访者 12：当然愿意，不管是我们老百姓还是其他人都增强了保护意识。 受访者 13：当然愿意，觉得环境对于人类来说很重要，很乐意环境能够得到保护。 受访者 14：参与到国家公园建设中比较好，放牧、鼠灾、天旱会破坏生态。 受访者 15：愿意，生态保护是长久之计。

34表 5-15 受访牧民参与消极态度典型表达分类总结（选取部分）

态度	您想参与三江源国家公园的建设吗？
消极	受访者 1：不太清楚，没上过学。 受访者 2：不了解。看了新闻才知道有那么一个名词，叫国家公园，只是一个神圣的名字。 受访者 3：三江源国家公园这个知道，不过具体的就不知道，没上过学嘛。 受访者 4：牧民参与这块发放的文件有些读不懂，也不知道怎么参与好。 受访者 5：关键不懂，不会说。 受访者 6：海拔高，气候恶劣，想参与身体不允许。 受访者 7：交通不方便，路程较远，年龄大了身体受不了。 受访者 8：要有文凭和文化才能参加。

（2）参与意识

①集中在生态管护与旅游服务

综合各园区的调研数据，分析牧民整体的期望参与方式，聚类结果如表 5-16、表 5-17、图 5-2 所示。图表反映出，牧民的集中在三大类，第一类方式包括了生态管护员、动物救助两种方式；第二类包括了生态体验、手工艺品/畜牧产品制作、交通运营、生态监测，此类方式大部分是和牧民平时生产生活相关的，如果牧民自己有相应的经验和技能，参与时会更加容易；第三类集中在生态保护工程劳务、经营纪念品制作/畜牧产品加工公司、商店、民族文化演艺、经营住宿/餐饮、生态体验活动中介/向导、经营牧家乐（生态体验活动接待场所）、园区工作人员、文化传承相关工作、其他相关技能工作，多为三江源国家公园规定的特许经营项目，因此需要牧民有一定的经济基础和相关的经营经验和技能，以及要参与政府管理机构和非营利机构企业的相关培训。

表 5-16 变量的迭代历史记录

迭代	聚类中心的变动		
	1	2	3
1	26.000	109.000	135.857
2	.000	50.250	18.143
3	.000	.000	.000
最终聚类中心			
	聚类		
	1	2	3
参与人数	703	423	209

表 5-17 各观测量所属类成员表

聚类成员				聚类成员			
个案号	参与方式	聚类	距离	个案号	参与方式	聚类	距离
1	生态管护员	1	26.000	9	环境教育服务	3	33.000
2	生态体验服务	2	28.750	10	经营牧家乐（生态体验活动接待场所）	3	36.000
3	生态保护工程劳务	3	60.000	11	园区工作人员	3	28.000
4	手工艺品/畜牧产品制作	2	58.750	12	生态监测	2	27.250
5	经营纪念品制作/畜牧产品加工公司、商店	3	32.000	13	动物救助	1	26.000
6	民族文化演艺	3	44.000	14	文化传承相关工作	3	67.000
7	交通运营	2	60.250	15	其他相关技能工作	3	154.000
8	经营住宿/餐饮	3	14.000				

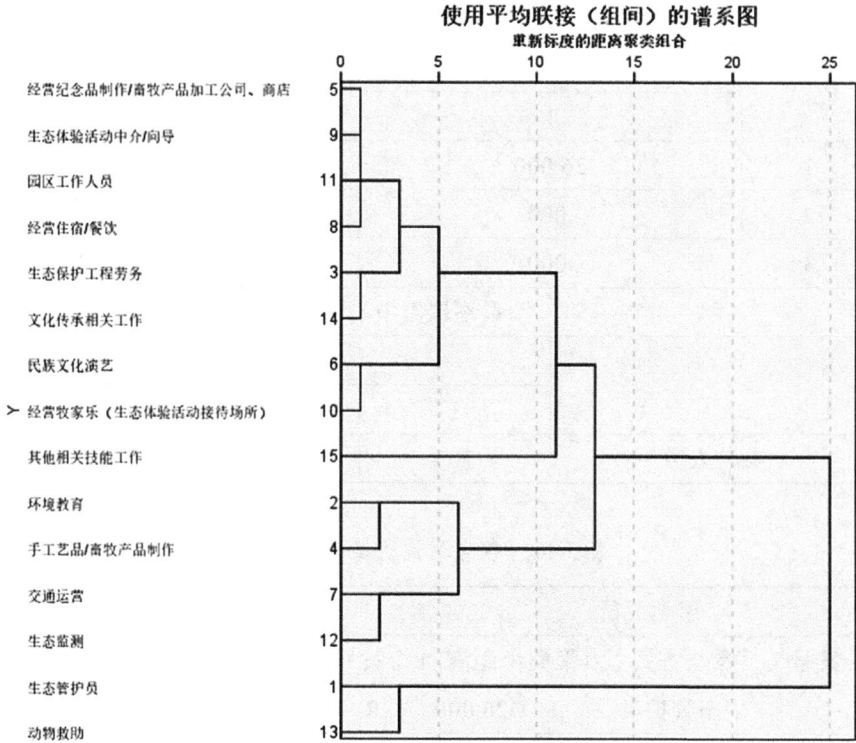

图 5-2   牧民参与意识聚类谱系图

在具体感知分析中，如表 5-18，牧民倾向于第一类方式的占比为 63%，第二类方式的占比为 37%，而第三类方式的占比为 68%。在调研中，牧民对环境教育、手工艺品 / 畜牧产品制作、交通运营、生态监测进行了了解并做出了自己感兴趣的选择，目前特许经营项目正在各个园区逐步开展，牧民也是逐步对第三类中的方式进行了解，整体结果反映出目前三江源国家公园牧民期望的参与方式，还是和自己的生产生活有关，但牧民对参与相关培训表现出了很高认同度，对于旅游规划、旅游管理方面，牧民没有表达出明显的参与意识。

表 5-18　牧民旅游参与中对各项参与方式的感知

感知项	平均值	认同率（%）
参与生态保护的相关工作	2.30	63.5
参与旅游服务相关的工作，如生态体验服务、餐饮服务、住宿服务、文化旅游相关服务	3.42	68.3
经营手工艺品制作、餐饮、住宿等特许经营企业	1.85	37.0
参与旅游如何发展的规划，参与旅游相关管理工作	1.13	23.1
参与技能提高的相关培训	4.43	88.5

②园区差异在对各类经营方式的选择上

综合调研结果，各园区的参与意识有所区别，具体如表 5-19 所示。

表 5-19　各园区牧民参与意识区别

调研点	一类	二类
澜沧江源园区年都村	生态管护员 动物救助 环境教育 生态监测	经营住宿 / 餐饮 经营牧家乐（生态体验活动接待场所） 文化传承相关工作 交通运营 生态体验活动中介 / 向导
长江源园区马赛村	生态管护员 动物救助 环境教育 生态保护工程劳务 生态监测	交通运营 园区工作人员 手工艺品 / 畜牧产品制作
黄河源园区擦泽村	生态管护员 动物救助 生态监测	环境教育 交通运营 生态保护工程劳务 手工艺品 / 畜牧产品制作 经营住宿 / 餐饮

		经营纪念品制作／畜牧产品加工公司、商店文化传承相关工作
长江源园区红旗村	生态管护员 动物救助 手工艺品／畜牧产品制作	环境教育
		生态监测
		民族文化演艺
		交通营运工作
		园区工作人员
		生态体验活动中介／向导
黄河源园区玛查理新村	生态管护员 动物救助 生态监测	环境教育
		交通运营
		园区工作人员
		民族文化演艺
		生态保护工程劳务
		生态体验活动中介／向导
		手工艺品／畜牧产品制作

　　澜沧江源园区年都村和长江源园区红旗村在选择期望方式时，与经营相关的类型成为这两个村牧民在选择最基础的生态管护员、动物救助之外，和其他园区有区别的地方。虽然两个村牧民选择经营的种类有所不同，但与其他村相比，在特许经营方面，已经从被动选择转变为主动选择；澜沧江源园区年都村和长江源园区红旗村牧民在文化传承相关工作上，在通过调研人员的解释和描述后进行了选择。

5.2.2 牧民参与影响因素评价

　　牧民参与旅游发展的态度和意识直接影响到三江源国家公园旅游发展目标的实现。将牧民作为园区旅游发展中的核心参与主体，就要明确影响其参与的主要因素，以便在园区旅游发展中制定合理的政策措施，以实现牧民的充分参与。课题拟通过结构方程模型，对三江源国家公园旅游发展中影响牧民参与的因素进行评价。

5.2.2.1 影响因素评价结构方程模型构建

（1）结构方程模型

结构方程模型（Structural Equation Model，SEM）是一种涵盖多种统计模型的广义模型。它包括测量模型和结构模型两部分，测量模型用来解释隐变量或潜在变量（Latent Variable）与它们的观测变量之间的关系，而结构模型用来解释不同变量之间的因果关系[①]。

结构方程模型能够同时估计多个变量之间的关系，包括直接和间接效应。它可以用来检验理论模型，验证假设，评估调查问卷的信度与效度，以及研究复杂的社会现象。常见的结构方程模型包括路径分析、因子分析、多层因子分析、多组结构方程模型和多水平结构方程模型等；结构方程模型需要借助专业统计软件（如 AMOS、Mplus、LISREL 等）进行分析；在使用时，需要建立一个假设模型，然后将数据输入统计软件中进行分析，得出各参数的估计值、标准误和显著性检验结果等，进而对假设模型进行评估和修正。

结构方程模型包括测量方程（LV 和 MV 之间关系的方程，外部关系）和结构方程（LV 之间关系的方程，内部关系），以 ACSI 模型为例，具体形式如下：

测量方程 $y = \Lambda y \eta + \varepsilon y, x = \Lambda x \xi + \varepsilon x$=（1）

结构方程 $\eta = B \eta + \Gamma \xi + \zeta$（2）

其中，η 和 ξ 分别是内生 LV 和外生 LV，y 和 x 分别是和的 MV，Λx 和 Λy 是载荷矩阵，B 和 Γ 是路径系数矩阵，ε 和 ζ 是残差。

（2）结构模型设定

根据社会交换理论对行为的解释，牧民参与旅游的行为取决于其对生

---

① deepdata_cn. 结构方程模型（Structural Equation Modeling,SEM）[EB/OL].(2022-12-2) [2024-03-08].https://baijiahao.baidu.com/s?id=1801704369022184968&wfr=spider&for=pc.

态旅游的态度，这种态度来自牧民对生态旅游的感知。结构模型的构建将遵照这种思想，试图通过模型来揭示三江源国家公园牧民参与旅游的态度及意识，与其自身因素、旅游影响因素、利益相关者因素之间的因果关系。

据此，根据感知、态度和意识之间的关系，构建了三江源国家公园牧民参与旅游发展行为的概念模型。如图 5-3 所示，模型主要由 7 个结构变量组成，即牧民对旅游发展经济影响的感知、对旅游发展社会影响的感知、对旅游发展环境影响的感知、牧民参与旅游发展自身影响因素的感知、对利益相关者影响的感知、牧民参与旅游发展的态度、牧民参与旅游发展的意识。

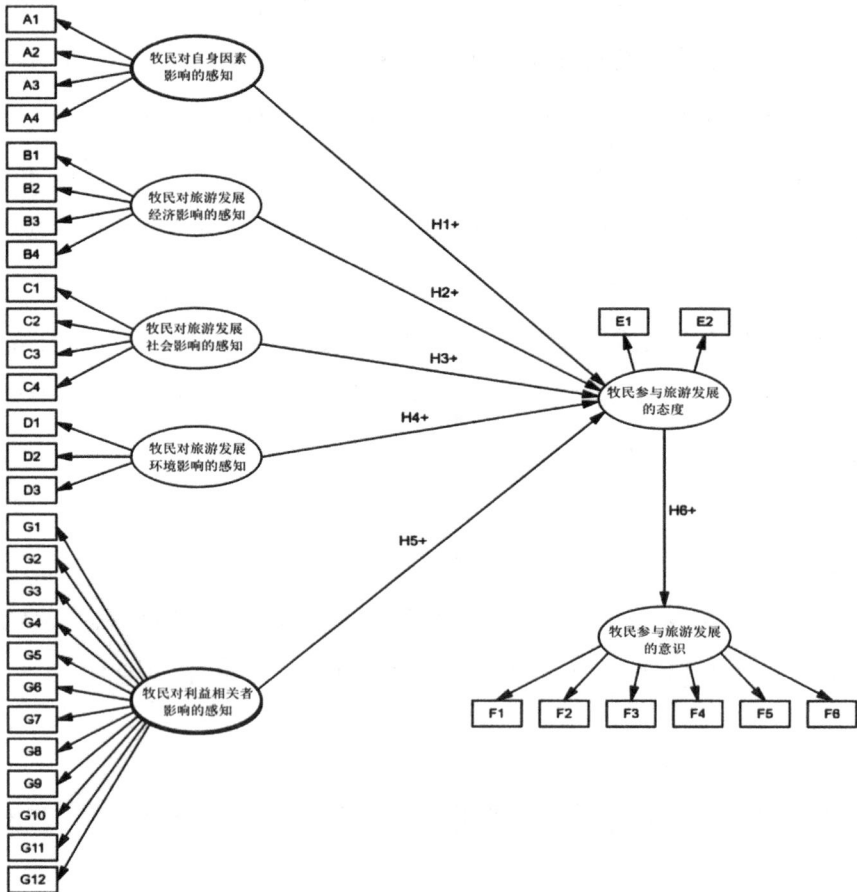

图 5-3　概念模型图

研究假设条目：

H1：牧民参与旅游意识对其参与旅游态度有显著的正向影响作用。

H2：牧民对旅游发展经济影响的感知对其参与旅游态度有显著的正向影响作用。

H3：牧民对旅游发展社会影响的感知对其参与旅游态度有显著的正向影响作用。

H4：牧民对旅游发展环境影响的感知对其参与旅游态度有显著的正向影响作用。

H5：牧民对自身影响因素的感知对其参与旅游态度有显著的正向影响作用。

H6：牧民对利益相关者影响的感知对其参与旅游态度有显著的正向影响作用。

H7：牧民参与旅游发展的态度对牧民参与旅游意识有显著的正向影响作用。

（3）指标体系的建立

根据结构方程模型，对每一个因变量指定相应的自变量，构建判断的指导体系。指标的选择既要充分反映每个因变量的特征、注重牧民的感知标准，又要考虑到模型的适用性。课题在对三江源国家公园牧民的调查问卷初步分析的基础上，筛选了如下指标，如表 5-20 所示。

表 5-20　牧民参与旅游发展影响因素的指标体系

序号	姓名
牧民对自身因素影响的感知	原有经营基础感知 A1
	旅游相关技能感知 A2
	年龄感知 A3
	沟通能力感知 A4

续表

牧民对旅游发展经济影响的感知	就业机会感知 B1
	收入感知　B2
	生活水平感知 B3
	生活环境质量感知 B4
牧民对旅游发展社会影响的感知	文化素质感知 C1
	本地知名度感知 C2
	文化自豪感感知 C3
	传统文化保护感知 C4
牧民对旅游发展经济影响的感知	公众环保感知 D1
	自身环保感知 D2
	生态破坏感知 D3
牧民参与旅游发展的态度	园区旅游发展的支持度 E1
	参与旅游发展的态度 E2
牧民参与旅游发展的意识	参与生态保护 F1
	参与旅游开发 F2
	参与旅游管理 F3
	参与旅游经营 F4
	参与旅游服务 F5
	参与旅游培训 F6

续表

	政府组织培训感知 G1
	政府宣传感知 G2
	政府制定政策感知 G3
	政府部门协调作用感知 G4
	特许经营企业培训感知 G5
牧民对利益相关者影响的感知	特许经营企业辅助作用感知 G6
	非营利机构宣传感知 G7
	非营利机构沟通能力感知 G8
	生态旅游者尊重行为感知 G9
	生态旅游者保护行为感知 G10
	生态旅游者信息交流作用感知 G11
	专家作用感知 G12

　　课题根据理论模型图和具体的研究假设，运用 AMOS 软件建立了结构方程模型（SEM）。SEM 结构方程模型是一种在统计学中比较常见且重要的多个变量关系检验的分析工具，该模型的特点主要是基于各个潜在变量的协方差矩阵，分析潜在变量与潜在变量之间假设逻辑关系的一种方法。根据研究假设以及概念模型，在 AMOS 软件中绘制了各个变量之间的关系模型图，并将回收的问卷数据导入模型中进行结果估算。具体模型如图 5-4 所示。

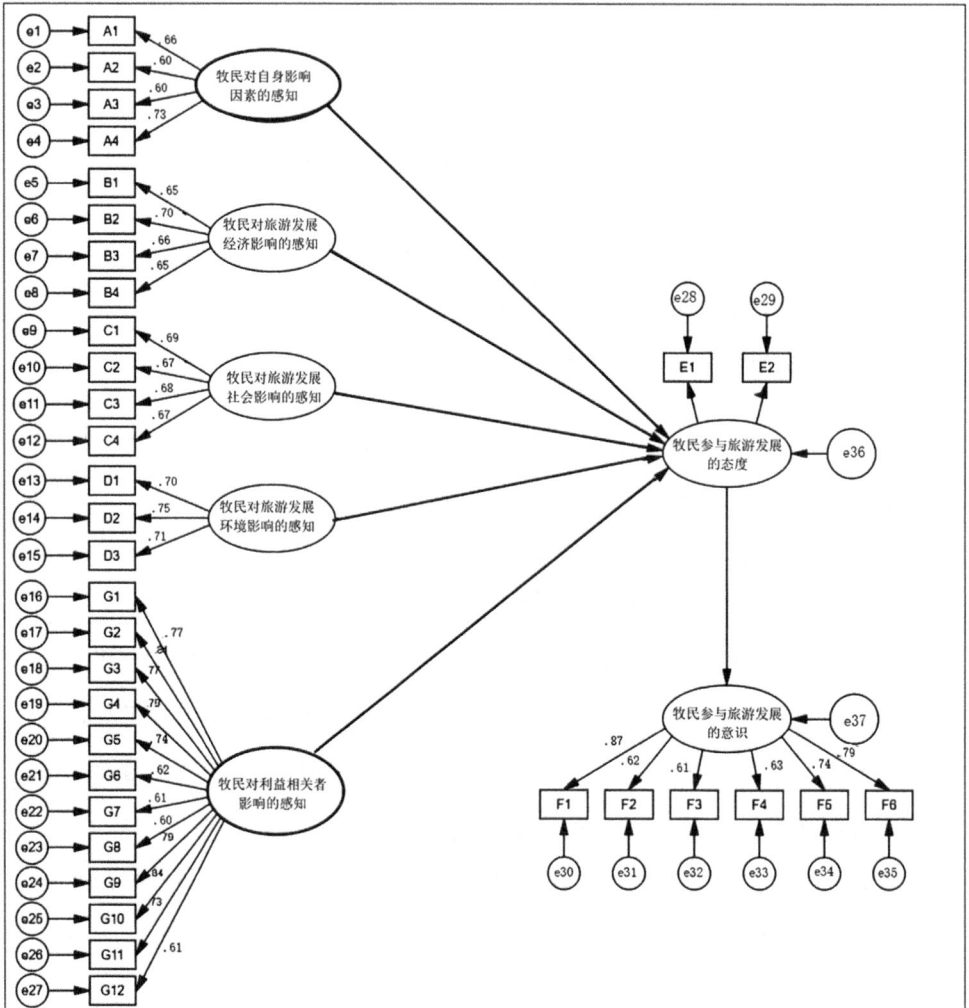

图 5-4　结构方程模型图

（4）模型拟合优度检验

一般统计学中在判断结构方程模型建立是否有意义时，首先是用一些拟合指标的测算结果来判断，其中主要的判断指标有 X^2/df 是要小于 3 为比较理想的标准，但是小于 5 也是可以接受的水平；GFI、AGFI、NFI 一般常规要求这些值都是要大于 0.8，才能表示模型适配能力较好，但是大于 0.9 表示出模型效果更佳。TLI、CFI，则是必须大于 0.9 才能表示出模型匹配度较好。RMSEA 则应该小于 0.08 表示模型的适配度较好。根据下表 5-21 可知，X^2/df 值为 2.678，小于 3 的理想标准；GFI=0.942、AGFI=0.930、NFI=0.919、IFI=0.948、CFI=0.948、TLI=0.942；RMSEA 的检验结果值为 0.040，小于 0.08 的标准水平。课题所建立的结构方程模型中，所有拟合优度指标均达到且高于通用标准值，充分说明结构方程模型的建立有效，且与回收的问卷数据有着良好的匹配程度。

表 5-21　结构方程模型拟合指标

拟合指数	判断标准	实际值
卡方自由度比 X^2/df	< 3	2.678
拟合优度指数 GFI	> 0.8 可接受；> 0.9 理想	0.942
调整的拟合优度指数 AGFI	> 0.8 可接受；> 0.9 理想	0.930
规范拟合指数 NFI	> 0.9	0.919
修正拟合指数 IFI	> 0.9	0.948
比较拟合指数 CFI	> 0.9	0.948
非范拟合指数 NNFI（TLI）	> 0.9	0.942
近似误差平方根指数 RMSEA	< 0.08	0.040

（5）路径假设检验

在运用 AMOS 软件路径分析理论对所建立的模型进行检验结果时，一般标准为 t 值至少要大于 1.96 的标准。因为当 t 值大于 1.96 时，刚好 P 值水平小于 0.05，若 t 值小于 1.96，则 P 值达不到显著性水平。

由表 5-22 的路径分析输出的结果可知，问卷中每个测量题项的标准化因子载荷值都在 0.574 ~ 0.878 的范围之间，均大于 0.5 的标准值，而各个题项标准误差值也均小于 0.5 的标准范围，说明每个测量题项都能够很好地解释所在的变量结构，认为变量的结构较为明确，路径结果也较为理想。

5.2.2.2 影响因素结果分析

（1）模型假设验证

通过表 5-23 的结构方程模型路径分析结果可以看出：

牧民参与自身影响因素的感知对牧民参与旅游发展的态度的标准化路径系数为 0.411（t 值 =13.95，P ＜ 0.001），说明牧民参与自身影响因素的感知对牧民参与旅游发展的态度有显著的正向影响作用，说明本课题研究提出的假设 H1 验证成立。牧民对旅游发展经济影响的感知对牧民参与旅游发展的态度的标准化路径系数为 0.324（t 值 =9.891，P ＜ 0.001），说明牧民对旅游发展经济影响的感知对牧民参与旅游发展的态度有显著的正向影响作用，故说明本课题研究提出的假设 H2 验证成立。牧民对旅游发展社会影响的感知对牧民参与旅游发展的态度的标准化路径系数为 0.215（t 值 =5.023，P ＜ 0.001），说明牧民对旅游发展社会影响的感知对牧民参与旅游发展的态度有显著的正向影响作用，

表 5-22   各个题项的路径分析结果

变量	题项	标准化参数	标准误差	t	P
牧民参与自身影响因素的感知	A1	0.657	-	-	-
	A2	0.801	0.053	17.723	***
	A3	0.604	0.058	18.488	***
	A4	0.732	0.051	16.885	***
牧民对旅游发展经济影响的感知	B1	0.847	-	-	-
	B2	0.703	0.06	18.336	***
	B3	0.656	0.059	17.397	***
	B4	0.646	0.076	19.857	***

牧民对旅游发展社会影响的感知	C1	0.692	-	-	-
	C2	0.872	0.065	22.479	***
	C3	0.681	0.051	19.485	***
	C4	0.694	0.051	19.746	***
牧民对旅游发展环境影响的感知	D1	0.702	-	-	-
	D2	0.753	0.064	17.55	***
	D3	0.706	0.056	17.395	***
牧民对利益相关者影响的感知	G1	0.767	-	-	-
	G2	0.801	0.062	16.929	***
	G3	0.767	0.078	19.262	***
	G4	0.789	0.063	15.147	***
	G5	0.739	0.062	17.416	***
	G6	0.622	0.042	21.413	***
	G7	0.613	0.097	19.528	***
	G8	0.601	0.045	22.403	***
	G9	0.790	0.056	18.436	***
	G10	0.839	0.059	19.397	***
	G11	0.732	0.051	17.485	***
	G12	0.611	0.091	15.444	
牧民参与旅游发展的态度	E1	0.632	-	-	-
	E2	0.646	0.081	12.757	***
牧民参与旅游发展的意识	F1	0.866	-	-	-
	F2	0.618	0.042	21.413	***
	F3	0.611	0.051	25.587	***
	F4	0.628	0.045	22.263	***
	F5	0.742	0.039	21.321	***
	F6	0.789	0.061	26.525	***

注：*** 为 $P < 0.001$

表 5-23   各个变量的路径分析结果 a

因变量	自变量	标准化参数	标准误差	t	P
牧民参与旅游发展的态度	牧民参与自身因素影响的感知	0.411	0.032	13.95	***
牧民参与旅游发展的态度	牧民对旅游发展经济影响的感知	0.324	0.039	9.891	***
牧民参与旅游发展的态度	牧民对旅游发展社会影响的感知	0.215	0.034	5.023	***
牧民参与旅游发展的态度	牧民对旅游发展环境影响的感知	0.356	0.037	10.84	***
牧民参与旅游发展的态度	牧民对利益相关者影响的感知	0.489	0.044	15.693	***
牧民参与旅游发展的意识	牧民参与旅游发展的态度	0.436	0.059	9.407	***

注：*** 为 P ＜ 0.001

表 5-23   各个变量的路径分析结果 b

因变量	自变量	标准化参数	标准误差	t	P
牧民参与旅游发展的态度	牧民参与自身影响因素的感知	0.411	0.032	13.95	***
牧民参与旅游发展的态度	牧民对旅游发展经济影响的感知	0.324	0.039	9.891	***
牧民参与旅游发展的态度	牧民对旅游发展社会影响的感知	0.215	0.034	5.023	***
牧民参与旅游发展的态度	牧民对旅游发展环境影响的感知	0.356	0.037	10.84	***
牧民参与旅游发展的态度	牧民对利益相关者影响的感知	0.489	0.044	15.69	***

续表

牧民参与旅游发展的意识	牧民参与旅游发展的态度	0.436	0.059	9.407	***

注：*** 为 P < 0.001

说明本课题研究提出的假设 H3 验证成立。牧民对旅游发展环境影响的感知对牧民参与旅游发展的态度的标准化路径系数为 0.356（t 值 =10.84，P < 0.001），说明牧民对旅游发展环境影响的感知对牧民参与旅游发展的态度有显著的正向影响作用，故说明本课题研究提出的假设 H4 验证成立。牧民对利益相关者影响的感知对牧民参与旅游发展的态度的标准化路径系数为 0.489（t 值 =15.693，P < 0.001），说明牧民对利益相关者影响的感知对牧民参与旅游发展的态度有显著的正向影响作用，说明本课题研究提出的假设 H5 验证成立。牧民参与旅游发展的态度对牧民参与旅游发展的意识的标准化路径系数为 0.436（t 值 =9.407，P < 0.001），说明牧民参与旅游发展的态度对牧民参与旅游发展的意识有显著的正向影响作用，说明本课题研究提出的假设 H6 验证成立。

（2）影响因素分析

牧民对自身因素影响的感知中，牧民对旅游相关技能感知强烈，路径系数达到了 0.801，对沟通能力感知强烈程度仅次于旅游相关技能感知，路径系数达到了 0.732；从整体数据分析来看，牧民自身影响因素中，大部分牧民认为旅游相关技能、沟通能力是影响其参与旅游发展的主要因素。

牧民对旅游发展经济影响的感知中，获得就业机会和提高收入的感知强烈，路径系数达到 0.847 和 0.703，旅游发展能创造就业机会增加收入，这两个因素是牧民参与园区旅游发展的主要期待；牧民对旅游发展社会影响的感知中，对旅游发展提高本地知名度、提升自己作为原住居民的自豪感感知强烈，路径系数分别达到 0.872、0.694，同时牧民对于参与旅游发展提升自身素质感知也同样强烈，因此文化自豪感是促使牧民参与的主要原因。牧民同样也担心旅游发展会带来利益分配的问题，会将原本和谐的关系复杂化；在牧民对旅游发展环境影响感知中，牧民对旅游发展促进园区生态保护，增强自身环境保护意识感知强烈，但牧民在参与过程中，对于自身生态监测的行为不当，是否会对国家公园环境造成破坏此类问题有所顾虑，因此在调研中，对待此问题态度保持中立，三江源国家公园生态保护的方式在不断更新，要求牧民要逐步提高自身的学习及接受能力，才能增强自身运用科技方式进行环境保护的自信心。

利益相关者的影响感知中，牧民对政府管理部门的宣传感知、政府部门协调作用感知强烈，路径系数分别为 0.801、0.789，说明政府管理部门对三江源国家公园发展相关政策的宣传，以及对旅游发展的宣传，可以帮助牧民实现更好地参与。在调研中发现，牧民希望政府可以对其能够参与的方式和可以参与的内容进行宣传，以便自己进行了解后再参与；在调研中还发现，有些牧民认为生态管护员是政府扶贫的方式，并没有意识到是在参与园区旅游的发展，因此，政府要加强自身宣传功能，使得牧民更好地理解三江源国家公园的发展目标、旅游发展的作用，以及牧民在旅游发展中的作用，以便促进牧民更加积极地进行参与；牧民对特许经营企业培训感知度高，三江源国家公园开展生态体验活动以来，特许经营企业在生态体验活动中进行利益分配方案的探索引导牧民参与，并开展相关培训来提高牧民的参与技能，特许经营企业和牧民联系紧密，并且牧民十分认可特许经营企业在提供培训中的作用，在后续的发展中特许经营企业要更好地发挥自身的优势，促进牧民更好地参与旅游发展；牧民对生态旅游者的保护行为影响强烈，路径系数达到了 0.839。牧民对自己居住地的生态环境十分爱惜，在平常生活中，会自发组织进行垃圾分类、生态管护的行为，因此同样也希望生态旅游者能够同样爱惜环境。这是影响牧民支持旅游发展的一个重要原因之一，也会影响牧民的参与意识。因此三江源国家公园旅游的发展，要对生态旅游者的行为进行管理，目前三江源国家公园已经实行对访客人数限制及行为限制，在旅游业不断地发展中，更要细化对生态体验者管理的方式，使牧民在参与时能感知到参与旅游发展，同样也会对公众环境保护起到促进作用；牧民对非营利机构、专家的作用感知相对不强烈，在调研中发现，牧民希望非营利机构进行其工作内容的宣传，以便牧民能够有更深入的了解。

牧民的参与意识集中在参与生态保护、参与旅游服务、参与旅游培训上，路径系数分别达到了 0.70 以上，在上述分析中发现，牧民自身影响因素中，相关技能是牧民认为影响其参与态度的关键，牧民也迫切地想通过参与提升自身能力水平；生态保护是牧民自身就擅长的工作，三江源地区自然保护区建设以来，一直坚持生态保护理念，三江源国家公园建设中，更将生态保护的理念进行了深入，因此，牧民的生态保护的意识非常强烈，在旅游参与中，仍旧是将生态保护放在了首位；自三江源国家公园开展生态体验活动以来，部分园区牧民通过参与，提升了收入增长了见识，为其他园区牧民参与带来了很好的示范作用，因此，牧民对于参与旅游服务，尤其对参与生态旅游相关服务表现出了很高的认知度。

整体来看，牧民对于旅游相关技能感知、政府管理部门宣传、生态旅游者环境保护行为感知强烈，也是影响其参与态度及参与意识的最关键原因。牧民对特许经营企业的感知较高，但对非营利机构专家的感知普遍较弱，在旅游发展中，也要发挥这两者的作用，促进牧民进行参与。牧民参与意识集中在生态保护、旅游服务，需要在丰富参与内容的同时，进行牧民参与旅游发展意识的提升。

5.3 牧民参与诉求调研分析

关键词是表达访谈内容的重要词汇，关键词共现知识图谱可以有效挖掘出访谈的重点问题。将调研获得的牧民诉求有关访谈文本汇总处理，整理为 word 文本，输入 VOSviewe 软件进行 VOS 聚类，共获得 104 个关键词。考虑到能将出现的高频关键词清晰地显示出来，设定选择出现 3 次及以上关键词，最终选择 27 个高频关键词通过 VOS 布局算法，得到三江源国家公园牧民参与旅游发展诉求关键词知识图谱，在 VOSviewe 标签视图中，每一个圆代表一个词汇，圆的大小代表着词汇的出现频次，也就是重要程度，同色系圆圈也是一个主题聚类。

（1）诉求分析

从图 5-5 牧民参与诉求关键词共现叠加可视化图谱可知，聚类中心分为三类，也反映了牧民的诉求。一类以希望为主，包括了困难、生态保护等次级聚类中心；一类以参与为主，包括了三江源国家公园、生态管护员等次级聚类中心；一类以培训为主，包括了提供、生态体验等次级聚类中心，连接两个聚类中心的连接点在于希望这个主要的聚类中心。

与希望这个聚类中心密切相关的聚类顺序是三江源国家公园、困难、生态保护、支持，说明牧民的期望首先在参与三江源国家公园旅游发展上，也认同参与也是生态保护的一种方式。其次，对于参与旅游发展面临的困难，希望由三江源国家公园进行解决。

与参与这个聚类中心密切相关的是生态管护员和三江源国家公园，说明牧民认为参与国家公园旅游发展的方式，是以生态管护员的方式为主，与参与这个聚类中心相关的两个关键词为牧家乐和手工艺品，说明牧民对于牧家乐和手工艺产品是了解比较多的。牧民对于参与三江源国家公园旅游发展方式的认识，可拓展至牧家乐、手工艺品，这也印证了上述对于参与意愿的调查与分析。

培训聚类与希望聚类联系紧密，说明牧民在旅游参与时希望得到培训，而和培训相关的次级中心是提供生态体验，与聚类中心和次级类中心相关的关系线所反映出来的关键词为交通、教育、计算机等，结合调研中牧民"会绘画的技能，有想法将民族文化与绘画结合起来""不知道怎么做""爱好藏语言文学，想写小说，不知道怎么写"的意见表达，说明牧民希望得到一些培训后，能够更好地参与生态体验项目。此外，牧民很希望得到跟计算机相关的一些培训，能够获得更多的知识，有利于其更好地参与旅游。

与提供这个聚类中心有关系的是交通和教育两个关键词，在交通方面，主要反映出的是生态管护员在工作中存在的管护难度大、交通困难等问题，牧民在访谈中提到"有时候有棕熊跑到村民的家中进行破坏，有些动物生活在悬崖峭壁上，需要突击队去观察""生态监测和管护员特别重要，没有照相机，没办法证明自己工作了，没有摩托车，交通上不便利""有时候还要自己掏钱加油""最大的困难还是交通不方便，去捡垃圾的地方有点远，不太方便""捡垃圾需要五六天"，牧民在访谈中表示，三江源国家公园面积大，范围广，因此生态管护员在工作中，往往会额外承担部分交通、时间成本，因而劳力付出也远大于发放给生态管护员的收益，还有部分管护员认为工作时最基本的设备及工具也很难得到保障，进行一些持续工作时存在困难。

对于牧民而言，关心的另外一个问题，围绕的关键词是子女，子女和困难、帮助、参与都有关系线连接。"子女都在上学，对子女教育要求高，至少大学毕业，工资待遇相同的情况下，为了传统文化的继承更希望在国家公园工作""两个女儿没有上过学，在牧区放牧，不希望孙子继续过这种生活""愿意没有上过学的子女开办牧家乐，马赛村（手工艺品示范点）有村民自己创业，开办商场（有手工品，卖商品等）觉得这种方式比较好，愿意子女也进行参与""感觉下一代不了解游牧文化"，这说明牧民除希望得到培训、得到提供的支持外，还希望子女获得教育和参与机会，说明牧民也希望让自己的后代参与进三江源国家公园旅游发展中。

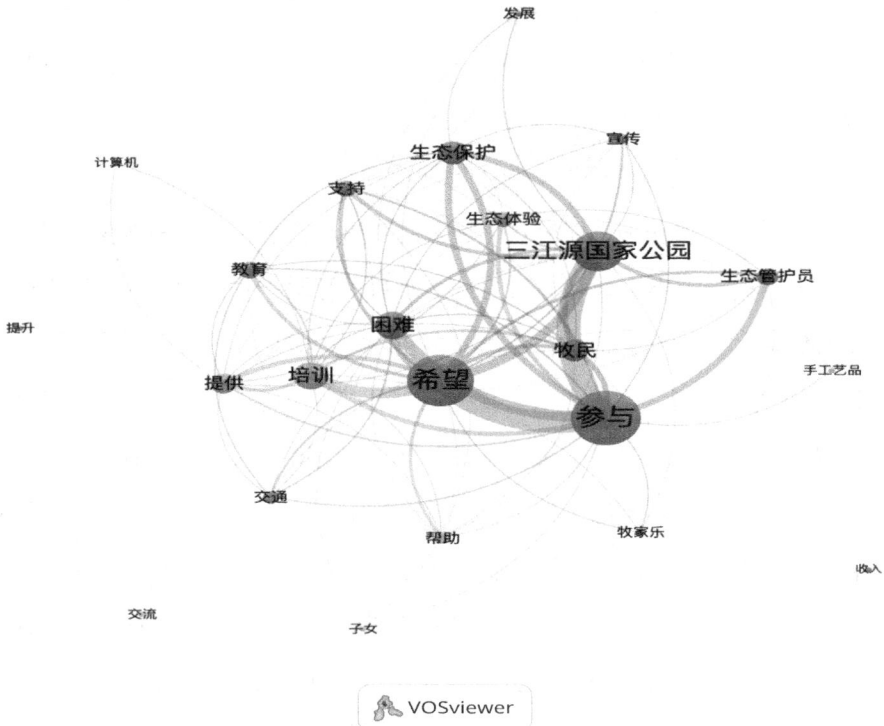

图 5-5   牧民参与诉求关键词共现叠加可视化图谱

结合牧民访谈结果还反馈出一个问题，认为牧民对生态管护员工作的了解需要去提升，"生态管护员，除了保护环境，其他也不太清楚，但希望政府能够给一个方向，牧民该做些什么""看了新闻知道有一个名词，叫国家公园，管护员也只了解一点""开会次数较多，牧民参与的积极性不强，在牧区路途遥远，组织村民开会时需要采取措施，比如以表演节目的形式组织村民开会，以娱乐的形式进行文化宣传"，生态管护员是三江源国家公园旅游发展中牧民参与最重要的方式，也是牧民参与最多的一种方式，但在调研中发现，牧民对于生态管护员的了解为"捡垃圾""国家发工资"，在对了解生态管护员的牧民进行追问时，得到的反馈是这部分牧民对于生态管护员要做的工作、意义仅限于获得收入这一层面，这一点也是在调研诉求中发现的一个重要的问题，参与程度与参与成效的不匹配，是需要去解决的一个问题。

（2）诉求总结

总体来说，牧民诉求集中在以下几个方面：政策诉求、经济诉求、文化诉求和能力诉求，具体的诉求内容如表 5-24 所示：

表 5-24   牧民参与诉求汇总

	范围	内容	具体诉求
参与诉求	政策诉求	明确参与方式 子女回乡创业条件	对生态管护员的工作内容进行说明和明确 对旅游类特许经营项目进行说明和明确 制定参与旅游相关政策
	经济诉求	生态管护环保设备 生态管护交通工具 额外支付	配备充足的相机 配备必要的摩托车 认可并予以支持
	文化诉求	传统文化的继承	下一代了解游牧文化
	能力诉求	受到专业培训	计算机、生态体验项目相关技能 写作、绘画

政策诉求主要有两项内容，牧民希望政府能够更加明确旅游参与的方式，也就是需要政府去对生态管护员的工作内容、旅游特许经营项目进行详细的说明，让牧民了解并知晓哪些方式是有能力参与的，或者可以通过哪些途径参与。除了明确参与方式外，在政策的诉求上，牧民提及较多的是关于子女的问题，希望子女回乡参与旅游创业时，政府能够制定相关的政策支持。

在经济诉求方面主要提及的是在生态管护过程当中，希望环保设备和交通工具能配备充足，使其更好地进行工作；此外还要注重对牧民参与旅游生态管护时付出的额外劳动提供经济补偿。

文化诉求方面主要提及的是对于传统游牧文化的继承，牧民认为下一代了解游牧文化的较少，但是这项文化有必要传承下去，希望通过参与能够使得游牧文化得到传承。

能力诉求方面，牧民希望可以得到专业的培训。此次调研中，发现牧民有计算机、生态体验项目相关技能以及写作、绘画等技能的需求。如果后续进行持续跟踪调研，牧民更多的专业技能培训需求会不断得到补充，总体来说，牧民迫切地想提升自己的专业技能，以便更好地参与到园区的旅游发展中。

5.4 利益相关者认知调研与分析

同牧民诉求分析方法，将调研获得的三江源国家公园各园区 5 个试点，包括村委会管理机构人员、企业、非营利机构、城镇居民、生态体验者的访谈文本汇总处理，整理为 word 文本，输入 VOSviewe 软件进行 VOS 聚类政府管理机构人员共获得 719 个关键词，企业共获得 524 个关键词，非营利机构获得 331 个关键词，城镇居民获得 212 个关键词，生态体验者获得 196 个关键词，考虑到能将出现的高频关键词清晰地显示出来，设定选择出现 3 次及以上关键词，政府管理机构共选择 69 个高频关键词，特许经营企业共选择 34 个高频关键词，非营利机构共选择 28 个高频关键词，生态体验者共选择 28 个高频关键词，城镇居民共选择 40 个高频关键词。通过 VOS 布局算法，得到三江源国家公园牧民参与利益相关者关键词知识图谱，在 VOSviewe 标签视图中，每一个圆代表一个词汇，大小代表着词汇的出现频次，也就是重要程度，同色系圆圈也是一个主题聚类。

5.4.1 政府管理机构

从图 5-6 政府管理机构关键词共现叠加可视化图谱中可以得知，聚类中心分为发展、建设、牧民、生态保护、公益岗位这五个方面，根据本次访谈的基本思路，分为代表三江源国家公园旅游发展中，政府管理机构目前的工作重点，将来的工作重点及对自身在牧民参与中作用的认知。

（1）工作重点为发展和建设

围绕着公益岗位这个聚类中心，有三江源国家公园、贫困户、建档立卡几个次级聚中心类，且与这几个次级聚中心类关系紧密的两个聚类中心为体制和生态保护，这说明政府管理人员在国家公园旅游发展中，工作重点是如何通过公益岗位解决民生需求，同时做好生态保护工作。

发展和建设是密度最大的两个聚类中心，说明政府管理机构工作重点还是在体制建设以及牧民相关发展上。与建设和发展相关的有生态畜牧业、有机、产业化、创业、绿色，可见在三江源国家公园旅游如何发展的这个问题上，政府管理机构提出的路径是发展优势产业、餐饮、住宿、文化产业，这些路径都是在三江源国家公园总体规划中提到的特许经营方式，在三江源国家公园的建设中，这些方式也会用于实践中。围绕发展和建设这两个重点，有能力和创新两个重点，这也体现出高质量建设国家公园的重点关注。

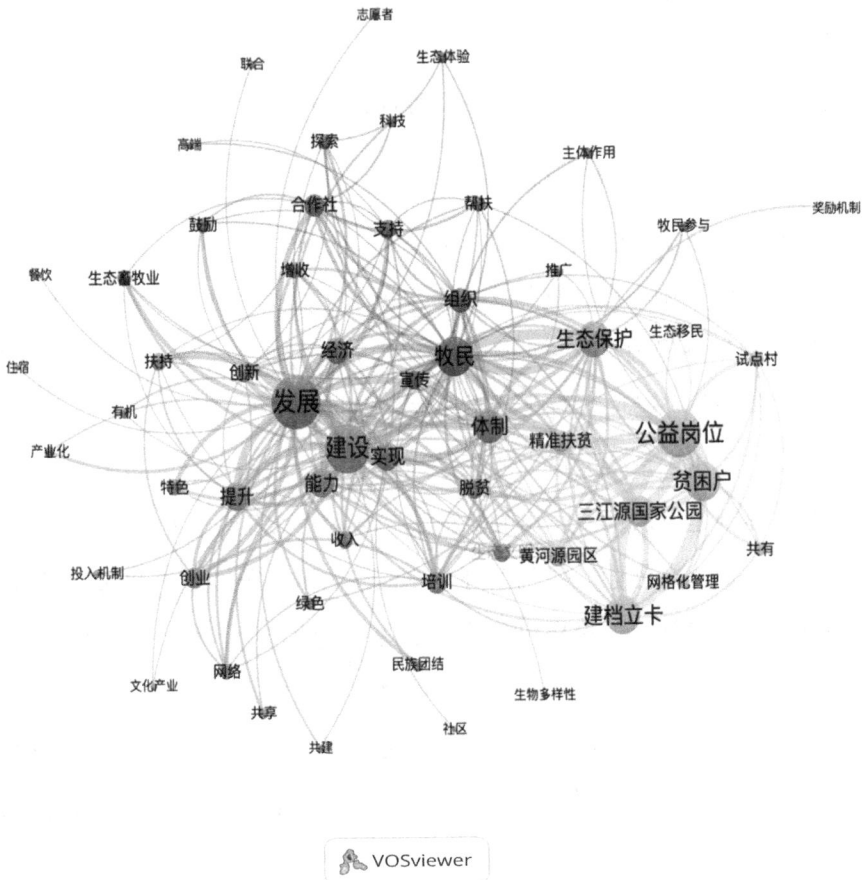

图 5-6　政府管理机构关键词共现叠加可视化图谱

（2）牧民参与旅游发展的关键是进行能力建设

图 5-6 反映出牧民次级聚类中心，与建设、发展、生态保护、体制聚类中心关系密切，与三江源国家公园之间的连接是体制和生态保护，这也表现出政府管理机构对于牧民参与作用的肯定，即牧民既是生态保护的重点，更是三江源国家公园体制建设和发展的重点；图 5-6 还反映出，在如何建设中，次级聚类中心为能力、提升、培训，结合访谈内容，政府管理机构认为牧民参与旅游发展，其自身能力是一个很重要的因素，参与和牧

民自身积极性、适应力、相关技能都有关系，"明显感觉到现在的牧民不如之前勤奋了，现在国家政策力度大、落实到位，有些群众靠政府的补助过日子，等、靠、要思想日益蔓延""作为弱势产业的畜牧业和弱势群体的牧民，凭借自身力量直接进入市场进行平等竞争非常困难""提高牧民素质是最终目的""在科技推广、分工协作、市场营销、生存技能、对外联系、适应市场、接受新事物、改变传统生活习惯等方面得到锻炼""要让群众在国家项目的帮助下依靠劳动致富，由单纯输血逐步发展造血功能"。认为目前提高牧民参与积极性的机制是奖励机制，如果要进行新参与、新渠道融入，就要进行牧民素质的提升以及能力的建设。

（3）探索牧民参与旅游发展的方式

如何发挥牧民的作用，更好地让牧民进行参与，组织、支持、帮扶、探索这几个关键词表明了政府管理机构的工作思路，并且围绕着组织、支持的关键词为合作社、生态体验，这两种方式是目前三江源国家公园旅游发展中牧民可以参与的方式，所出现的生态体验、科技、高端成为政府对于牧民参与这个问题探索的解决路径；结合建设和发展的重点及方式，"探索示范村特许经营新模式。鼓励支持牧民以投资入股、合作、劳务输出等形式参与特许经营""探索国家公园生态体验与自然教育新模式，通过开展生态体验、自然观察等活动，提供牧民参与的机会""引导和培育生态产业，开展就业培训，建立适合牧民群众在国家公园中的参与渠道"，从摘选的政府管理机构访谈记录来看，总体来说，政府对于牧民参与的态度较为支持，对自身组织及管理的功能认知清晰。

5.4.2 非营利机构

（1）认为牧民是旅游发展中实现生态保护的重点

从图 5-7 非营利机构关键词共现叠加可视化图谱可知，非营利机构在三江源国家公园旅游发展关注的重点为三个方面，一为保护，二为牧民，三为发展，而牧民处于保护和旅游发展之中，说明非营利机构对于三江源国家公园旅游发展的关注重点是保护，而牧民是实现更好保护的重点。"三江源开展生态保护工作，从野生动物监测入手，然后将社区力量纳入保护中""当地居民是重要的守护力量""我们希望的是看到集体行动体现价值""牧民的独特文化以及牧民尊重、敬畏自然的态度，才使青藏高原地区原始而脆弱的生态环境保存至今"；在选取的部分访谈记录中可以看出，非营利机构认既可牧民在文化保护中的地位，也认可牧民在自然保护中的作用，并且保护并不是政府、第三方组织就可以完成的，要依靠全体公众进行参与，而牧民则是集体力量中最重要的部分。

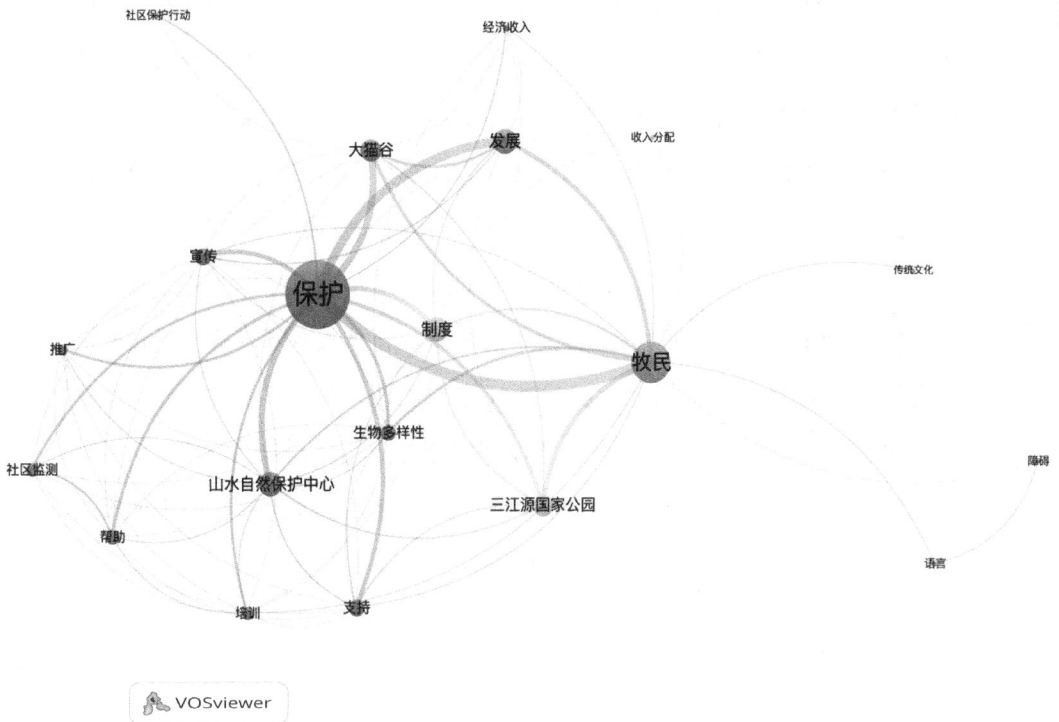

图 5-7   非营利机构关键词共现叠加可视化图谱

（2）致力于为牧民参与旅游进行培训辅助

在牧民参与上，如图所示，和牧民这个聚类中心相关的是制度、发展，因此非营利机构考虑的是如何让牧民在国家公园的生态保护中受益，在有效保护国家公园生态环境的同时促进经济发展和社会进步，围绕牧民还有两个关键词为语言障碍、传统文化；上述两点表明在如何能让牧民参与旅游发展更好地进行下去这个问题上，非营利机构关注的同样也是牧民的能力问题，能力问题关注点偏重经济的获取能力。"在生态保护上发挥作用，那么就要关注牧民对于自然资源使用方式的改变""在国家公园的政策背景下，牧民应该如何应对和参与"。

图中反映出的与保护联系紧密的关键词为培训和支持，非营利机构是致力于对农牧民团体开展特色培训的机构，同样一直以陪伴者和技术支持方身份协助三江源国家公园特许经营项目的开展。在访谈中，非营利机构谈到"在政府尚未关注、市场化尚未普及之前，早一点发现问题，描绘出可能"，并且提出"能力建设－替代生计－保护原动力"的模式，希望能够让牧民更好地进行参与。

5.4.3 旅游特许经营企业、生态体验者

（1）认为和牧民是互相依存的关系

从图 5-8 旅游特许经营企业关键词共现叠加可视化图谱、图 5-9 生态体验者关键词共现叠加可视化图谱可知，旅游特许经营企业在三江源国家公园旅游发展这个问题上聚类中心为发展、生态畜牧合作社、三江源国家公园，与发展和三江源国家公园相关的次类聚集中心是生态体验，与生态畜牧合作社密切相关的次级中心是牧民、分红。说明在三江源国家公园旅游发展需要依靠特许经营企业、生态体验，而生态畜牧合作社和生态体验的最终落脚点是牧民，这说明旅游特许经营企业认为牧民是实现其项目开展

的重要条件，"牧民与国家公园特许经营企业之间，在经济、文化方面相互依存、相辅相成""国家公园特许经营企业，必须跟牧民合作，让居民在深度参与中获益"。

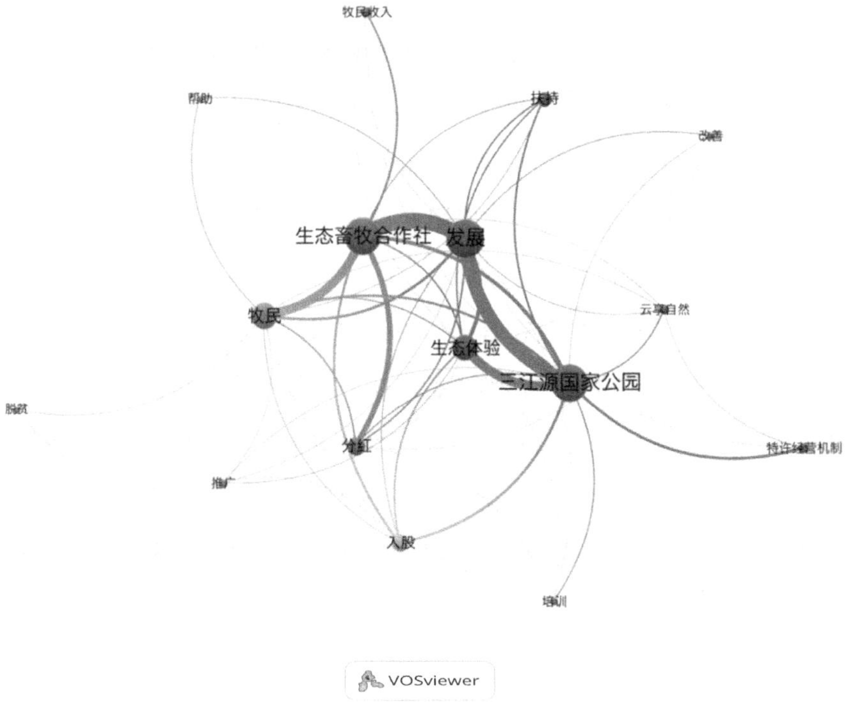

图 5-8　旅游特许经营企业关键词共现叠加可视化图谱

　　图中围绕着三江源国家公园、发展、生态畜牧合作社、生态体验，牧民这五个聚类中心的关键词，为分红、入股，这也说明旅游特许经营企业在发展过程中，一直积极找寻合适的和牧民联系在一起的方式。

　　如图 5-9 所示，生态体验者的关注点有三个聚类，分别是生态体验、牧民及牧民参与、生态保护，只有依托牧民和牧民的参与，生态体验者在三江源国家公园进行的生态体验才能完成，这也说明，生态体验者认为牧民是三江源国家公园生态体验项目能顺利进行的条件；与生态体验这个聚类中心相关的还有生态保护和支持两个聚类中心，说明生态体验者对于国家公园开展生态体验项目是支持的，也同样认为生态保护非常重要，而聚类中心之间的关系线，也反映出生态体验者认可在三江源国家公园旅游发展中有牧民和牧民的参与，生态保护才能更好地进行。总体来说，生态体验者同样也认为和牧民是相互依存的关系。

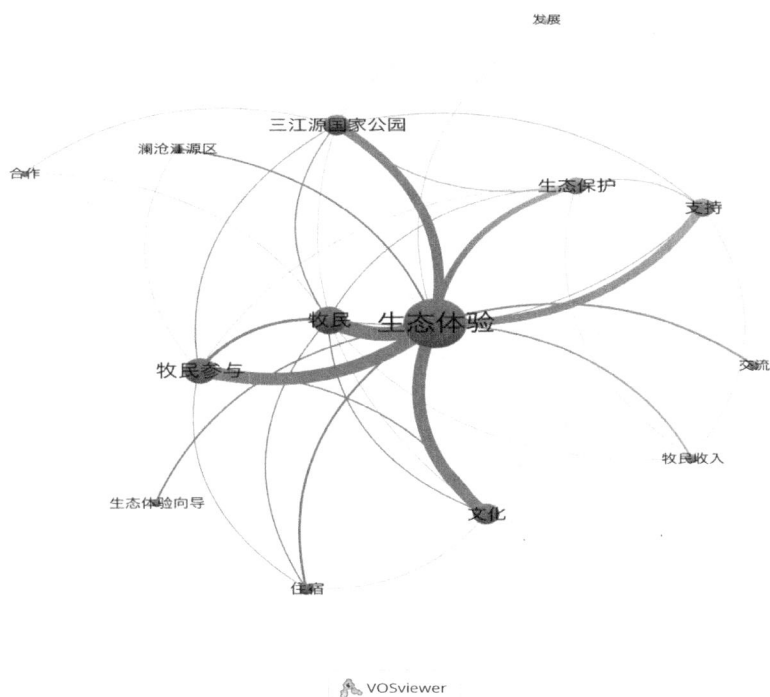

图 5-9　生态体验者关键词共现叠加可视化图谱

（2）可为牧民参与旅游提供辅助条件

对于牧民如何更好参与的问题，如图 5-8 所示，旅游特许经营企业的关注点在于帮助、培训、改善上，而这些关键词与发展这个聚类有关，这也说明旅游特许经营企业认为牧民参与最重要的是获得各类条件支持，"我们希望提供给当地社区就业岗位，吸引牧民参与生态产品生产""将建立移动奶站、酸奶加工厂，帮助建立电商平台，延伸产业链为牧民增加收入"。

如图 5-9 所示生态体验相关的关键词是生态体验向导、住宿、交流、牧民收入、交流，结合访谈记录分析，这些关键词是生态体验者希望牧民在参与过程中需要去提升的方面。如果牧民获得能力提升的机会，会使得生态项目开展更为顺利，也会使得牧民的收入增加。

5.4.4 城镇居民

从图 5-10 城镇居民关键词共现叠加可视化图谱可知，城镇居民的关注点有三个聚类，三江源国家公园、生态保护、支持，生态保护聚类中心和牧民聚类中心之间，有聚类中心支持联系，说明从生态保护的角度，城镇居民认可并支持牧民参与。

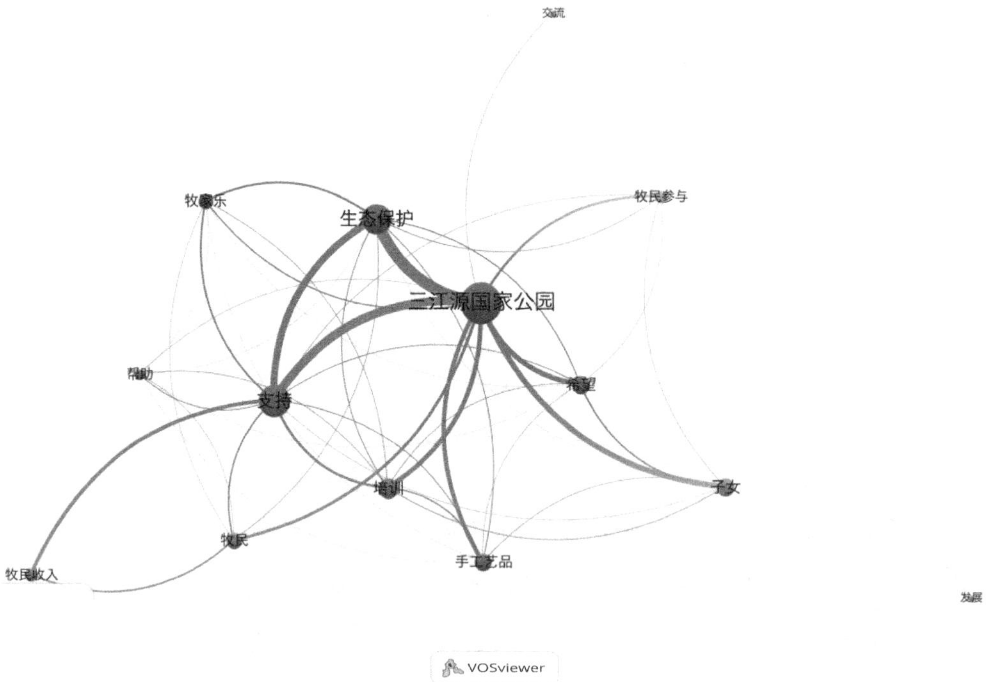

图 5-10　城镇居民关键词共现叠加可视化图谱

"牧民自己的牧场自然而然地就去保护了，不用催"；而关键词牧家乐、手工艺品和三江源国家公园、生态保护两个聚类密切相关，说明城镇居民认可牧民可以以自己的优势去进行参与，"有一定的文化上的优势，比如开个手工纪念品商店、牧家乐等"；与支持、牧民这两个聚类中心相关的是培训，说明城镇居民认为通过培训，牧民可以更好地参与到国家公园旅游发展过程中；城镇居民希望和园区牧民之间有交流，这样才能更好地帮助牧民去参与。

与其他利益相关者不同的是，城镇居民多从牧民参与的原因去谈，他们认为牧民参与的主要原因是考虑子女，包括子女的教育以及子女的发展前途，"牧民自己主动搬迁到这个地方的，主要是为了子女的上学问题，国家公园给他们进行一些手工编织或是讲解相关培训，让牧民选择去国家公园工作或者放牧，牧民会选择国家公园所安排的工作，选择放弃放牧的原因主要是为了让子女上学。"

5.4.5 专家

（1）影响因素筛选

为更好地从三江源国家公园的实际出发进行研究，专家访谈的问卷在调研完成后进行，在问卷中列出的影响因素，对实地调研的访谈记录进行整理，输入微词云处理软件，自定义词语国家公园、牧民、牧民参与、影响因素、存在问题，指定词性为名词，选择词频大于4的高频词后，得到网络关系分析图和高频词汇表，对照高频词汇以及网络关系图中的高频词汇、节点词汇所对应的每条访谈记录内容，并进行解读，筛选并记录反映影响牧民参与三江源国家公园旅游发展因素的相关的词语或语句，然后进行整理，得出影响因素表，在此基础上请课题组选择的专家进行筛选和补充。

整理统计，专家意见主要反映在以下几方面：

①应区分影响牧民参与三江源国家公园旅游发展可控和不可控因素，着重选择可控因素进行分析研究，因此牧民的性别、年龄、园区海拔、园区面积属于不可控因素，因而在研究中可以删除。

②牧民年收入和牧民收入来源，保留收入来源，能更加说明牧民的经济情况。

③我国正在建设国家公园体制，故将牧民参与管理改为参与园区管理意识。

④目前在国家公园旅游中带动牧民经济收入的项目为特许经营，区位环境中要对特许经营项目发展环境进行描述。

最终保留牧民自身、环境、国家公园三个影响因素，25 个有影响因素因子层，如表 5-25 所示。

表 5-25　影响牧民参与主要因素分类表

项目	影响因素	因子层
牧民自身	个体特征	收入来源 家庭中劳动力数量
	个人能力	文化程度 语言能力 其他技能 生活技能（草原、动物、植物有关）
	个人意愿	参与积极性
	个人意识	商品意识 管理意识 生态保护意识 民族文化自豪感

续表

环境因素	文化因素	牧民参与传统 宗教影响力
	经济因素	生计结构 经济发展程度
	区位因素	区位条件 生态环境 特许经营项目发展环境
国家公园	管理制度	发展理念
		功能区划分
	发展政策	生态补偿 特许经营 生态管护员 资金扶持 宣传教育

（2）认知分析

本课题邀请了清华大学、青海民族大学、青海大学三所大学的社会学、民族学、旅游学方面的专家进行调研，此外还邀请了青海省发改委、西宁市旅游局的工作人员给予意见。鉴于问卷调查结果的科学性，要剔除不了解三江源国家公园的专家问卷，保留了解三江源国家公园、到访过三江源国家公园的专家问卷。在所选择的 68 位专家中，到访过三江源国家公园21 人，了解三江源国家公园的 25 人，最终获得 46 份问卷。

为便于数据处理，影响程度分非常有影响、有影响、一般影响、较小影响、没有影响 5 个层次。以 10 分计，非常有影响 10 分、有影响 8 分、一般影响 6 分、较小影响 4 分、没有影响 2 分 。专家对每项因素打分的平均值如表 5-26 所示。

专家打分结果显示，总体影响因素为国家公园＞牧民自身＞环境。三

个影响因素中，牧民影响因素均值为 8.4 分，环境因素均值为 8.2 分，国家
公园均值为 9.1 分，因此，专家认为在牧民参与国家公园旅游中，国家公
园的影响力最大，牧民自身因素影响力较大，环境因素影响相对国家公园、
牧民自身这两个因素来说较小，如图 5-11 所示。

表 5-26   影响牧民参与主要因素分类专家赋分表

影响因素	项目	因子层	平均分
牧民自身	个体特征	收入来源	8.4
		家庭劳动力数量	7.8
	个人能力	文化程度	8.4
		语言能力	8.6
		其他技能	8.5
		生活技能（草原、动物、植物有关）	8.5
	个人意愿	参与积极性	9.1
	个人意识	商品意识	7.8
		管理意识	7.5
		生态保护意识	8.9
		民族文化自豪感	8.8
环境	文化因素	牧民参与传统	8.5
		宗教影响力	7.9
	经济因素	生计结构	8.1
		经济发展程度	8.0
	区位因素	区位条件	8.5
		生态环境	8.0
		特许经营项目发展环境	8.5

续表

国家公园	管理制度	发展理念	9.3
		功能区划分	8.5
	发展政策	生态补偿	9.0
		特许经营	9.1
		生态管护员	9.1
		资金扶持	9.3
		宣传教育	9.2

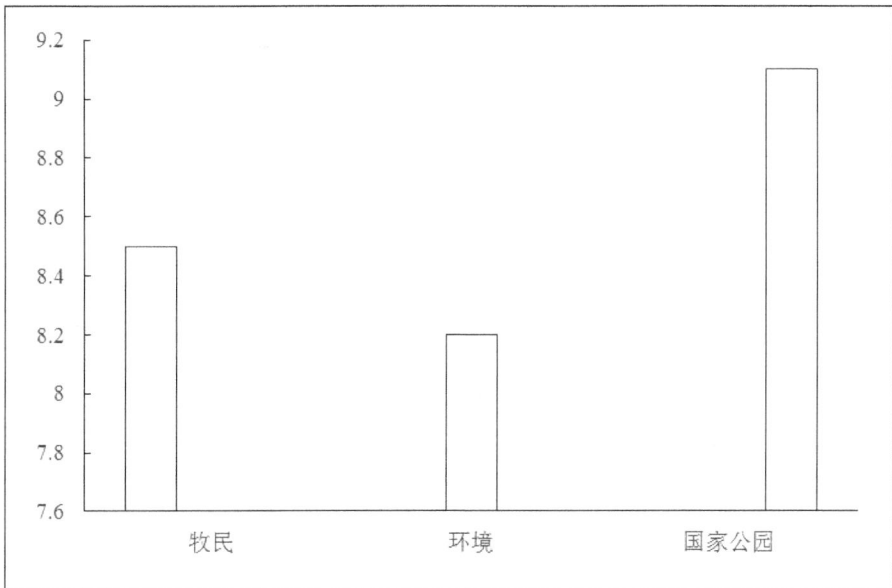

图 5-11 影响因素平均值

牧民自身因素专家分项打分结果显示，个人意愿＞个人能力＞个人意识＞个体特征，如图 5-12 所示，四个因子层中，个人意愿为最重要的因素均值为 9.1 分、个体特征均值为 8.1，个人意识均值为 8.3、个人能力均值为 8.5。

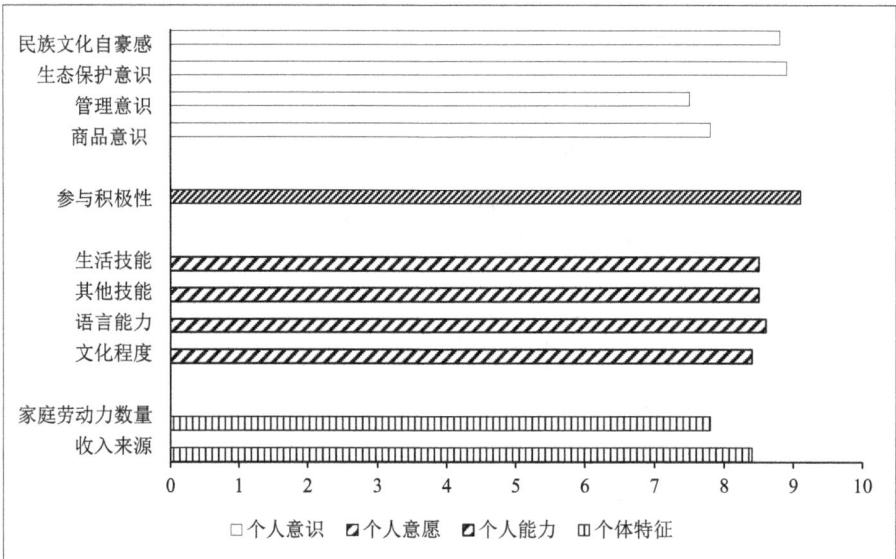

图 5-12   牧民自身因素影响分值

专家认为，牧民参与国家公园旅游的自身影响因素方面，意愿最为重要，个人能力及个人意识次之，个体特征影响最小。其中个人能力包括了文化程度、语言能力、其他技能和生活技能，专家认为，语言能力是目前牧民参与三江源国家公园旅游发展中最大的影响因素，其次为技能，而文化程度相比语言能力和生活、其他技能而言，影响较小；个人意识中包括了商品意识、管理意识、生态保护意识和民族文化自豪感四个因子，专家认为生态保护意识是最重要的一个因素，其次为民族文化自豪感，商品意识和管理意识受影响较弱，这四个因子中民族文化自豪感是仅次于生态保护意识的一个因子，民族文化自豪感的存在，可以让牧民以自己是国家公园中的一员而感到自豪，这种自豪感又能促使牧民去保护和参与国家公园旅游发展的各项工作中，因此这一项虽然分值较生态保护意识较低，但是也是非常重要的一点。

环境因素专家分项打分结果显示，区位因素 > 文化因素 > 经济因素。如图 5-13 所示，三个因子层中，文化因素均值为 8.2 分，经济因素均值为 8.1 分，区位因素 12.5 分。

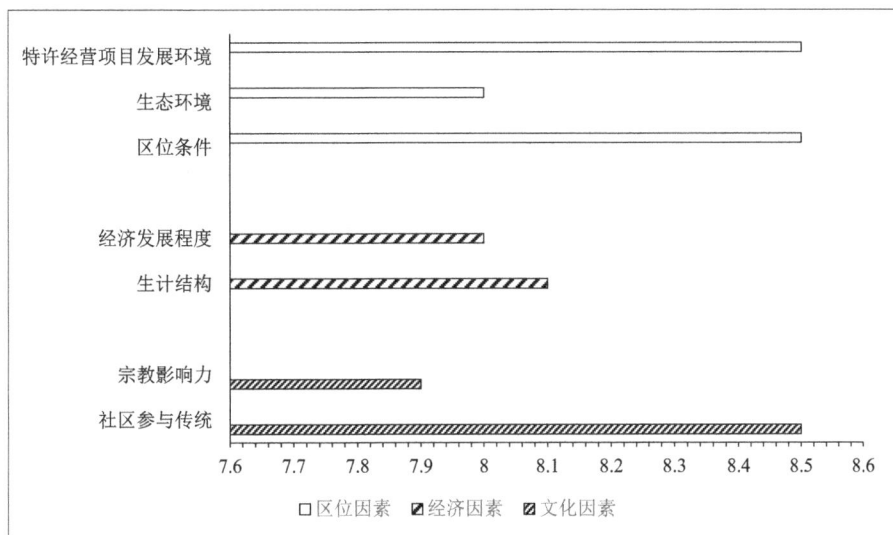

图 5-13 环境影响分值

专家认为，在环境方面，区位条件影响最大，文化影响次之，经济影响最小。其中，区位因素包括了区位条件、生态环境、特许经营项目发展环境。专家认为，在因子层中最重要的是区位条件和特许经营项目发展环境，如果这两个条件较好，牧民与外界的交流会更加便利，获得信息与知识的机会会更多，参与的方式也会随之多样化；文化因素包括了牧民参与传统、宗教影响，专家认为，牧民参与传统的影响力大于宗教的影响力，如果一直有牧民参与传统，可以使牧民更容易去接受和参与；经济因素中包括了生计结构、经济发展程度，相比而言，生计结构的影响力会大于经济发展程度。

国家公园因素专家分项打分结果显示，发展政策 > 管理制度。如图 5-14 所示，两个因子层中，发展政策均值为 9.1 分，管理制度均值为 8.9

分。因此专家认为在国家公园中，发展政策影响最大，管理制度影响次之。其中发展政策因素中，包括了生态补偿、特许经营、生态管护员、资金扶持、宣传教育。专家认为在因子层中最重要的是资金扶持，其次为宣传教育，在现阶段如果这两个条件较好，可以使牧民参与顺利和有保障地进行，一方面，通过宣传使牧民了解熟悉并做出选择，资金扶持可以使牧民参与能力提高，生态补偿、特许经营、生态管护员作为目前三江源国家公园中牧民参与的主要方式，影响依然存在，特许经营作为三江源国家公园一直在探索的发展项目，其影响力相比较大；管理政策因素中，包括了功能区划分、发展理念，专家认为，发展理念是牧民参与的最为根本的保障，因此在管理制度里这一项的影响程度最大。

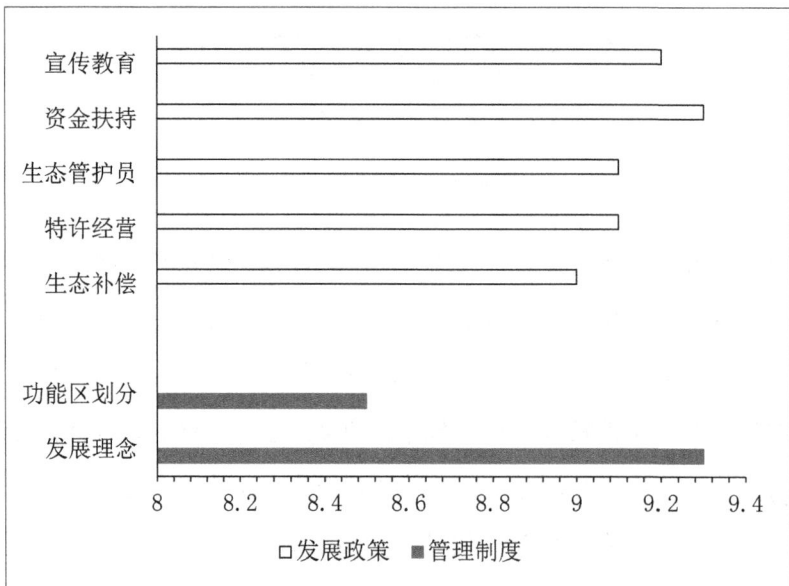

图 5-14　国家公园影响分值

在对具体的因子层分析时发现，专家认为影响力最大的因子有 6 个，即上图中均值大于 9.1 分的因子，按分值大小分别为发展理念、参与积极性、资金扶持、宣传教育、生态管护员、特许经营，其中除牧民自身方面的因素外，发展理念、资金扶持、宣传教育、特许经营、生态管护员均为国家公园方面的因素，没有环境方面的因素；专家认为影响力大的因子，也就是均值大于 8.3 分的因子有 12 个，按分值大小分别为生态补偿、生态保护意识、民族文化自豪感、语言能力、其他技能、生活技能、牧民参与传统、区位条件、特许经营项目发展环境、收入来源、文化程度，功能区划分，其中生态保护意识、民族文化自豪感、语言能力、其他技能、生活技能、收入来源、文化程度，为牧民自身方面的因素，牧民参与传统、特许经营项目发展环境、区位条件为环境方面的因素，生态补偿、功能区划为国家公园方面的因素；专家认为影响力小的因子，也就是均值小于 8.2 分的因子有 7 个，按分值大小分别为生计结构、经济发展程度、生态环境、宗教影响力、商品意识、家庭劳动力数量、管理意识，为牧民自身方面及环境方面的因素。

总体而言，专家认为牧民参与三江源国家公园旅游发展，是受自身、环境、国家公园共同影响。国家公园方面，牧民自身的因素是最主要的，其因子也主要分布于大于 9.1 这个分值段的，虽然牧民自身因素也同样分布在大于 8.2 这个分值段，但个人意愿是所有因子中影响程度最高的。从牧民参与有关的各学科专业角度出发，专家的认知也有一定的指导意义。

专家认为总体影响因素为国家公园 > 牧民自身 > 环境。专家认为在牧民参与国家公园建设中，国家公园的影响力最大，牧民自身因素影响力大；牧民个人能力包括内容较多，从生活技能到其他技能，从文化程度到语言能力，在三江源国家公园建设中，要让牧民更好地进行参与，牧民的个人能力是最重要的基础。

5.5 调研分析结果总结

5.5.1 牧民参与旅游发展态度积极，参与程度总体不高

牧民对参与三江源国家公园旅游发展的态度总体呈现积极状态。牧民的参与态度积极表现在三方面，一是积极保护生态，调研中发现牧民十分珍爱当地的环境，很多保护行为都是自发组织的，这类牧民认识到国家公园对生态保护起到的作用，所以意愿积极。二是在积极体现作为园区内长久生活牧民的自豪感，这类牧民认为三江源国家公园的建设，对人们世界观、人生观、价值观都会有一定的提升，这也是促进民族团结的好的方式，使得他们的自豪感得以体现，所以意愿积极。三是积极改善经济状态，部分牧民认为旅游是一种发展的机会，参与会使得牧民现有的经济状态得到改善。

消极态度表现为两类：一是在参与认知方面消极。这部分牧民对于国家公园旅游发展的了解、相关文件的了解不多，认为国家公园是一件神圣的事情，这也说明国家公园、国家公园旅游的概念对于这一部分牧民来说是一件高不可攀的事情，这样的理解让牧民望而却步，限制了其参与的愿意。二是在参与能力方面消极。被调研牧民中，部分牧民园区面积大，由于保护限制，道路交通建设并不是很完善，相应的工作环境较差，加之牧民自身身体原因不能很好地参与，但并不是对于三江源国家公园旅游发展本身有排斥心理。

综合三江源国家公园三个园区试点村擦泽村、马赛村、红旗村、年都村，以及产业发展区玛查理新村的调研结果分析，试点村及产业发展区牧民主要通过生态补偿、合作社、生态管护、生态监测、生态体验项目参与国家公园旅游发展，总体参与程度排序为生态补偿、文化传承 > 生态管护 > 入股合作社 > 生态体验 > 生态监测；生态监测相对其他方式，牧民参与

的程度仅限于全年物候监测与部分生物多样性监测，因此牧民都进行了参与，但普遍各调研村参与程度不高。此外，在调研中，部分村开展的生态体验中心项目刚起步，生态建设工程服务所搜集到的牧民参与的数据较少，因此也反映出此类参与较少。

各调研村参与程度差异体现在入股合作社、生态体验参与上，剩余的形式每个调研点有所区别，区别主要体现在入股合作社、生态体验方面，其中红旗村、玛查理新村牧民主要通过合作社参与，年都村牧民主要通过生态体验项目参与，生态补偿、合作社、生态管护、生态监测等都有涉及，马赛村牧民在生态体验参与上略逊色于年都村，红旗村、玛查理新村牧民虽以自己的特色入股合作社进行参与，但通过生态体验、生态监测参与较少，而擦泽村除两种最主要的形式外，通过合作社、生态体验、合作社、生态监测参与程度相比不高。

5.5.2 牧民旅游参与意识需提升，参与方式需拓展

通过统计的数据结果、分析结果可知，牧民参与意识集中在三类。第一类方式包括了生态管护员、动物救助两种方式，第二类包括了环境教育、手工艺品/畜牧产品制作、交通运营、生态监测，第三类集中在生态管护工程劳务、经营纪念品制作/畜牧产品加工公司、商店、民族文化演艺、经营住宿/餐饮、生态体验活动中介/向导、经营牧家乐（生态体验活动接待场所）、园区服务工作、文化传承相关工作、其他相关技能工作，多为三江源国家公园规定的特许经营项目，因此需要牧民参与要有一定的经济基础和相关的经营经验和技能才能参与。

其中，牧民倾向于第一类方式的占比较高，整体结果反映出目前三江源国家公园牧民旅游参与中，牧民有意识地参与方式，更多的是与自己的生产生活有关的方式，这也符合三江源国家公园实际情况。三江源国家公园正在建设中，牧民的能力建设要逐步进行，因此在旅游经营、旅游规划

及管理方面，要实现各项工作的持续推进，使牧民的选择多样化，牧民才会有进行选择经营、管理方面的参与意识。

在三江源国家公园旅游发展中，在旅游经营方面，生态体验合作社、生态畜牧合作社牧民进行参与，经营餐饮住宿、经营生态体验产品经营、文化产业还没有参与；在旅游服务方面，访客管理、环境教育还没有参与，其他特许经营方式的工作人员例如餐饮、住宿工作人员及生态体验商品制作工作人员还未参与；总体来看，旅游管理、旅游经营、旅游服务有待牧民参与。

要进行说明的是，旅游管理、旅游开发包括了决策和管理两个方面，这两个方面的内容涵盖了建设、规划、保护和园区整个旅游运营的管理，从而对于牧民整体的素质要求较高，不仅要求牧民有一定的文化程度，而且要求牧民要有相关的技能，并且在某一领域有自己独特的专业能力。因此，从目前三江源国家牧民的整体情况来看，旅游规划及管理是需要牧民通过一定的能力建设后逐渐进行参与的一个方面。

5.5.3 主要影响因素为自身因素、政府及特许经营企业

从整体数据分析来看，牧民自身影响因素中，大部分牧民认为旅游相关技能、沟通能力是影响参与旅游发展的主要因素；牧民对特许经营企业培训感知度高，特许经营企业在生态体验活动中，开展相关培训来提高牧民的参与技能，牧民对特许经营企业的培训作用是十分认可的；在牧民诉求中，牧民也希望获得知识及技能培训，以便在国家公园旅游发展过程中更好地进行参与，因此，自身技能问题不仅影响牧民参与旅游发展的态度，还影响到牧民是否持续参与，在后续的发展中特许经营企业更要发挥自身的优势，促进牧民更好地参与。

牧民在参与旅游发展中，对政府影响感知强烈，因此政府管理机构也是影响其参与态度、参与意识的最关键因素，牧民对政府管理部门的宣传

感知强烈，说明政府管理部门对三江源国家公园发展相关政策的宣传，以及旅游发展的宣传，可以帮助牧民实现更好地参与；在牧民诉求调研中，牧民希望政府能够更加明确旅游参与的方式，也就是需要政府对生态管护员、旅游特许经营项目进行详细的说明，好让牧民知晓哪些方式牧民是有能力参与或者通过哪些途径进行参与，影响因素也反映出牧民希望政府对其可以参与的方式进行宣传；在调研中还发现，有些牧民认为生态管护员是政府扶贫的方式，并没有意识到参与园区旅游发展的方式，因此，政府要加强自身的宣传功能，以便牧民更好地理解。

5.5.4 利益相关者认为牧民参与能力建设是重点

（1）政府管理机构认为牧民既是生态保护的重点，更是三江源国家公园体制建设和发展的重点；如何发挥牧民的作用，更好地让牧民进行旅游参与，政府管理机构态度为组织、支持，对于自身作用认识为帮扶、探索，鼓励支持牧民以投资入股、合作、劳务输出等形式参与特许经营，探索国家公园生态体验与自然教育新模式，引导和培育生态产业。

政府管理机构认为牧民参与旅游发展中，自身能力是一个很重要的因素，参与和牧民自身积极性、适应力、相关技能都有关系，因此要在技术技能、沟通协作、市场营销、生存技能、适应市场能力、接受新事物能力、改变传统生活习惯能力等方面进行提升。

（2）非营利机构关注点在于社区保护方面，在于能力建设—替代生计—保护原动力系统的构建。认为牧民是实现更好保护的重点，认可牧民在文化保护中的地位，也认可牧民在自然保护中的作用，并且认为保护并不是政府、第三方组织就可以完成的，要依靠公众进行参与，而牧民则是集体力量中最重要的部分。如何让牧民参与旅游发展更好地进行下去，制度、收入分配是关键词。因此非营利机构考虑的是如何让牧民在国家公园的生态保护中受益，在有效保护国家公园生态环境的同时，促进经济发展和社会进步，除此之外非营利机构关注的也是牧民的能力问题，能力问题关注点偏重经济的获取能力，并且提出"能力建设—替代生计—保护原动力"的模式能够让牧民更好进行参与。

（3）旅游特许经营企业认为和牧民是互相依存的关系，认为牧民是其实现发展的重要条件。旅游特许经营企业在发展过程中，积极找寻合适的、能够和牧民联系在一起的方式。对于牧民如何更好地参与，旅游特许经营企业的关注点在于帮助、培训、改善上，这也说明旅游特许经营企业认为牧民参与最重要的是获得各类条件支持，牧民的能力得到提升，才能进行更好地参与。

（4）城镇居民从生态保护的角度，认可并支持牧民参与，认为通过培训，牧民可以拥有更多的技能，才能更好地参与到国家公园旅游发展过程中。城镇居民希望和园区牧民之间有交流，这样才能更好地帮助牧民去参与。但与其他利益相关者不同的是，城镇居民多从牧民参与的原因去谈，认为牧民参与的主要原因是为了子女。

（5）生态体验者认为依托牧民和牧民的参与，在三江源国家公园进行的生态体验才能完成，说明生态体验者对于国家公园开展生态体验项目是支持的，也同样认为生态保护非常重要，认为有牧民的存在和牧民参与，生态保护才能更好地进行。总体来说，生态体验者同样也认为和牧民是相互依存的关系，希望牧民在参与过程中能够去提升，如果牧民获得一些提升的条件，会使得生态体验感更好，同时可以增加牧民的收入。

（6）专家态度为牧民参与国家公园旅游发展和牧民个人能力有关。专家认为，总体影响因素为国家公园＞牧民自身＞环境，三个影响因素中，牧民影响因素均值为 8.4 分，环境因素均值为 8.2 分，国家公园均值为 9.1 分，因此，专家认为在牧民参与国家公园旅游发展中，国家公园的影响力最大，牧民自身因素影响力次之；牧民自身因素中个人意愿＞个人能力＞个人意识＞个体特征，四个因子层中，个人意愿为最重要的因素 9.1 分，个体特征均值为 8.1，个人意识均值为 8.3、个人能力均值为 8.5，因此，专家认为在国家公园旅游发展中牧民参与自身影响因素方面，意愿最为重要，个人能力及个人意识次之，个体特征影响最小；环境因素为区位因素＞文化因素＞经济因素，三个因子层中，文化因素均值为 8.2 分，经济因素均值为 8.1 分，区位因素 12.5 分，因此专家认为在环境方面，区位条件影响最大，文化影响次之，经济影响最小。国家公园因素发展政策＞管理制度。两个因子层中，发展政策均值为 9.1 分，管理制度均值为 8.9 分，因此专家认为在国家公园方面中，旅游发展政策影响最大，管理制度影响次之。

（7）牧民和利益相关者的契合点为能力建设，不同点为政策需求。通过对上述牧民参与整体现状的总结，利益相关者态度的具体分析，专家的认知，发现其中有一项内容是政府管理机构、非营利机构、企业、生态体验者、城镇居民、专家共同提及的重点—能力建设，而这一点同样在牧民诉求中也有所体现，牧民的诉求同样集中在能力建设方面。能力建设是一个非常宏观的概念，包括方方面面，不仅需要资源的匹配，而且需要个人的积极参与，能力建设的过程也是一个缓慢积累的过程，本课题希望在机制构建中将牧民参与能力的内容纳入进去。

利益相关者、专家认为，目前最主要进行的是解决牧民如何参与和如何更好参与的政策，但是牧民更关注于一些保障性的政策。牧民同样重视下一代参与的问题，而利益相关者、专家的认知均反映了以各自角度出发所认为的当前重要的牧民参与亟待解决的问题。因此，在政策需求上，牧民与利益相关者、专家的重点各有不同。

牧民参与旅游发展方式的需求也是其参与最基础的动力之一。如果忽略牧民的需求则会导致牧民参与积极性不高，参与的态度会发生变化，因此除能力这一契合点之外，牧民对政策的需求也需要各方去关注，制定相应的策略解决。

5.5.5 非营利机构作用没有发挥

三江源国家公园中活跃的非营利机构有三江源生态保护基金会、山水自然保护中心等，非营利机构组织举办三江源生态教育活动，例如生态考察、宣传展览和讲座等，帮助公众更好地了解生态环境和生态保护的重要性；该组织会与当地社区合作开展项目，进行牧民技能培训，例如发展具有环保意识的农业和畜牧业、开展生态旅游和培养生态向导等。

但在调研中发现，非营利组织在三江源国家公园旅游发展中，工作开展方面存在以下问题：第一，和政府之间缺乏有效的沟通。非营利机构有着自身不能取代的优势，但是在三江源国家公园旅游发展中，非营利机构和政府之间缺乏有效的沟通机制，由于政府管理机构的需要全面协调各种工作的进行，但非营利机构更加强调某一项事宜的重要性；在这种情况下非营利机构的作用没有很好地发挥出来，非营利机构在进行参与时渠道不畅，在牧民参与方面作用也是非常有限；第二，和牧民缺乏沟通。在调研中发现，自发参与公益事业的藏族本地人非常常见，但是缺乏专业人才的加入，使得本土化非营利机构管理混乱，甚至没有管理的部门，甚至没有管理的组织，导致本土化非营利机构中缺乏专业人才，很难被主流社会所接受；在调研中还发现，即便是对物质需求相对较低的僧人，去参与一些公益活动也缺乏组织。上述两种情况就导致本土化的非营利机构筹集资金，难度非常的大，目前国内一些环保基金会或者线上众筹的方式，成为很多本土化非营利机构经费的来源，三江源国家公园面积大生态环境脆弱，筹集的基金用处有限，再加上多数本土非营利机构的成员汉语能力较弱，因此在申请资金方面有很大的困难；在三江源国家公园内正式登记注册的本土环保组织有 25 家，但是除这些之外，在三江源国家公园内还有众多没有注册的由牧民自发组织的环保或救治组织，大多数依托于村集体去开展一些很简单的参与活动，因此综合分析发现，三江源国家公园旅游发展中，非营利机构的作用没有很好地发挥。

第三，牧民对非营利机构的感知相比政府、特许经营企业不是很高，路径系数在 0.6 左右，非营利机构在牧民参与旅游发展中的作用没有被牧民知晓，因此作用也没有很好地发挥出来；通过分析，牧民认为非营利机构应该加强宣传，加强互相间的认知。

5.5.6 生态旅游者影响牧民参与态度需进行协调管理

生态旅游者的影响反映为两极分化的结果，一方面，生态旅游者的环保行为直接影响到牧民参与旅游发展的态度，如果旅游者不尊重当地环境和文化，如乱扔垃圾、破坏植被和野生动物，会直接影响到当地生态环境和生态系统的平衡，给牧民的生计和文化带来威胁。如果这些问题不能得到妥善解决，牧民可能会对旅游发展失去信心，甚至反对旅游发展。另一方面，与生态旅游者的信息交流又是牧民非常需要的，生态旅游者带来的信息交流对牧民来说非常重要。旅游者的到来可以让牧民了解不同地区的文化、传统和习俗，这些交流可以帮助牧民更好地理解和保护自己的生态环境，并从中获得经济收益；此外，生态旅游者还可以提供市场和销售机会，帮助牧民增加收入和改善生活质量。因此，生态旅游者的到来可以促进信息交流和经济发展，对牧民和当地社区具有积极的影响。

因此生态旅游者是一个非常特殊的影响因素，生态旅游者应该尊重当地环境和文化，采取环保措施，以确保旅游业对当地社区和环境的影响是可持续的，这将有助于维护牧民和旅游发展之间的良好关系，促进旅游业的可持续发展；此外，三江源国家公园管理机构应该对生态旅游者的行为进行约束和管理，保护国家公园的自然环境和野生动植物是国家公园管理机构的首要任务之一，生态旅游者的行为对于实现这一目标至关重要；三江源国家公园管理机构应该制定相关规定和指南，向游客宣传环保和可持续旅游的理念，提供必要的培训和指导，强化对生态旅游者的管理和监督；

同时，三江源国家公园管理机构还应该加强与当地牧民和旅游企业之间的沟通和协调，共同寻求可持续的生态旅游发展模式，实现经济、社会和环境的和谐发展。

6　三江源国家公园旅游进一步发展思路及定位

6.1 思　　路

如何发展旅游是三江源国家公园进一步发展面临的主要挑战之一，2017 年至 2020 年陆续出台了关于三江源国家公园发展游憩功能的文件。《建立国家公园体制总体方案》①（2017）中提到三江源国家公园要"以加强自然生态系统原真性、完整性保护为基础，以实现国家所有、全民共享、世代传承为目标""为公众提供亲近自然、体验自然、了解自然以及作为国民福利的游憩机会"；《三江源国家公园总体规划（2023—2030）②》（下文简称为《规划》）中规定：严禁在流转草原上建设或变相建设旅游度假村，传统利用区依托社区、居民点和监测设施等提供必要的服务，严格限制商业经营性旅游活动，允许以特许经营方式适度开办牧家乐及文化和餐饮娱乐服务，严格控制访客流量；《规划》③ 还提出智慧建园，即运用先进技术和设施，充分利用有关公共基础设施和既有资源，引用社会力量，集约建设"智慧国家公园"，将国家公园打造成为具有国际水平的科技、生态监测和自然教育示范基地。政府的宏观战略是三江源国家公园内部探索可持续发展模式的动因，从最初景区不符合环保审核而被关停，到特许经营的提出

---

① 中国人民共和国生态环境部.《建立国家公园体制总体方案》[EB/OL].(2017-09-27)[2019-09-10].https://www.mee.gov.cn/zcwj/zyygwj/201709/t20170927_422371.shtml.

② 青海省人民政府.《三江源国家公园总体规划 (2023-2030 年)》[EB/OL].(2023-08-24)[2024-02-02].http://wap.qinghai.gov.cn/jdhy/zjjd/202308/t20230824_193294.html

③ 青海省人民政府.《三江源国家公园总体规划 (2023-2030 年)》[EB/OL].(2023-08-24)[2024-02-02].http://wap.qinghai.gov.cn/jdhy/zjjd/202308/t20230824_193294.html

及试运行，再到特许经营范围的拓展，反映着三江源国家公园旅游的发展方向为更加专业的可持续发展的生态旅游。

结合三江源国家公园的生态特点及民生水平、三江源国家公园发展理念及旅游资源的总体特征，三江源国家公园生态旅游发展，要实现以下目标：保护园区珍稀濒危物种和生态系统，保持地区原生态的完整性和多样性，以及保护和传承园区的历史和文化遗产，提高公众的文化认同感和自豪感；发展文化、休闲、健康等多种旅游形态，提供高端旅游服务和专业生态旅游产品，实现生态旅游业持续健康发展；创造更多的就业机会和经济收益，激发当地居民的创业意识和创新精神，促进当地牧民的脱贫致富，提高生活质量，推动当地经济的多元化发展，最终有效平衡保护和利用自然和文化遗产资源之间的关系，实现公园可持续发展的目标。

因此，在国家公园发展生态旅游的思路及原则上，三江源国家公园旅游进一步发展思路为：致力于可持续发展的专业化生态旅游。要坚持生态优先，增强生态系统弹性，加强环境监测与预警，加强各类资源保护和管理等措施；坚持专业化，提高生态旅游从业者专业度、旅游产品质量，以及游客的环保意识。逐步实现绿色发展、创新驱动、文化自信，进而实现经济、社会和环境的协调发展。

6.2 功能定位

三江源国家公园生态旅游的功能定位为生态保护及社区发展为主。三江源国家公园和生态旅游在发展目标上有一致性，生态旅游作为一种可持续发展的旅游方式，如图 6-1 所示，其功能就是要促进当地社区和经济的发展，同时保护和维护当地的生态环境的功能进行更好地发挥。

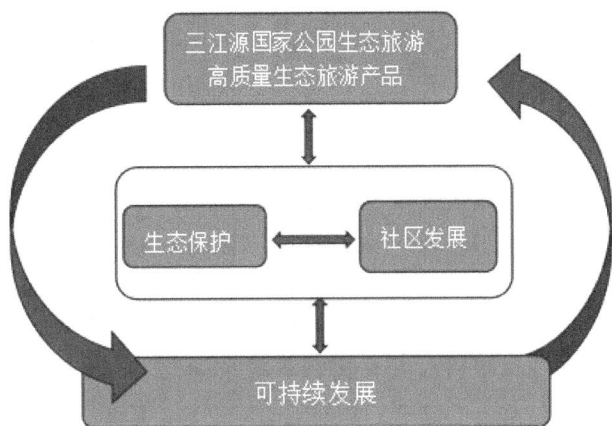

图 6-1　三江源国家公园生态旅游功能定位

在三江源国家公园，通过生态旅游的方式，可以让更多的人了解三江源国家公园的自然环境和文化遗产，增强公众的环保意识和生态保护意识。同时，生态旅游还可以促进当地社区和经济的发展，为当地居民提供就业机会和增加收入的途径。三江源国家公园管理机构应该加强生态旅游的规划和管理，制定相关的规定和指南，强化对旅游者的监督和管理，确保生态旅游的可持续发展。

社区发展不仅是实施国家公园适应性管理策略的需要，也是国家公园管理方式变革与创新的驱动力，因此，三江源国家公园发展生态旅游，要实现社区的发展，就要引导当地居民参与国家公园生态保护、自然教育、科学研究等各领域，鼓励当地居民或其举办的企业参与国家公园内特许经营项目，鼓励设立生态管护公益岗位，吸收当地居民参与国家公园保护管理和自然环境教育，扶持和规范原住居民从事环境友好型经营活动，践行公民生态环境行为规范，支持和传承传统文化及人地和谐的生态产业模式。三江源国家公园对牧民参与进行了详细的规划，其中包括游憩功能相关的牧民参与规划，通过梳理相关规划，在三江源国家公园生态旅游发展中，牧民可以为生态保护修复工程、保护设施、科研监测设施及生态体验和环境教育设施等的建设和运行提供服务，直接参与建设；可以通过生态管护岗位，以及志愿服务等形式，参与国家公园的生态环境保护工作；可以在生态旅游相关工程建设、科研监测等过程中，提供必要的服务支撑；在生态体验和环境教育过程中，为生态旅游者提供必要的餐饮和住宿服务；有条件的牧民还可以通过特许经营的方式参与生态体验和环境教育的服务和管理；可以发挥主人翁精神，主动参与到国家公园旅游发展的日常管理中，对访客的管理也可进行参与；要在旅游发展的过程中，积极将上述规划进行实际操作。①

　　三江源国家公园设立的目的是以保护为主，因此园区生态旅游的发展也要以环保为主，这也是生态旅游在三江源国家公园最需要发挥的作用。要实现此项作用，就要在旅游规划、旅游基础设施建设及运营方面，满足低碳、环保和低干扰的要求，对游客行为进行严格管理。在制定规划时要将环境因素全面、系统地纳入产品的设计、开发、运营的全过程，严格控制开发范围和规模；三江源国家公园生态旅游活动所需的必要交通设施、通信设施、餐饮住宿等设施在绿色发展理念上进行建设，各类设施所提供的服务遵守与自然环境协调、可持续发展等法则，以保障基本需求为目的，不以满足游客消费为主要目的；同时访客行为也要生态化，在三江源国家公园里进行生态旅游时，要对访客进行生态保护知识普及、体能测试和综合培训，进行访客行为监测，引导访客与脆弱景观保持适当距离，智能识别损害环境的不文明行为，制定严格奖惩规则；同时对访客量要进行严格控制，通过实行限额、限时、预约、摇号进入机制，动态调整访客规模；这样才能实现经济与环境兼容、人与自然和谐共处的可持续发展目标。②

---

① 根据《三江源国家公园生态体验和环境教育专项规划》资料整理。
② 根据《三江源国家公园条例（试行）》《三江源国家公园访客管理办法（试行）》资料整理。

6.3 要素空间定位

三江源国家公园生态旅游支撑要素有自身特色,如图6-2所示,在生态旅游支撑要素组成方面,具体有旅游吸引物集聚区、交通廊道、生态旅游设施、生态旅游服务四部分构成[1]。旅游吸引物集聚区是旅游吸引物所在地,交通廊道主要由各旅游吸引物集聚区内交通、旅游吸引物集聚区外交通组成,联结起不同的旅游吸引物集聚区、旅游吸引物集聚区与生态旅游设施、服务设施。其中,三江源国家公园生态旅游设施及服务设施建设,不同于传统旅游,在建造时应遵循生态原则,避免过度建设,在保护自然环境的同时提供旅游体验。三江源国家公园的生态旅游设施及服务设施应包括旅游吸引物观赏设施、环境教育类设施、管理类设施、服务类设施、环卫类设施,在建设时尽量依托现有设施,提升原有设施的品质和功能,在无可依托设施的情况下考虑重建[2]。

三江源国家公园生态旅游支撑要素的空间分布有一定的要求:只能在生态保育修复区和传统利用区进行生态旅游的适度开发,在传统利用区按照绿色、循环、低碳的理念,严格限制商业经营性旅游活动,依托社区、居民点建设必要的生态体验和环境教育接待服务基地,以特许经营方式提供牧家乐(住宿)、餐饮等服务,通过开展生态体验项目、环境教育项目的方式适度发展生态旅游,并配套访客管理的行动计划[3]。

生态保育修复区的承载力较强的资源点才可开展小规模、低密度的专业生态旅游活动。吸引物集聚区在环保的前提下,也要进行分区,分外围、中间、核心地带,相应设施及服务集中在外围地带,生态旅游活动集中在

---

① 向宝惠,曾瑜皙.三江源国家公园体制试点区生态旅游系统构建与运行机制探讨[J].资源科学,2017,39(01):50-60.

② 根据《三江源国家公园总体规划(2023-2030年)》《三江源国家公园社区发展和基础设施建设专项规划》《三江源国家公园生态体验和环境教育专项规划》资料整理。

③ 根据《三江源国家公园总体规划(2023-2030年)》《三江源国家公园生态体验和环境教育专项规划》《三江源国家公园访客管理办法(试行)》资料整理。

中间地带。

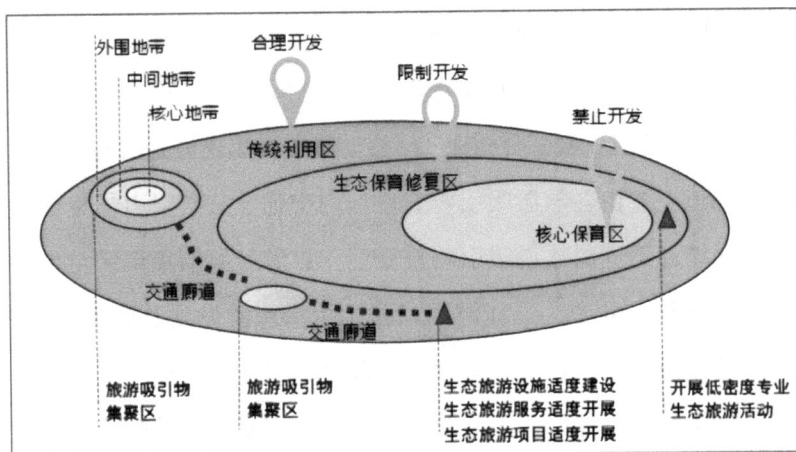

图 6-2   三江源国家公园生态旅游发展支撑要素及其空间布局

6.4 旅游产品定位

6.4.1 支撑产品

（1）生态体验

生态体验其实是一种新型教育新理念，突出魅力教育，强调震撼心灵、感动生命的过程[①]。在旅游实践方面，学者也在积极探寻利用生态体验模式开展生态体验景区建设、生态体验个性化产品方面的研究。三江源国家公园的生态体验强调的是一种过程和境界，即将生态体验者置身于国家公园生态关系及生态情境之中，全息感受、理解和领悟人类与自然界、人类与文化精神生态关系及其结构与功能，经历内心感动，从而诱发生态体验者的生态意识、智慧、能力[②]。

---

① 根据《三江源国家公园生态体验和环境教育专项规划》资料整理。
② 根据《三江源国家公园生态体验和环境教育专项规划》资料整理。

　　三江源国家公园生态旅游资源类型丰富且具有原生态性，在国内外都具典型性，各园区特色旅游资源空间分布集中且连续，适合进行大尺度生态景观观赏活动。园区目前规划有三条生态体验线路及4项生态体验项目①，其中一类体验线路主题为遇见，二类体验线路主题为感悟，三类体验线路主题为探秘。一类体验线路共有六条，分别为"西宁—玛多—双湖"线、"玛多—玉树"线、"玉树—杂多—治多"线、"玉树—曲麻莱"线、"曲麻莱—可可西里"线，通过乘坐交通工具，让访客更为全面、完整地体验三江源国家公园；二类体验线路视访客体力而进行，多为短途徒步和文化体验，包括堤闻啼鸟、藏地史诗、高原圣行、流云垂野、我在三江源、昂赛之径、奇花寻踪、纯牧探略、昂赛掠影、年都夜暖等项目；三类体验线路多为专项线路，多不能依靠机动交通工具，访客花费时间长体力耗费较大，体验项目有藏地史诗线、高原圣行线、我在三江源线、野境追踪线、荒野侦探线、荒野之息线、奇花寻踪线、勇攀高峰线、牧民科学家线、徒步圣境线、知游江河线、溯源河巅线、守望江源线。

　　上述三江源国家公园生态体验活动以沉浸性、交互性的自然教育手段进行。访客通过三江源所提供的各种生态体验活动，能够近距离接触自然，了解自然生态系统的运作规律；同时，访客还可以通过生态导游的讲解，了解到不同生物之间的相互作用关系，以及人类对自然环境的影响和如何保护的方法，从而更加珍惜自然，更加尊重自然；生态体验活动不仅能够保护自然环境，还能促进当地经济的发展，牧民可以通过提供导游、住宿、餐饮等服务来获得收入，同时生态体验还能够激发牧民的自豪感，促进当地文化的传承和发展。

（2）环境教育

　　三江源国家公园拥有独特的自然景观与生物资源，在区域生态上具有

---

　　① 根据《三江源国家公园生态体验和环境教育专项规划》资料整理。

重要的意义，是全国与世界民众深入了解、感知、体悟大自然的平台，因此环境教育不仅是三江源国家公园生态旅游发展的方式，更是提高公众对生态环境的认识和保护意识，促进公众参与生态保护的途径。环境教育向游客普及生态环境保护知识，让公众了解自然环境的脆弱性及其防护工作的重要性，增强公众的环保意识，向游客普及国家公园内文化遗产知识及其历史背景，让公众了解文化遗产的重要性和珍贵性，提高文化遗产保护的自觉性和责任感，从而促进可持续发展的内在积极性，形成良好的生态环境和发展环境，更好地实现"人与自然和谐共生"发展目标[①]。

国家公园环境教育与传统旅游相比特色明显，三江源国家公园环境教育对象不仅面对访客，还面对园区内外不同类型的受众，因此三江源国家公园环境教育对象在类别上包括社会公众、园区访客、当地牧民、学龄前儿童与中小学生，以及管理人员[②]；相应环境教育活动的开展，首先要为不同年龄、来自不同地区的访客编写不同的环境教育材料，针对儿童、中小学生编写不同版本的环境教育材料，面向国内外不同受众的宣传材料也进行区分编写；其次通过组织各种形式的环境教育活动，如生态讲座、实地考察、科普展览、电影纪录片拍摄等，向公众传递生态知识和保护技能；通过环境教育材料的宣传和环境教育活动的实践，可以引导公众形成正确的生态观念，遵守国家公园政策与法规、游览安全教育，增强公众对生态保护的责任感[③]；园区内牧民是国家公园生态保护、生态体验服务等工作开展的主体，也是受益的主体，通过中小学课程教育、社区能力建设、牧民技能培训等机会，可以发挥本地牧民与公益组织作用；以社区为单位进行渗透式教育，可以传承优秀的生态环保观念，强化社区的环境保护意识，

---

① 根据《三江源国家公园生态体验和环境教育专项规划》资料整理。
② 根据《三江源国家公园总体规划 (2023-2030 年)》《三江源国家公园社区发展和基础设施建设专项规划》《三江源国家公园生态体验和环境教育专项规划》资料整理。
③ 根据《三江源国家公园总体规划 (2023-2030 年)》《三江源国家公园社区发展和基础设施建设专项规划》《三江源国家公园生态体验和环境教育专项规划》资料整理。

形成各个社区的生态环境保护规定，更好地提升牧民对国家公园的理解与认同，激发自豪感。

生态体验活动每一项生态体验活动都承载着环境教育功能，每一项环境教育内容都围绕生态体验活动展开，促进二者高度融合，可以实现寓教于游，将国家公园的价值和生态保护理念有效传达给每一位访客。

（3）文化体验旅游

三江源国家公园是一个自然保护区，其规划和管理是为了保护和维护自然环境和生态系统，但同时三江源国家公园也可以成为一个文化旅游的目的地，通过文化旅游的形式，三江源国家公园可以保护和展示其拥有的自然资源和文化遗产，吸引更多的游客并促进当地经济的发展；同时文化旅游也可以帮助更多的访客了解国家公园的历史和文化价值，从而增强公众对自然环境和生态系统的保护意识。文化旅游可以用以下几种形式进行：

民俗文化体验：结合三江源国家公园人文旅游资源的特色，可以适度开发"藏家乐""牧家乐""民宿体验居"等旅游实体，组织访客与牧民同吃、同住、同牧、同娱乐，提升民俗体验的参与性、互动性和体验性，为访客提供最原始、纯正的民俗接待，增加当地牧民收入，减少对当地原始生态系统和自然资源的影响，实现保护和保护下的合理利用。

民族节庆、歌舞、技艺体验—可以依托三江源国家公园赛马节、堆绣、黑陶烧制技艺、藏刀锻造技艺、藏蒙医药、《格萨尔王传》弹唱、民间歌舞表演等人文活动旅游资源，以及非物质文化遗产，开展以文化为主题的节庆旅游、民族歌舞演艺活动，开展非物质文化遗产传承培训；建立嘛尼石刻、特色雕刻加工、艺术藏毯加工、民族服饰制作产业、藏式家具制作、制革、宗教用品、藏香加工、旅游产品开发等民族手工业体验基地。

宗教文化体验：三江源国家公园各种民间节庆和法会期间，信教群众和僧侣们从四面八方会聚在特定场所和寺庙，参与和观看各种活动、法舞、藏戏等，本身就构成了独特的风景，这是吸引境内外游客的重要的人文旅游资源。在不影响正常宗教活动秩序的前提下，扩大寺庙宗教冬季佛事活动的宣传力度，将是三江源地区文化体验旅游的一大特色。

6.4.2 辅助产品

（1）中药旅游及牧业旅游

三江源国家公园有冬虫夏草、大黄、贝母、藏茵陈等特色优势中药材资源，可以在长江源区、黄河源园区和澜沧江源园区的传统利用区建立藏药材种植基地，面向市场形成特色高原药材产业；在此基础上与生态体验、文化体验等产业深度融合，同现代康体休闲活动结合在一起，开展藏医（僧医）等重要医疗旅游服务项目。

此外，还可以以现有有机牧场、养殖基地为平台，进行生态畜牧业与畜产品加工，围绕生态绿色理念，进行高品质特色畜产品初加工，进行产品的绿色认证，申请生态原产地保护产品，提高产品附加值，进一步促进牧民增收；鼓励支持农牧民群众以投资入股、合作、劳务等多种形式开展生态牧业特许经营项目，借助餐饮服务、牧家乐等渠道，拓展畜牧业发展空间，带动牧民就业，促进当地第三产业发展。

（2）体育旅游及低空旅游

三江源国家公园园区内及周边分布有格拉丹东雪山、阿尼玛卿雪山、昆仑玉珠峰，各自特征不同，对户外运动爱好者而言是进行探险及体育旅游的理想之地。其中玉珠峰长年冰雪覆盖、无岩石表露、冰雪坡平缓等攀登优势，已成为高原地区一流的国家登山训练基地，且玉珠峰周边交通便利，依托格尔木市所提供的旅游服务设施，是登山初学者最理想的训练山峰[①]，体育旅游发展有一定基础，三江源国家公园要正确处理好生态保护和旅游资源开发的关系，可将上述生态优势转化为产业优势，推动发展山地户外体育、冰雪运动产业的发展，也可为当地牧民提供后勤保障、环境保护、高山向导等工作岗位。

低空旅游是一种新型旅游方式，是指乘坐直升机、热气球等交通工具，在低空飞行，欣赏地面的美景[②]。相比上述几类旅游方式，首先低空旅游对环境影响小，不需要修建大量的道路、桥梁、停车场等基础设施，只需要在适当的地方起降即可；其次低空旅游可以欣赏到传统旅游方式无法观赏到的景色，三江源国家公园地域辽阔，景观独特，地面传统旅游方式难以尽览，选择低空旅游的方式可以让游客俯瞰整个园区或飞越山脉，无论是高原草甸、湖泊还是雪山冰川等更加壮观的景色，都能够在空中一览无余；最后低空旅游可以提供更加舒适的旅游体验，三江源国家公园气候条件特殊，游客步行或乘坐公共交通工具时，旅途中往往会有不适，而低空旅游可以让游客在舒适的环境中欣赏景色，为访客的生态体验活动提供更加舒适的体验，因此低空旅游更能够满足三江源国家公园生态保护、游憩功能开发共同进行的需要。

三江源国家公园可以利用玉树巴塘机场，联合西宁平安机场、格尔木机场、四川九寨沟黄龙机场、甘肃省甘南藏族自治州夏河机场和果洛玛沁机场等，设计空中游览项目。

6.5　参与主体定位

我国自然保护区在其生态旅游开发中，所涉及的利益群体有如下几类：

---

① 张子涵.玉树曲麻莱：生态体验激活"神秘"玉珠峰[N/OL].青海日报,2023-03-23[2023-11-06]. https://baijiahao.baidu.com/s?id=1646180535107449186&wfr=spider&for=pc.

② 徐婧."旅游+"时代 低空旅游如何飞出一片天[EB/OL].凤凰旅游,（2017-10-02）[2023-10-06]. https://travel.ifeng.com/a/20171012/44712370_0.shtml.

一类是自然保护区管理部门，包括当地社区、当地政府机构如旅游管理局、交通管理部门、环保管理部门等；一类是旅游相关企业如旅游景区、旅行社、旅游住宿及餐饮企业；第三类是旅游者、非营利机构、学术专家、生态旅游相关设施建设企业等[①]。

三江源国家公园生态旅游的开发有着明显的政策管理约束，功能定位以环境保护为主导，对生态旅游开发不以商业性经营为主，生态旅游项目开发类型专业性要求高，因此，上述相关主体很多没有参与到三江源国家公园生态旅游的开发中。目前三江源国家公园生态旅游发展主要有以下几类的参与者：一为政府管理机构，包括三江源国家公园管理局、各园区管理委员会、园区所在地政府；二为社区居民，三江源国家公园生态旅游发展中社区以牧民为主，牧民不仅包括原本居住在三江源国家公园核心区内，后被转移安置的居民，还包括三江源国家公园缓冲区内的从事牧业及其他行业的牧民；三为特许经营企业，包括与三江源国家公园生态旅游发展相关生态体验和环境教育服务、有机畜产品加工、民族服装加工出售、餐饮住宿接待、旅游商品加工出售等经营范围的特许经营企业；四为生态体验者，对比其他生态旅游地，三江源国家公园气候及地理位置特殊，对旅游者的自身素质要求高，因此生态体验者的类型包括：自然及文化旅游爱好者、户外探险爱好者、科考探索者、生态志愿者。

除上述主要参与主体外，还包括：非营利机构，即活跃在三江源国家公园的境外及国内社会团体、民办非企业单位、基金会三大类；NGO 和民间人士，他们开始融入三江源国家公园生态旅游发展，所发挥的作用日益显现；专家学者及科研机构，三江源国家公园地处青藏高原核心区，在公园生态旅游发展中，专家学者及科研机构不仅包括以各级研究所为代表的科研团体，还有以各类院校为主的专家群体。

---

① 侯国林.基于社区参与的湿地生态旅游可持续开发模式研究 [D].南京：南京师范大学,2006.

以上是按照三江源国家公园生态旅游发展所划分的关键参与主体，随着三江源国家公园生态环境保护、生态旅游产业的不断发展，其参与主体的类型会愈加多样，如新闻媒体、专业生态旅游规划公司、专业生态旅游设施建设公司，具体如图 6-3 所示：

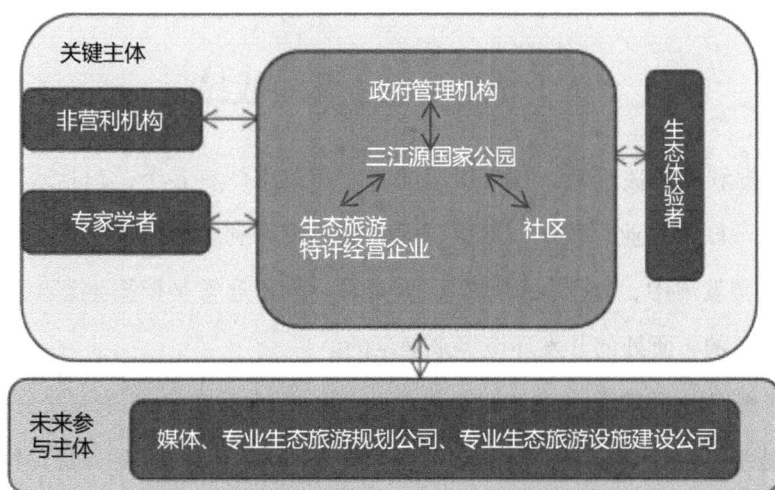

图 6-3　三江源国家公园生态旅游参与主体

7 三江源国家公园旅游发展下牧民参与共建机制主体构成及互动关系

7.1 参与核心主体—牧民

依据利益相关理论，参与旅游的利益相关主体有多个，包括政府、公共组织、旅游企业、牧民、旅游行业协会、特殊利益群体等；这些主体在生态旅游发展中，处于何种地位、有何种诉求，通常是依据生态旅游发展阶段、目的、所处的开发环境等来确定的。

居民是社区的最大主体也是社区发展的根本，在三江源国家公园中，牧民是维系三江源国家公园生态环境和生态旅游发展的重要力量。牧民以畜牧业为主要生计，因此是三江源国家公园游牧文化的组成部分；随着公园生态旅游的发展，牧民可以从事住宿、餐饮服务、向导、民俗展示等生态旅游相关行业，牧民行为会直接影响三江源国家公园的生态环境，以及生态旅游业的发展。

牧民为核心主体参与生态旅游活动，可以实现就业机会和经济收入，促进区域公共财政收入的增加；可以提高社区文化认同感、文化自信心、社区凝聚力等，促进社会发展和文化发展；有助于促进自然和文化遗产的保护和传承，最终实现生态环境的改善；牧民在参与国家公园生态旅游的过程中，通过提升自身的知识和技能，将进一步提高生态旅游的品质和可持续性。综上所述，将牧民作为国家公园生态旅游参与的核心，可以最终实现社区发展及园区的发展。

牧民参与方法研究的关注点是当地牧民的利益，三江源国家公园牧民参与中，在协调各利益相关主体时，应把牧民放在核心的位置。为实现这项目标，牧民需要积极参与三江源国家公园生态旅游发展，使自身受益最大化；同时这个过程需要利益相关主体的指导及辅助，实现社区和公园之间的互动和共赢，实现生态旅游、经济与社区发展互为促进的可持续发展。

7.2 牧民参与内容

国家公园社区参与的方式一直是我国国家公园体制建设的重点，也在不断地依据各个国家的国家公园的特殊情况进行探索，学者在自然保护地研究中就社区参与的方式做出了探讨，倾向于按传统社区参与渠道划分，分为组织参与和非组织参与，因国家公园旅游发展不同于传统旅游，社区参与传统旅游的方式，难以体现国家公园旅游的公益性及国家公园特有的生态旅游方式，在本课题研究中，结合选题背景，国家公园中明确的旅游方式—生态体验、环境教育、旅游特许经营的内容，将三江源国家公园生态旅游发展中牧民参与内容划分为：生态保护，即以传统居民的形式参与国家公园旅游发展有关的自然保护及文化传承活动；旅游企业经营，即以投资者和经营者的角色，参与国家公园生态旅游相关各类企业；生态旅游服务，即以工作人员的身份参与国家公园生态旅游中，提供生态旅游所需各项服务；旅游规划及管理，即牧民对于国家公园生态旅游建设、规划等决策的参与，可以以反馈意见、监督的形式进行，具体参与内容阐述如下：

生态保护，以传统居民的形式，参与生态补偿、文化传承、生态管护、动物救助、生态监测、生态保护知识推广、游客行为纠正等活动。

旅游经营，以投资者和经营者的角色，入股生态畜牧合作社或生态体验合作社，经营三江源国家公园生态旅游相关的各类合作社、特许经营企业，如牧家乐、餐饮等，经营园区旅游纪念品商店、经营和文化旅游相关旅游项目。

旅游服务，是牧民参与方式里内容涵盖最多的一项，包括参与和生态保护相关的劳务工作，即以工作人员的身份参与三江源国家公园生态旅游相关工程项目建设；参与生态旅游相关的服务工作，如生态体验、环境教育服务工作人员，成为特许经营企业的员工。

旅游培训，现阶段牧民参与旅游发展，除上述方式之外，还应进行自身素养的提升，因此要将参与旅游培训作为牧民主动参与的方式进行明确。牧民可以主动去进行自身文化素质的提升，如提高学历、学习旅游技能、学习旅游管理经验。当然，牧民还要积极参加园区组织的各类技能及知识培训。

旅游规划及管理，即牧民对于三江源国家公园生态旅游开发建设、规划、保护等决策的参与，以及对生态旅游的管理、监督。在三江源国家公园生态旅游发展中，参与生态保护、特许经营都是不断探索出的牧民可参与的方式，课题也尝试从主动参与和被动参与两方面去进行探讨，具体参与内容可总结为下表 7-1。

表 7-1   三江源国家公园生态旅游发展下牧民参与内容

参与方式		具体方式内容
生态保护	生态补偿参与	草原补偿、湿地林地补偿、野生动物争食补偿
	文化传承参与	民族风俗习惯的保护、延续
	生态环境保护	生态管护、动物救助、生态监测、生态保护知识推广、游客行为纠正
旅游经营	入股合作社	生态畜牧业合作社、生态体验合作社
	经营特许经营项目	经营畜牧产品加工业 经营餐饮、住宿、牧家乐 经营生态体验商品（纪念品） 经营文化产业（文化传承相关展示、宣传工作）

续表

旅游服务	特许经营项目工作人员	畜产品、手工艺品加工业工作人员
		餐饮、住宿工作人员
		生态体验商品制作工作人员
		文化产业工作人员
		民族文化演艺
		其他技能相关工作
	生态体验项目服务工作人员	生态体验项目运行服务（向导、接待、交通运营）
		访客管理（园区工作人员）
	环境教育服务业工作人员	环境教育运行服务
	生态保护生态旅游设施建设劳务	科研监测国家公园建设工程劳务
		生态保护修复工程建设劳务
		保护、科研监测设施建设劳务
		生态体验和环境教育设施建设劳务
旅游规划、管理、监督	决策	建设决策、规划决策、保护决策
	管理	生态旅游运行管理
	监督	生态旅游实施保护监督
旅游培训	自发提升素质	学历提升
		外出参观考察
	参加培训	环保技能培训
		旅游技能培训

7.3 利益相关主体角色及作用

7.3.1 政府管理机构——调控者

政府管理机构的主要作用是制定三江源国家公园生态旅游开发规划管理政策，主导实施园区生态旅游规划项目，协调各生态旅游参与主体，部门之间关系，为参与主体提供技术援助和经济支持，对生态旅游者、生态旅游企业和牧民进行管理。因此政府管理机构要进行的工作内容多重而复杂，既要进行三江源国家公园生态旅游的规划与开发、管理及监督，还要进行牧民参与旅游发展的宣传、组织、管理，协调解决牧民参与中遇到的问题，其角色可以定义为调控者。

7.3.2 生态体验者——促进者

国家公园的生态体验者是指在国家公园内进行各种生态旅游和生态教育活动的人群。生态体验者通过参与生态体验活动，亲身感受和探索自然环境与生物多样性，进一步提高对环境和生态保护的认识和理解，从而增强自身环保意识和素质；生态体验者通过体验自然风光景观，以及学习环保知识，传播生态保护的理念；生态体验者进行信息交流及文化的交流，对当地社会经济的发展产生促进作用，还通过参与各种生态保护活动，落实公众保护生态的责任和义务。国家公园的生态体验者在规范其行为的前提下，对于国家公园的建设和管理有着重要的意义，其角色可以定义为促进者。

7.3.3 非营利机构、专家学者——辅助者

三江源国家公园中的非营利机构通常被称为公益机构，其主要工作是辅助提升国家公园的环境保护和可持续管理水平，同时也为公众提供更加丰富的生态旅游和生态教育资源。非营利机构主要的工作内容为：进行生态保护，实施相关的生态修复和保护行动；进行生态教育，提高牧民环保技能，同时提高公众对于园区自然保护的意识；进行资金筹募，开展各种筹款活动，用于支持三江源国家公园生态保护和生态旅游开发工作。除此之外，非营利机构还可以与其他组织、企业和政府部门进行合作，共同推动三江源国家公园实现生态旅游可持续发展的目标。

非营利机构在三江源国家公园生态旅游发展中发挥着重要的作用，其

工作不仅可以保护三江源地区的生态环境，帮助公众增强环保意识和责任感，更重要的是可以通过实施相关项目，提升牧民参与旅游发展的能力。专家学者是指具有相关学科或领域知识、技能和经验，为牧民参与三江源国家公园生态旅游发展提供专业指导、技术支持、咨询服务等方面的人员，这两者的角色可以定义为辅助者。

7.3.4 生态旅游特许经营企业——组织者

三江源国家公园生态旅游的发展有特许经营制度的约束，与旅游相关的特许经营企业在国家公园开展经营活动，可以为三江源国家公园牧民提供经济上的支持以及就业机会。三江源国家公园中旅游相关特许经营企业有云上玛多、生态畜牧合作社等，特许经营企业负责开发住宿设施如牧家乐，同时参与设计各类各种生态体验观光路线，组织各类环境教育活动，组织牧民提供生态体验向导服务和住宿服务，协调牧民利益分配；生态畜牧合作社致力于推行可持续牧业发展，以减少对生态环境的影响，主要组织牧民生产和推广高原特产作物，并参与牧民利益分配。特许经营与企业遵循保护第一、合理开发、永续利用的原则，探索建立"政府主导、管经分离、多方参与"的经营机制，调动三江源国家公园牧民参与生态旅游发展的积极性，帮助提升牧民存在感、获得感，全面共享三江源国家公园发展红利。

总之，三江源国家公园中旅游特许经营企业为三江源国家公园牧民提供了经济支持和就业机会，其角色可以定义为组织者。

7.4 各主体之间的互动关系

（1）牧民与政府管理机构

三江源国家公园生态旅游发展中，政府作为建设的调控者，负责规划、组织和协调生态建设和发展过程中的各项工作，通过制定政策和法规，明确牧民参与权利和义务，并为牧民提供必要的资源和支持；牧民为政府工作提供人力支持，政府与牧民之间形成互动和合作的关系，共同进行生态旅游的发展与管理。

调研结果反映出牧民和政府管理机构之间可能存在一些利益冲突点，主要包括以下几个方面：生态旅游政策、措施制定时，牧民可能会关注生态旅游发展中的某一个问题，而政府管理机构则需要平衡环保、经济、旅游发展等多方利益，采取"自上而下"的方式进行政策制定，会存在生态旅游政策措施居民意见理解不到位的情况；在进行生态旅游设施建设时，政府管理机构通常主导相关设施的建设，但牧民可能会对生态旅游设施建设的类型、位置、质量等方面提出不同的要求；在参与生态旅游公共服务方面，牧民需要政府管理机构提供完整的公共服务，但政府管理机构有限的资源往往难以满足牧民多元化的需要。

上述利益冲突点在牧民实际参与中会经常性存在。为避免冲突，首先，政府管理机构应该尊重和倾听牧民的关于生态旅游发展的声音和建议，了解其参与的需求和诉求，与牧民进行持续的对话和沟通，依据牧民参与生态旅游方面的需求，提供所需要的服务和支持；其次建立良好的宣传渠道，让牧民积极参与园区生态旅游管理，了解生态旅游的政策和规定，自觉遵守生态旅游发展规范，发扬牧民与园区生态旅游共建共荣的精神，牧民可以自发提出建设性的建议和意见，参与园区生态旅游的管理和服务项目的实施。

因此，在牧民参与三江源国家公园生态旅游中，政府管理机构和牧民应保持沟通，建立良好的互信关系，才能形成两者间合作关系，提升三江源国家公园生态旅游发展的效果。

（2）牧民与非营利机构

三江源国家公园生态旅游发展中，牧民和非营利机构之间是相互合作的关系。牧民拥有环境保护的知识和保护经验，可以帮助非营利机构在生态旅游发展中，更好地进行环境保护，合理处理环境保护过程中遇到的问题；非营利机构拥有专业的生态旅游相关的技能和资源，可以提供支持和指导，牧民可以通过参与非营利机构的生态旅游相关项目和活动，扩展自身的生态管护技能、增强自信。

调研结果反映出牧民和非营利机构之间的利益冲突在于，牧民对非营利机构的工作内容缺乏了解，在生态旅游资源分配问题上，牧民可能会认为非营利机构占用了社区资源，如生态体验及环境教育设施、生态旅游发展项目经费，而未给予其足够的回报。上述利益冲突，可以通过加强沟通和协商来解决，牧民和非营利机构共同商讨如何平衡彼此在园区生态旅游发展中的利益和需求；非营利机构应该与牧民建立合作伙伴关系，尽可能地提供牧民参与到生态旅游发展的相关项目，以确保牧民的需求得到充分考虑。

（3）牧民与特许经营企业

在三江源国家公园生态旅游发展中，牧民和生态旅游特许经营企业之间的关系是相互合作的关系。生态旅游特许经营企业需要牧民提供劳动力、资源、智力等支持，而牧民则需要生态特许经营企业提供就业机会、经济收益、社会福利、相关技能培训等。调研结果中发现，三江源国家公园生态旅游特许经营企业在进行生态旅游项目开发和实施过程中，需要解决的最重要问题就是经济利益如何分配，也因此也实施了多种分配方式；这也说明，牧民参与园区生态旅游发展，与生态旅游特许经营企业之间最大的冲突点反映在利益分配上，因特许经营企业的特殊性，在各园区中占比例较高，牧民在参与中会因分配不同产生意见。

因此，为了防止出现利益分配方面的冲突，旅游特许经营企业需要尊重当地牧民的意见，为牧民提供互惠互利的计划，并进行宣传促进牧民了解，建立长期稳定的合作关系，确保牧民能够在生态旅游发展中获得实质的经济利益；同时，牧民也需要在园区生态旅游业的发展中积极参与特许经营企业实施的项目，加强自我教育、提高技能和专业素质水平；双方应该坚持开放、透明、平等的合作关系，更好地平衡和协调彼此的利益分配。

（4）牧民与生态旅游者

牧民和三江源国家公园生态旅游者之间的关系应该是互相尊重、互相促进的关系。生态旅游是三江源国家公园注重自然保护和文化传承的旅游方式，牧民是生态旅游的主要服务提供者，为生态旅游者提供住宿、餐饮、向导等服务，为生态旅游者提供了便利和舒适的生态观景旅游体验，更好地了解和体验当地的文化，生态旅游者可以为牧民带来经济收益和社会效益，牧民也需要通过推广当地文化和自然旅游资源，提高自身的技能来吸引更多的生态体验者；牧民是当地自然和文化资源的守护者，而生态体验者则是自然和文化资源的欣赏者，生态体验者的行为也对社区的生态环境和文化传承产生影响。

牧民和生态旅游者之间的关系也存在一些冲突。一些生态体验者可能会对当地自然环境和文化造成破坏，给牧民带来不必要的困扰和损失；生态旅游者在游憩过程中会与牧民接触、交流，容易侵犯到牧民的生活和隐私；同时牧民和生态体验者之间可能存在文化差异和语言交流障碍，双方的需求会存在一定差异。总之，牧民和生态体验者之间的关系应该通过沟通和合作解决问题，通过相互合作，实现生态、文化、社会经济的可持续发展。

（5）牧民与专家学者

牧民和专家学者两个群体，可以共同促进三江源国家公园生态旅游的发展，解决发展中存在的问题。专家学者通常是在某一领域有专业知识和经验的人士，可以为牧民提供生态旅游方面的专业支持、技术咨询和智力帮助；牧民了解社区的实际情况和需求，可以为专家提供具体的建议和解决方案。牧民和专家学者之间的利益冲突在于，专家学者可能会因为个人或机构利益考虑而与牧民的利益产生冲突，或牧民可能会认为专家学者的意见和建议，与其实际需求不符；这种情况下，牧民需要认识到专家学者的意见和建议是有益的，需要了解专家学者背景信息和利益驱动因素，以便更好地理解专家学者的观点和建议。

为了解决利益冲突，同样需要进行有效的沟通和协商，保障沟通及协商过程公开、透明，确保专家学者和牧民的意见和建议都能得到充分地考虑和权衡，因此也需要相关法律法规和规章制度的建立和完善。

总之，在三江源国家公园生态旅游发展中，要实现以牧民为核心的参与，需要牧民、政府管理机构、非营利机构、特许经营企业、专家学者、生态旅游者各主体之间的共同努力，如图 7-1 所示。

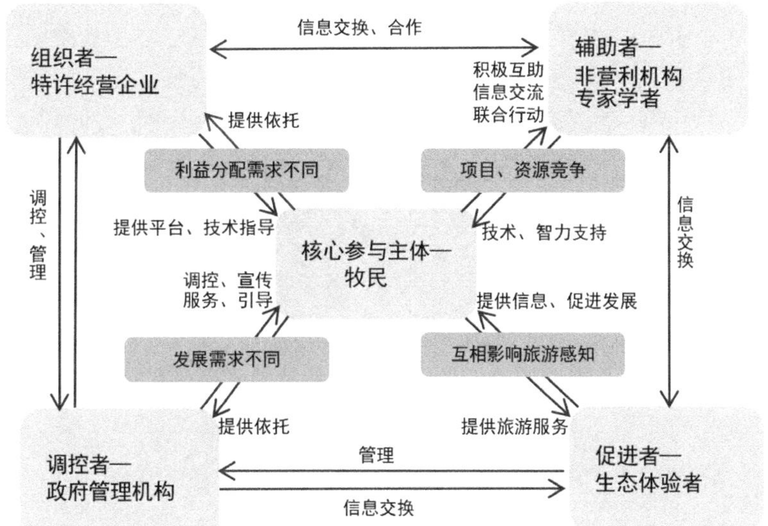

图 7-1   以牧民为中心的各主体间互动关系

如上图所示，政府需要制定和实施公正、公平的社会政策和制度，明确牧民和其他主体的权利和义务，进行宣传和组织，保障以牧民为核心主体的参与；与特许经营企业、非营利机构、专家学者需保持合作关系，共同促进牧民参与旅游发展。

牧民和政府管理机构、非营利机构、特许经营企业、专家学者要保持良好的合作关系，进行信息互换、利益共享。调查分析中发现牧民和生态旅游者之间的关系是互相促进和互相制约的，需要政府从中进行协调。

非营利机构、特许经营企业、专家学者、生态旅游者之间也要形成合作关系，提供服务，承担社会责任和义务，以互助、协作、交流，共同促进牧民的参与。

8 三江源国家公园旅游发展下牧民参与共建机制构建

8.1 国家公园旅游发展中的社区参与机制经验梳理

8.1.1 加拿大国家公园

（1）基金辅助机制

国家公园是加拿大民众旅游的重要场所，而旅游业的发展也为政府和当地居民带来了很好的经济收益。加拿大国家公园运营收入主要来自门票、娱乐设施、租金和特许经营费用，主要以国家福利形式提供旅游服务实现，其他营业收入为甲方的土地租金及配套费用、物业、厂房、设备处置净收入；但国家公园支出的费用主要包括工资、合作交流费、租金、维修、捐赠、信息费、环境环卫费、其他费用、财产处置厂房设备净损失等[①]。此外，国家公园的基础设施建设和运营维护，科研、教育、社区管理都需要政府财政投入，收入和支出差距较大，所以联邦政府的资金逐年增加；因此加拿大政府在收支现状基础上，设立了林业可持续发展基金，该基金由联邦政府出资 30%，省政府出资 25%[②]，以促进国家公园体系的完善，实现自然资源的可持续利用。

---

① 根据社科院旅游研究中心文章加拿大国家公园建设及其对中国的启示（https://www.sohu.com/a/108297850_126204）资料整理。

② 邱胜荣. 我国国家公园管理资金保障机制问题探讨 [J]. 世界林业研究 .2020,33 (03):107.

（2）社区评估机制

维护和恢复生态系统的完整性是加拿大国家公园和其他国家公园生态系统的管理核心[①]。加拿大公园局制定了《国家公园年度报告》，进行为期十年的公园循环管理计划，用于社区居民终身主动管理国家公园生态监测[②]；计划实施过程是设立生态监测项目，引导和指导社区居民参与其中，对园区生态系统健康状况的变化进行长期监测和跟踪监测；为保证项目实施的有效性和维持公园生态健康状况，国家公园定期检查生态保护目标是否实现，对未实现的目标，会在规定的期限内进行科学研究，并听取社区居民提出政策建议和意见，对存在的问题立即整改，找出薄弱环节，加强措施，以符合国家和议会的要求，确保园区健康运行[③]。

8.1.2 澳大利亚国家公园

（1）旅游发展中的权利保护制度

澳大利亚政府授予原住居民拥有和使用土地的权利，并予以承认原住居民的传统知识和文化的价值。国家公园社区共管受《原住民土地权法》和《环境保护和生物多样性保护法》的法律保护，旨在最大限度地保护原住居民对国家公园的所有权。国家公园提供给原住居民的租赁协议主要包括原住居民使用和占用传统土地的权利，共同设计就业、咨询和网络工具，旨在促进保护原住居民的利益。[④]

澳大利亚国家公园管理局与《自然》杂志合作，制定了一份基于原住居民共同管理国家公园的年度报告，向其他国家证明国家公园和原住居民共同管理公园的成效。澳大利亚国家公园还依法成立了国家公园管理委员

---

① 根据世界自然保护（https://www.zhihu.com/column/c_1587887914670563328）提供的资料整理。

② 何璆. 加拿大草原国家公园建设管理经验及启示 [J].《世界林业研究》2023,6:102.

③ 何璆. 加拿大草原国家公园建设管理经验及启示 [J]. 世界林业研究,2023,6:102.

④ 根据学者杨金娜《三江源国家公园管理中的社区参与机制研究》研究成果整理。

会，解决政府与原住居民在管理上出现的问题，目标是国家公园和社区共同成长。①

在实践中，政府和原住居民不断修订国家公园管理方案，完善租赁协议，增加劳动用地租金和公园旅游收入，促进了国家公园社区生态旅游的发展，在完善的法律制度下，实现国家生态保护与原住居民的实际权利、商品和利益的平衡，原住居民的权利和文化得到保障。

（2）社区与旅游协同发展机制

澳大利亚国家公园中居民参与国家公园管理计划的制定和实施，参与澳大利亚国家公园的决策过程，确保原住居民区和政府的民选代表享有平等权利，并充分尊重这一原则。在国家公园发展过程中，将原住居民的传统文化、原住居民的传统知识和生存技能应用于管理过程，同时，政府积极支持允许原住居民独资或合资经营旅游企业，但运作要符合国家公园施工标准，旅游服务要符合国家公园的旅游运营要求和接待服务标准，例如，在乌卢鲁－卡塔·丘达国家公园，原住居民是提供文化景观观景服务的主体，原住居民组成的护林员作为主要导游提供讲解服务，为游客提供商务旅游项目，进行游客住宿接待服务，这样不仅保留了原住居民的文化遗产，也为当地社区的生态文化旅游和经济发展做出了贡献②。在《宪章》中，该政策在监管权限方面更为原住居民考虑，这种政策偏向将有助于增加社区就业和增加原住居民的收入。生态旅游是社区参与国家公园的一个重要特征，而国家公园对文化旅游的开发同样有特色，包括原住居民文化传统项目的开发、生态旅游和文化旅游的开发，有助于原住居民的生计，提高原住居民的生活质量。

---

① 根据学者杨金娜《三江源国家公园管理中的社区参与机制研究》研究成果整理。
② 侯艺.澳大利亚国家公园社区共管模式与经验借鉴[J].世界林业研究,2021,34(01):108.

①参与管理

澳大利亚国家公园因与该地区原住居民的共同管理而被其他国家熟知。该国公园共同管理的原则包括尊重原住居民的文化和传统知识、习俗和价值观，鼓励和支持原住居民，根据自己的生活经验和认知，对于公园的发展、建设、经营方面提供自己的建议①；在国家公园建立初期，澳大利亚国家公园管理局选择与原住居民合作，将国家公园视为保护两者的一种方式，并向原住居民提供永久的、有保障的、灵活的就业及学习机会，在原住居民经济和文化发展方面发挥了积极作用；将原住居民作为传统文化的传承者和管理者参与管理，这不仅仅是一种参与性和协调性的表现，积极的角色定位被认为是国家公园和社区联合管理成功的关键②。

澳大利亚成立国家公园管理委员会，以明确整合国家公园所在区域的行政和自然资源管理职能，作为法定的基层管理机构，监督和保护公园资源，制定管理计划，发展旅游业，并依法进行行政管理，管理委员会是社区参与的指导者，管理委员会的十五人中，有澳大利亚公园局派驻的四名非原住居民、国家公园管理部部长助理、著名自然环境保护专家、著名旅游发展专家，十一个代表该地区的原住居民③。管理委员会的成员构成包括国家公园的重要利益相关者，对原住居民的生产生活行为能够严格管理和约束。管理委员会还建立了与原住居民决策有关的数据库，既代表国家意志，又能够对原住居民的诉求做出反应。国家公园定期评估公园参与或个别项目实施的有效性，从而丰富了原住居民参与国家公园管理的内容和水平。

②参与能力培训

在国家公园建立之初，原住居民有效参与国家公园管理的主要障碍是

---

①   根据学者杨金娜《三江源国家公园管理中的社区参与机制研究》研究成果、学者侯艺《澳大利亚国家公园社区共管模式与经验借鉴》研究成果整理。

②   根据学者杨金娜《三江源国家公园管理中的社区参与机制研究》研究成果、学者侯艺《澳大利亚国家公园社区共管模式与经验借鉴》研究成果整理。

③   根据学者杨金娜《三江源国家公园管理中的社区参与机制研究》研究成果整理。

原住居民缺乏基本的语言、法律技能和其他技能，这使其在管理方面处于不利地位。20 世纪 70 年代澳大利亚国家公园提出在十年内使原住居民成为高级管理人员，并将确保原住居民具备与国家公园管理相关的知识和技能的重要目标。在这一目标的指导下，公园管理局致力于以各种方式培训以及原住居民所需的技能，在国家公园原住居民制定和实施的专业发展计划下，原住居民及其下一代人迅速成长，到现在，已经成为国家公园的决策者，并继续参与公园的管理。现在的原住居民约占全职员工的 50%，占兼职员工的 60%，而且还建立了几个由原住居民所经营的旅游企业①。

政府逐步为原住居民提供旅游相关的技能培训，以便政府、企业和原住居民能够更好地合作，通过培训增加护林员、基础设施维护和自然资源方面的职业机会。此外，政府开发了一系列教育方案和培育项目，如儿童环境教育。政府还开发了培育项目，帮助原住居民传承传统文化和保护自然环境，在文化遗产生产和生态自然的管理和保护方面发挥着重要作用。

8.1.3 新西兰国家公园

（1）法律保障机制

新西兰有 14 个国家公园，是世界上最早建立自然保护区的国家之一。新西兰的第一个国家公园汤加里罗国家公园是在 1887 年由当地的毛利人提供给该国的，然后才成为新西兰的一个国家公园，是政府购买、政府和私营部门之间的联合保护协议。因此，新西兰国家公园具有独特的管理结构，自然资源保护部代表政府，作为国家直属部门和管理部门进行管理，保护委员会代表非营利机构作为公共利益机构参与国家公园的管理②。新西兰的《保护法案》《国家公园法案》等法律都明确规定，原住居民有权参与国家

---

① 根据学者杨金娜《三江源国家公园管理中的社区参与机制研究》研究成果整理。
② 根据学者杨桂华《新西兰国家公园绿色管理经验及对云南的启迪》研究成果整理。

公园旅游发展的管理[①]。《怀唐伊条约》还规定，在涉及对原住居民具有重大意义、代表重要精神性的旅游资源或地点开发时，应充分尊重原住居民的意见，在国家公园旅游发展具体管理决策上，原住居民的意愿有时是起到决定作用的，而非以官方政府的意见为主，与之对应的是原住居民对国家公园管理机构所开展的旅游开发及保护工作，给予了非常积极的回应与支持[②]。

（2）参与旅游管理机制

新西兰国家实施双管模式，公园内的原住居民从头至尾始终都参与国家公园管理的各个环节，包括国家公园保护措施、公园规划、公园经营等环节，新西兰国家公园保障原住居民参与旅游管理的机制，是在国际上国家公园中最为细致的，例如国家公园中酒店、人行横道、自行车道的设计以及建设要提前与社区沟通确定后才能建造，其他基础服务设施也同样需要同社区进行沟通后才能确定是否进行建设，总之，各类设施的建设要建立在充分调查社区自身的环境、自身优势的产业以及社区文化的基础上，设施跟环境保护的契合方向最终由社区居民做出的决定[③]；新西兰国家公园在文化保护方面也非常重视毛利人的原住居民文化，从规划到建立都融入了独特的原住居民文化，并且积极鼓励毛利人参与到国家公园如何发展这项工作的讨论中，这种方式不仅保证了毛利人传统文化的发扬，更是起到了文化传承的作用[④]，除此之外，国家公园并非完全禁止放牧形式的存在，原住居民可以去进行适度的放牧，以确保原住居民在国家公园里也有足够的经济收入。

---

①　根据学者杨桂华《新西兰国家公园绿色管理经验及对云南的启迪》研究成果整理。
②　根据新西兰官方网站文章怀唐伊条约（https://www.newzealand.com/cn/feature/treaty-of-waitangi/）整理。
③　根据学者杨桂华《新西兰国家公园绿色管理经验及对云南的启迪》研究成果整理。
④　新西兰官方网站文章怀唐伊条约（https://www.newzealand.com/cn/feature/treaty-of-waitangi/）相关条约内容整理。

8.1.4 法国国家公园

（1）法律保障机制

法国国家公园发展的历史比较长，有半个多世纪的发展史，因此，法国国家公园的法制体系也相对完善。在 2006 年的时候，法国颁布了《国家公园法》，开始了法国国家公园的体制改革工作。2007 年，法国环境部颁布了《关于在所有国家公园实施基本原则的决议》，规定了法国所有国家公园的实施原则和规范，形成了具有法国特色的代表性国家公园系统[①]，在权责方面，法国国家公园的建设和保护，是由中央和地方社区共同参与管理的，这也是法国国家公园治理的一个特色，给予社区参与更大的权限，以维护地方利益相关者的权益。同时，法国国家公园鼓励处在同一生态系统的区域以合作和加盟的形式，参与到国家公园旅游发展中，最大范围内保障公园的健康发展及生态系统的完整性。

法国国家公园将公园范围内的区域划分为核心区、加盟区，其中核心区是需要给予特殊保护的区域。国家公园明令禁止人员进入自然区域，并且不允许在自然区域内开展各类活动，以确保自然区域内的生态系统安全，加盟区由所在的政府部门或者专门的自然保护协会去负责管理，开展旅游活动。社区居民从中可获得经济收入，与管理部门一起决定旅游收入用于环境保护的比例。[②]

（2）品牌增值机制

法国做到了建设国家品牌经营的良好示范，将品牌管理作为社区参与共同利益的着眼点，通过品牌建设推动国家特许经营机制的建设，在建设过程中，法国国家公园细化行业分类，细化参与主体的责任与义务，并且

[①] 环保技术国际智汇平台.法国国家公园体制改革的动因、经验及启示 [EB/OL].(2018-12-26)[2021-03-08].https://baijiahao.baidu.com/s?id=1801704369022184968&wfr=spider&for=pc.

[②] 环保技术国际智汇平台.法国国家公园体制改革的动因、经验及启示 [EB/OL].(2018-12-26)[2021-03-08].https://baijiahao.baidu.com/s?id=1801704369022184968&wfr=spider&for=pc.

为国家公园的发展和维护提供必要的科技援助和技术援助。在上述基础上，发展以国家公园为核心的品牌增值体系，并且形成良性循环。[1] 法国国家公园在品牌增值良性循环的情况之下，对品牌下辖的国家公园内的农业产品、手工制品、餐饮业以及酒店业和旅游业的准入行为，进行了详细的界定和规定，对这些行业使用国家公园品牌有更加严格的规定，此项业务措施也保护了法国国家公园的品牌价值。[2]

8.1.5 我国国家公园社区参与机制

国家公园的建设对牧民生活空间和生活产生影响，需要通过一定的拉动机制，才能使牧民主动去转变，去参与进来，其中包括了政府管理部门的拉动、第三方力量的推动，因此国家公园的社区参与机制注重利益之间的协调，机制框架在于明确在社区参与过程中怎样促进、怎样组织、怎样保障、怎样评估，包括引导机制、组织机制、保障机制及评估机制。杨金娜[3] 在其研究中，探讨了社区参与机制框架模型，也是对国家公园管理中社区参与机制的初步构建。李惠梅[4] 分析出三江源国家公园社区参与的现状及问题，提出构建政府、市场、全社会参与的机制。张引[5] 将中国国家公园社区参与机制主要分为扶持、协商、协议与合作几个类型，其中社区赋权程度不断升高，又可细分为多个机制小类：社区扶持机制，泛指国家公园管理单位对社区的帮扶和支持措施，包括社区聘任、培训、产业引导和利益分配机制；社区协商机制，充分的沟通协商有利于国家公园与社区

———————————

①　根据环保技术国际智汇平台文章法国国家公园体制改革的动因、经验及启示（https://baijiahao.baidu.com/s?id=1801704369022184968&wfr=spider&for=pc.）内容整理。

②　根据环保技术国际智汇平台文章法国国家公园体制改革的动因、经验及启示（https://baijiahao.baidu.com/s?id=1801704369022184968&wfr=spider&for=pc.）内容整理。

③　杨金娜.三江源国家公园管理中的社区参与机制研究 [D].北京：北京林业大学,2019.

④　李惠梅.国家公园建设的社区参与现状——以三江源国家公园为例 [J].热带生物学报,2022,13 (02):185-194.

⑤　张引.中国国家公园社区共管机制构建框架研究 [J].中国园林,2021,37（11）:98-103.

间的信息传递、矛盾缓解和共识达成，是形成良好合作伙伴关系的基础，可分为信息交流、规划参与和事务协商机制；社区合作机制，由于生态系统保护的复杂性与动态性，在特定时期、区域和情况下，国家公园管理单位应与社区建立平等、互助的合作伙伴关系；社区管控机制，国家公园管理单位在建设、经营、生产生活方面对社区进行科学管控，可细分为建设管控、经营管控、生产生活管控，以及为弥补社区权益损失的生态补偿机制。

8.1.6 经验启示梳理

梳理国内外国家公园旅游相关发展机制，可以对本课题的研究提供一定的经验。借鉴加拿大、澳大利亚、新西兰、法国国家公园旅游发展中所制定的相关机制后，发现法律保障机制是国家公园旅游发展中最为重要的一项保障。其中，新西兰国家公园法律保障机制最为完善，对于管理者的行为、非营利机构的行为、生态旅游者的行为，以及社区居民的行为都做了规范以及规定。这对于三江源国家公园生态旅游发展与社区参与保障机制中法律体系的完善提供了一定的借鉴。

澳大利亚国家公园社区参与生态旅游发展机制、新西兰国家公园社区发展机制中社区居民参与方式，从经济参与到管理参与，从保护参与到文化传统的参与，都有自己的特色，其他国家国家公园推进原住居民参与时，也纷纷进行借鉴。

三江源国家公园的建设目标是为了实现人与自然的和谐发展，在自然环境保护的同时，还要进行文化生态的保护。如何使牧民在国家公园旅游发展的背景下，从建设方面、经营方面、管理方面全程参与，对三江源国家公园的文化及自然生态进行保护。以上几个国家公园旅游发展和社区参与的经验，可以对我国国家公园旅游发展和社区参与提供很好的启示。

除此之外，澳大利亚国家公园在社区参与旅游发展机制中，针对原住居民缺乏参与旅游发展能力的情况，制定出为期 10 年的原住居民能力建设计划。此项计划中包括了对于儿童的教育、原住居民的教育及技能培训，这为三江源国家公园生态旅游牧民参与中的能力建设给予了一定的启示。

在对这几个国家公园发展机制进行梳理时，法国的国家公园品牌增值机制为本课题的研究提供了一个新方向。国家公园品牌同样也是一个国家公园生态旅游发展的方式，意义不仅在于塑造形象上，还在于释放生态红利的经济价值上，使得国家公园生态旅游的发展得以高质量持续。品牌建设除了依靠国家公园管理机构外，必须还要有社区居民的共同参与才可以顺利进行。在品牌建设中，社区参与品牌建设会形成价值认同—参与获得收益—激发自豪感、使命感—积极参与的循环参与。因此，本课题研究中也尝试将品牌建设与三江源国家公园生态旅游发展相结合起来，为牧民的参与机制提供新的方向。

我国国家公园正在建设中，旅游发展下社区参与的机制可以借鉴的案例较少，但是学者张引通过对我国 20 个自然保护区进行研究，所提出来的我国国家公园的社区共管机制，不仅有完整的框架，而且其中每一个机制包含有详细机制小类，机制小类从我国实际出发，涵盖了我国国家公园建设、保护、社区建设的多个方面，因此张引学者的细致化研究对本课题研究起到了指引作用。

本课题构建的牧民参与机制，借鉴了国外国家公园旅游发展社区参与机制的经验，而我国学者的研究，机制框架包括引导机制、组织机制、沟通机制、保障机制及评估机制，旨在明确牧民作为参与者、受益者，在参与的过程中如何主动参与，政府管理机构、企业、非营利机构如何引导、组织、协调，形成牧民从生活参与、经济参与到利益获得，再到投身于保护的良性循环。

8.2 机制构建原则

三江源国家公园各园区虽进行了牧民参与机制的构建，但仍有可以拓展的空间。综合考虑三江源国家公园生态旅游发展现状，和不断变化的管理要求和目标，对牧民参与机制要进行优化和细化。为保证牧民参与机制的长效运行，本课题在优化与完善三江源国家公园牧民参与机制时，提出要遵循以下原则：

第一，以高质量建设国家公园理念为指导

优化与完善三江源国家公园牧民参与机制，要遵循高质量建设国家公园的基本思想。建设高质量国家公园，维护全球生态系统稳定，保护全球生物多样性，为人类提供优质生态产品和服务，为人类生存和发展提供宝贵的自然资产，是中国推动全球生态环境治理、优化国家生态安全格局、构建人类命运共同体的重要举措。[①]同时，国家公园代表着国家形象，象征着民族精神，彰显着民族文化，它是世界了解中国的重要窗口，是中国与世界文化交流的极佳载体，是全人类共同的文化财富。

建设高质量的国家公园，首先需要正确认识中央与地方的关系。国家公园是国家公共和开放区域，应由国家批准和管理，以保护代表国家的大型自然生态系统，建立和管理"国家公园"是中央政府的责任和义务，中央政府协调和管理国家公园的立法、选择和监督，地方政府负责辖区内国家公园的具体建设和实践；其次要正确认识人与自然的关系，在国家公园旅游发展中，自然和谐必须是第一要务，在保护自然环境的同时，不能完全排斥人类活动，更不能因为强制保护生态而忽视人类的生存权，应构建人与自然和谐共生的场景，从而实现"人与自然的和谐"的良好局面，"最严格的保护"也不是"绝对保护"；最后，按照统一事权、分级管理的原

---

① 宋豪新. 共同构建地球生命共同体 [N/OL].2018-12-9[2021-08-08]. 人民日报 .https://www.forestry.gov.cn/main/586/20221209/092921029794698.html

则，来健全国家公园管理体制，构建主体明确、责任清晰、相互配合、央地协同的运行机制，完善国家公园设立、建设、运行、管理、评估、监督等各环节，以及生态保护、自然教育、科学研究等各领域的制度办法，形成全过程闭环管理的制度体系。①

第二，以反哺工作为出发点

协调国家公园和社区发展之间的关系是目前我国国家公园建设的一个重要议题，其中国家公园反哺是牧民享有国家公园带来福利的体现，能够使牧民除生态补偿之外，提升对国家三江源国家公园生态旅游发展的感知，也能够从中获得国家公园旅游发展带来的幸福感，对国家公园实现永续发展，有很重要的意义。

三江源国家公园生态旅游发展过程中，参与特许经营的企业提供反哺资金的意识还在培养，有些企业甚至充当的是管理者的角色，对于牧民的需求关注较少，为牧民提供就业岗位以及其他基金时，缺乏足够的补偿意识。目前三江源国家公园实行生态补偿是反哺社区最常见的措施，结合三江源国家公园园区牧民的实际情况，反哺工作尤其重要，关系到多少牧民愿意生态移民接受替补生计，积极响应政府的生态保育措施，加入三江源国家公园生态环境保护建设之中。因此，在优化与完善三江源国家公园牧民参与机制时，以建立长效的三江源国家公园社区反哺机制为出发点，从反哺工作出发，将反哺所带来的效应贯穿于各个机制优化与完善的细节中。

第三，以兼顾牧民实际需求为基础

三江源国家公园牧民参与机制已有最基础的框架，在本次调研中发现仍存在牧民未参与、部分地区之间参与程度有区别、牧民以被动的形式去进行参与等现象。在调研中也发现利益相关主体、专家及牧民之间的认知，

---

① 何友均. 高质量建设国家公园的重大意义与实施路径. 国家治理 .2022,(Z1):7-12. [N/OL].2018-12-9[2021-08-08]. 人民日报 .https://www.forestry.gov.cn/main/586/20221209/092921029794698.html

也存在着不同。

因此，综合考虑三江源国家公园发展的现状、调研的结果，结合国家公园体制建设的基本框架，课题对三江源国家公园牧民参与机制优化与完善的主要工作在于优化和细致上，要在突出能力建设的同时，兼顾牧民实际需求。因此在前期研究的基础上，按照所总结出的牧民与利益相关主体、专家认知的差异，结合牧民需求，优化与完善各项参与机制。

第四，宏观、中观、微观层面相结合

牧民参与需要经历一个漫长的过程，在这个过程中，牧民参与要顺利地进行，核心参与主体、利益相关主体的作用都要尽可能地去发挥、协调，因此从政策到宣传、从宣传到实践，都要进行良好的衔接，而保证这个衔接顺利进行的是相关机制的优化与完善；牧民参与机制不是单个的一项机制，它是一个与社区建设目标一致，符合社区规范化、制度化的牧民参与办法，通过内部机制和外部机制，满足居民实际参与的需求，确保、调控牧民参与的秩序和参与的可持续性，实现这个目标的条件就是机制的优化与完善，要从政策层面、平台层面、意识层面这三个维度进行，才能为一个机制的运行顺利提供相应基础。

因此，结合三江源国家公园的实际与调研的结果，在优化与完善三江源国家公园牧民参与机制时，也要以上述要求为条件，从微观层面、中观层面、宏观层面出发去进行优化与完善。对于牧民而言，微观层面是意识，宏观层面是制度，中观层面是行动，每一层都是不可或缺的，这构成了三江源国家公园牧民参与机制优化与完善的基本原则。

宏观层面主要指政策制度，在推动牧民参与机制形成中占主导地位。其作用是进行引导、保障。中国建设国家公园体制，对于牧民参与有相关的建设制度和详细的建设规划。因此，如何使规划和牧民实际相结合，并且顺利用于实践是宏观层面的关键。

中观层面主要指各项行动，主体的行动可以通过搭建的平台、协助辅助的条件体系变为实际，在信息化快速发展的今天，平台类型、协助辅助条件，都很常见且类型多样，但各项行动如何通过平台进行，协助辅助条件体系如何使行动更有成效是一个关键点，因此需求的满足，就成为行动的指导思想，主体的需求得到满足会使得参与机制更加有成效。

微观层面主要指主体的意识，这个层面包含的内容是最为细致的，也是牧民参与必备的层面，主体的意识分主动和被动，如何让主体了解到自己的责任、义务，表达意见、监督的权利，提升主体的参与意愿进行参与，将各项事宜进行落实，并在此基础上使自己的需求得到满足，是微观层面和宏观层面、中观层面发生联系的部分；微观主体有意识参与，才能使整个机制可持续地运行下去，当然主动的意识会促进整个参与的良好进行，整个机制的顺利运行。

综上所述，三江源国家公园牧民参与机制的优化与完善需要从宏观、中观、微观三个角度分别进行，优化与完善参与机制才能有所保证，这也是三江源国家公园牧民参与机制的优化与完善的原则。

8.3 机制框架

结合目前三江源国家公园牧民参与的现状调研结果，在优化与完善三江源国家公园牧民参与机制遵循原则的基础上，本着优化三江源国家公园牧民参与的目标，形成保证三江源国家公园生态旅游发展下牧民参与共建更好进行的机制体系：

一是引导机制，核心为如何促进牧民更全面地参与。从微观层面出发，激发起牧民的参与热情是引导机制要实现的目标。因此，要包括主体参与意识培养、参与技能建设这两部分内容，意识和能力是实现牧民主动式参与的基础，更是解决调研中发现的生态移民与部分牧民劳动主动性丧失的方法。

二是组织机制，即如何让牧民更有效地参与，从中观层面出发，保证主体尽可能都能参与，是解决因生产、生活方式转变而造成利益冲突的方法。

三是保障机制，如何让牧民更积极地参与，需有利于牧民参与国家公园旅游发展的相关政策，包括积极保证牧民参与、生产、生活中所遇到问题能有合理的解决途径。

四是沟通机制，如何让牧民更主动地参与，需要有使牧民的被需要感增强的方式，包括牧民问题咨询、意见反馈的合理途径。

五是评估机制，如何让牧民更持续地参与，就要进行评估引导。对组织、保障机制效果评估中发现的问题及时改进，主要包括主体的参与效果、满意度测评、问题改进等。具体机制框架如图 8-1 所示。

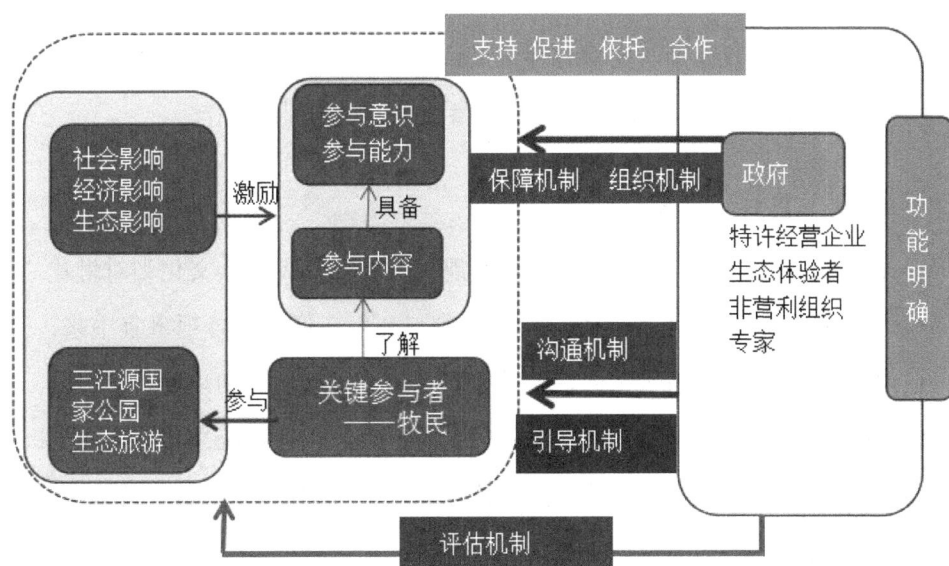

图 8-1　三江源国家公园生态旅游发展下牧民参与共建机制框架

8.4 机制内容

8.4.1 引导机制

三江源国家公园生态旅游建设中，牧民通过特许经营中的生态体验项目、生态畜牧合作社等方式，加强了与外界的信息交流和技术交换，增强了自身参与意识，并且发现了自身所存在的不足。由此可见，获得引导和帮助以及拥有提升自身能力的意识，对牧民参与而言是非常重要的两个方面。因此引导机制的作用是引导和帮助牧民提升参与意识、培育和培训提升牧民参与能力，促进牧民更全面地参与。

通过调研发现，政府管理机构的宣传、协调功能对于牧民参与有很大的影响。因此，实现引导机制的作用，要以政府管理机构为主导，设置针对牧民参与意识提升、参与能力提升的宣传及培训内容。特许经营企业及非营利机构认可牧民参与的重要性，也认可与牧民的关系是相互依存及合作，可以协助政府管理机构，进行牧民参与宣传和培训的工作。

8.4.1.1 提升牧民参与意识

根据调研结果，三江源国家旅游发展中，牧民对其民族文化和对世代生活地方的自豪感，能激励牧民主动地参与到生态保护的各项事宜中来，例如牧民对牧场的珍惜之情会促使其自发地清理垃圾、救助动物，对传统文化的热爱之情会促使牧民会主动招收学生，口头传授传统文化使其能得以传承。因此牧民的参与意识是有一定基础的，引导机制要在这个基础上，进一步提升牧民的参与意识。牧民参与意识的提升具体可以通过两种方式进行，一为政府管理机构进行宣传，二为模范社区进行示范宣传；两种方式通过政府组织、非营利机构、旅游特许经营企业辅助的形式进行。通过上述方式，使牧民对参与旅游发展的重要性和参与方式有清晰的认知，从而形成良好的参与传统。

（1）政府管理机构宣传

三江源地区是中国的生态安全屏障，保护三江源的生态环境，建设三江源国家公园需要全社会的共同参与和努力，这不仅是中华民族共同体意识的体现，也是中华民族的共同责任和历史使命。因此政府管理机构进行宣传时，要将中华民族共同体意识融入所宣传内容中，宣传和推广中华民族共同体意识，增强牧民的文化自信心和环保意识，增强牧民的责任感和使命感，提升参与三江源国家公园生态旅游发展各项工作的意识。

以牧民所拥有的传统文化、生态保护知识为基础，从引导机制的作用出发，政府可以对牧民进行以下内容的宣传：①爱国主义精神：牧民要有强烈的爱国情怀，认真学习中华民族的历史文化，坚定对祖国的热爱和对民族团结的信仰；②环保理念宣传：牧民生活与自然环境联系紧密，要更为积极地保护环境，促进绿色发展；③增强文化自信：牧民应珍视、传承、弘扬其传统文化，推动中华文化的多元发展；④弘扬创新精神：引导牧民不断学习新知识，具备新技能，探索新发展，推动牧区经济社会的发展，同时也要创新传统的牧区产业，推动产业升级和转型。此外，还要宣传三江源国家公园生态旅游发展的意义、建设思路，以及三江源国家公园特许经营项目的有关政策措施、项目内容形式、发展前景。

政府宣传方式，常用媒体、网络、微信等，这些方式都能全面及时地向社区居民宣传各种信息。但据实地调研发现，媒体、网络、微信的宣传内容还需进行双语推送。因此三江源国家公园生态旅游发展牧民参与中，政府管理机构宣传的方式运用最基础的口头宣传的方式更为方便快捷。可以通过村委会以网格化管理员进行宣传，在宣传时可以将所宣传的内容进行口语化表达，方便牧民去理解，在此基础上推广特许经营参与方式时，可以采用媒体、网络、微信的形式进行相关信息的推送。逐步开展，逐层推进，提升牧民参与意识。

（2）模范社区示范宣传

模范群体力量可以进一步产生扩散和极化效应，可以激发起牧民参与的主动性。根据调查和观察，每个园区都有自己特色的特许经营项目，有些园区有市场化意识，又与生态体验者接触较多，能够理解国家公园生态旅游的发展方向，优先发展和培育对牧民参与生态旅游有示范性带头作用。

在进行示范引导时，应首先确定社区示范点。在调研中发现，年都村生态体验项目是试点村中最多的，年都村牧民对生态补偿、合作社、生态管护、生态监测、生态体验等参与方式都有涉及，牧民参与旅游发展态度也非常积极；红旗村妇女脱贫工作是三江源国家公园三个园区中最有成效的，其妇女手工编织项目具有典型性，红旗村的生态畜牧合作社也是具有代表性的形式。因此在现阶段，可以确定年都村、红旗村为两个特许经营项目的示范村去进行宣传。

其次，进行社区示范点牧民参与效果的宣传，可以通过村委会网格化管理员进行宣传，借助媒体进行社区示范点牧民参与生态旅游效果的拍摄和报道，以图片、视频的方式，让其他园区牧民更加直观地了解各园区牧民的参与现状，与参与效果。

综上所述引导机制中提升参与意识的具体步骤总结如表 8-1 所示。

表 8-1 提升牧民参与生态旅游发展意识方式

提升参与意识	宣传形式	宣传渠道	宣传内容
政府管理机构宣传	口头宣传	政府组织 网格化管理人员实施	强调牧民的爱国主义教育 倡导环保理念 增强文化自信 弘扬创新精神 三江源国家公园建设的意义、建设思路 三江源国家公园生态旅游发展的意义 三江源国家公园特许经营项目有关政策措施、项目内容形式、发展前景
模范社区示范宣传	口头宣传 媒体宣传	政府组织 网格化管理人员实施 非营利机构、旅游特许经营企业辅助	示范点牧民参与生态旅游效果图片、视频（年都村生态体验、红旗村生态畜牧合作社）

8.4.1.2 提升牧民参与能力

三江源国家公园现各园区经济发展程度普遍不高，牧民多数受教育程度低，没有接受过专业的培训，与三江源国家公园生态旅游的发展需求有很大差距，因此要完善牧民参与能力的培育培训内容。本课题认为可以从思想培育、技能培训两方面进行。思想培育、技能培训可由三江源国家公园各园区管委会在做好调研的基础上，制定牧民参与能力培育、培训的具体内容，由旅游特许经营企业、非营利机构、教育机构去实施。

（1）思想培育

思想培育主要包括针对中小学生的思想教育和针对牧民的参与思想培育。针对中小学生的思想教育，从价值观、生态保护、传统文化保护三方面进行；针对牧民的参与思想培育从旅游参与方式认知、参与角色认知、国家公园品牌建设认知三方面进行。

①中小学生思想教育

儿童是牧民参与中的未来力量，调研发现，目前三江源国家公园儿童数量较多，但儿童辨别能力普遍较弱，如果不进行早期的教育，就会影响后续的认知。随着特许经营项目以及其他可参与项目的不断开发和发展，三江源地区的社会及经济环境会发生改变，中小学生对所发生的改变的辨别力需要加以引导。

对中小学生的思想教育目标是从小培养正确价值观及思想，使牧民从小就有国家公园主人的思想，注意自我发展。

对中小学生的思想教育的内容从价值观、生态保护、传统文化保护三方面出发，具体包括树立正确价值观，学习三江源国家公园的生态资源及保护知识，学习传统文化知识，实践文化传承的方式。[①]

对中小学生进行思想教育，可在三江源公园长江源园区编制专属教材进行教育的基础上，其他园区设置不同类型的环境课程，如基础环境知识教育和中高级环境知识教育，在学校建立环境教育基地普及环保知识。在进行学校思想教育时，还需增加中小学生对传统文化知识的学习，实践文化传承方式。

②牧民参与思想培养

牧民的参与思想培育目的是为挖掘并加强牧民的生态意识、商品意识，让牧民更新发展观念和思想，牧民的参与思想培育内容包括参与方式认知、参与角色认知、品牌认知三方面。

第一，参与方式认知

参与方式认知目的是引导牧民全面、正确地认识三江源国家公园生态旅游参与方式，政府管理机构向牧民传达相关文件精神时，牧民自身能有正确的理解和参与意识；参与方式认知内容，按本课题前文中总结的牧民

---

① 根据玉树市人民政府在教育工作座谈会上的汇报材料整理。

参与三江源国家公园生态旅游发展的五种方式——生态保护、旅游经营、旅游服务、旅游培训、旅游规划及管理中所包括的内容，依照现阶段三江源国家公园牧民的基本情况，参与思想培育的内容主要包括：对三江源国家公园的生态资源的认知（环境教育）、生态畜牧业的认知（经营、入股合作社）、生态体验项目的认知（生态体验项目服务、访客管理）、传统文化商品化（经营手工艺品加工、文化传承）的认知、旅游服务（生态建设工程劳务）的认知、旅游规划及管理知识的认知等。

第二，参与角色认知

参与角色认知是为了让牧民通过角色认知产生参与兴趣，做出参与选择，产生技能提升需求，为后续技能培训做准备。参与角色认知的内容，包括对经营者角色、员工角色、生态管护员角色、生态向导以及环境教育讲解员角色进行认知。经营者角色认知对牧民传递的内容为：可以通过三江源国家公园总体规划提出的要求，适度开办牧家乐、经营餐饮娱乐、经营购物加工及出售场所，还可以经营有机畜产品加工出售、文化相关手工艺品加工出售、经营中藏药加工出售。员工角色认知对牧民进行传递的内容为：如果牧民自身没有条件去经营，可以以员工的身份去参加，可以成为牧家乐、餐饮旅游、有机畜产品加工产业、文化产业、中藏药开发利用、生态体验、环境教育等这几类特许经营企业员工进行工作。生态管护员角色认知访谈反映出牧民对生态管护员的了解主要在清理垃圾、保护动物这两个方面，如果再继续追问其他管护内容，牧民表示了解不多，可见大多数生态管护员对其角色认知不清晰，忽略了自己应该尽的义务。目前三江源国家公园生态旅游发展中，生态管护员是牧民参与最常见和最重要的方式，如果对此牧民认知较浅，参与三江源国家公园生态旅游发展的工作就无法推进。因此，应当引导牧民对生态管护员角色进行认知。生态管护员角色认知对牧民进行传递的内容为：首先让牧民了解生态管护员的工作内容，除捡垃圾之外还有动物救助、生态破坏活动的制止、生态保护知识的普及、环境保护突发事件记录等；其次要让牧民了解，生态管护员生态保护的技能，随着国家公园旅游发展的不断推进会更加专业化和细致化。生态向导以及环境教育讲解员角色认知，除上述角色认知外，为保障生态体验项目环境教育项目的顺利进行，还要在角色认知中加入这两项的内容：要让牧民理解什么是生态向导以及环境教育讲解员，应该具有什么样的知识和技能。

第三，品牌建设认知

在国家公园旅游发展中品牌建设是一项非常重要的内容，这项工作需要社区的参与，即需要社区居民的情感支持、智力支持、生产资料支持、劳动力支持，所以三江源国家公园生态旅游的发展也需要牧民对品牌建设的内容进行认知。品牌建设认知对牧民进行传递的内容为：什么是国家公园品牌建设，在品牌建设中自身的作用是什么，怎样通过品牌使用参与国家公园品牌建设。对这些内容的认知，直接影响后续牧民对相关技能培训的认知。因此，要进行详尽细致的品牌认知和宣传。在讲解中尽量采用口语化的形式去表达，以便牧民能够清晰、准确地了解国家公园生态旅游品牌，如果只是生硬地照搬，此项思想培育的效果就会打折扣。

提高牧民参与能力中思想培育的具体内容如表8-2所示。

（2）技能培训

培训是牧民能力建设实现的最主要途径，只有政府管理机构准确定位，才能真正实现牧民的参与能力的提升。由于"国家公园""特许经营""生态体验""环境保护"等概念对牧民来说是新鲜内容，单一的思想培育效果有限，因此要辅助技能培训；结合前文调研结果，本课题认为三江源国家公园牧民参与生态旅游的培训，应包括基础技能、专业技能、以兴趣爱好为主的培训，具体内容如表8-3所示。

在进行具体的培训时，政府进行组织，企业和非营利机构从自身需求对此项技能进行辅助的培训，企业、非营利机构的加入，能更有针对性地进行主要培训内容的安排和组织。

表 8-2 牧民参与生态旅游发展所需思想培育

目的	对象	方式	内容	具体内容
思想培育	中小学生思想教育	政府管理机构组织教育部门实施	价值观 生态保护 传统文化知识	树立正确价值观 学习三江源国家公园的生态资源及保护知识 学习传统文化知识 实践文化传承方式
思想培育	牧民思想培育	政府管理机构组织、旅游特许经营企业、非营利机构辅助	参与方式认知	生态畜牧业的认知 生态体验项目的认知 传统文化的商品化认知 劳务服务的认知 管理知识的认知
			参与角色认知	经营者：适度开办牧家乐、经营餐饮娱乐、经营购物加工及出售场所、经营有机畜产品加工出售、文化相关手工艺品加工出售、经营中藏药加工出售。 员工：牧家乐、餐饮娱乐企业员工，有机畜产品加工产业、文化产业、中藏药开发利用、生态体验、环境教育企业员工 生态管护员：什么是生态管护员 生态管护员的工作意义 生态管护员能做什么 生态体验、环境教育参与人员：什么是生态向导、环境教育讲解员 讲解内容、所需技能

续表

思想培育	牧民思想培育	政府管理机构组织、旅游特许经营企业、非营利机构辅助	参与品牌建设认知	什么是国家公园品牌建设 品牌建设中自己的作用是什么 怎样通过品牌使用参与国家公园品牌建设

①基础技能培训

基础技能培训包括基础知识、文化传承技能、服务技能、经营技能的培训，具体如表8-3所示。

基础知识培训为基本的语言能力，沟通能力、生态保护技能培训。在本课题调研中发现，城镇居民、生态体验者、企业都非常关注牧民沟通交流的能力，因此要在基础知识培训里面将沟通能力包括进去。

文化传承技能为传统文化传承、民族歌舞演艺、藏服制作、手工艺制作、畜牧产品加工技能培训，这些都是与牧民生活相关的技能，在培训中还应结合生态体验者的需求。

在服务技能培训为礼貌礼仪、向导讲解技能、烹饪技能、车辆驾驶技能，是目前三江源国家公园开展的特许经营项目与生态体验项目所需要的技能，也是将来环境教育项目实施后牧民所必备的技能。

经营技能培训为沟通协调技能、财务知识、经营技能，为牧民更好地参与生态体验项目、生态畜牧合作社之外的特许经营方式，打好基础。

②专业技能

专业技能注重应急技能的培训，三江源国家公园海拔高生态环境特殊，需要牧民具备医疗急救的基本常识，例如生态体验者发生高原反应，牧民要具备急救的技能；结合三江源国家公园的实际情况，还应增加地震应急处理的技能；除此之外还应有突发事件处理的相关培训。

③兴趣爱好

根据对牧民诉求调研的结果分析，需要进行牧民兴趣爱好的培训。本次调研发现在 15 到 24 年龄阶段中有部分牧民对绘画、写作、摄影感兴趣，在培训中可增加摄影、写作、绘画等内容，后续应对牧民兴趣爱好进行更为细致的调研，不断扩充培训内容。

表 8-3　牧民参与生态旅游发展技能培训内容表

培训类别	知识类型	主要内容	培训方式
基础技能	基础知识	语言能力、沟通能力、生态保护	政府组织特许经营企业、非营利机构辅助
	文化传承	传统文化、民族歌舞、藏装制作 手工艺制作、畜牧产品加工	
	服务技能	礼貌礼仪、向导讲解 烹饪接待、车辆驾驶	
	经营技能	沟通协调、经营技巧、简单财务知识	
专业技能	应急技能	医疗急救 地震应急处置 疫情突发处置	
兴趣爱好		绘画、写作、摄影	

如大规模进行兴趣爱好培训实施有困难，应进行"精英培训"，精英培训并不是进行差异化培训，而是要以精英带动广大牧民的形式去进行。

具体操作步骤为根据文化程度、个人素养等标准选择出一批牧民，根据其个人意愿进行基础技能、专业技能或兴趣爱好的培训，然后让这一部分牧民将所学的知识与其他牧民进行分享，这种方式既能激发牧民参加培训的积极性，也能激发牧民自发的学习欲望。除企业、非营利机构辅助开展精英培训外，还可以邀请青海省高校的专职教师以客座教授、志愿者的身份对牧民进行专门的培训，专职教师最好选用藏语、汉语双语教师；另外精英培训中可定期举办技能比赛，选出表现优秀的牧民到西宁或外地相关企业去进行学习。

8.4.2 组织机制

组织机制可以发挥各主体作用，保障牧民更有效地参与，内容包括组织牧民参与国家公园品牌建设和培育本土非营利机构和企业两方面。

8.4.2.1 组织牧民参与国家公园品牌建设

国家公园是一个国家向世界展示自己生态保护态度的窗口，国家公园品牌建设也是一种可持续性发展的体现。对于当地居民而言，公园品牌化的发展，可以带来更多的就业机会，增加居民的收入途径，同时传统文化也可以得到更好地传承；对于生态体验者而言，会获得更多的生态旅游方式和全新的生态旅游体验，例如赴日本国家公园的生态体验者，不仅可以和动物近距离接触，还可以在欣赏优美的自然景观的同时食用到有机的天然食品[①]，英国国家公园所塑造的田园生活方式，也让很多生态体验者认为提高了其生活品质。

三江源国家公园重要的生态系统、独特的自然景观和丰富的传统文化内涵，本身就具备强大的品牌力量，将品牌力量进行释放，才可以真正意义上代表国家形象，体现全民公益，传递生态价值。对于三江源国家公园生态旅游发展来说，建设国家公园品牌，意义不仅在塑造形象和释放生态红利的经济价值上，还在达成人与自然和谐共处的美好愿景上。三江源国家公园的品牌的建设，会使牧民更加有自豪感和使命感，也使得牧民参与的劳动更加有品牌附加值。因此，牧民参与是三江源国家公园品牌建设的支撑所在。组织牧民参与品牌建设，能够促进牧民更加有效地参与到国家公园生态旅游发展中。具体可以通过以下方式进行。

---

① 根据日本国家公园、西表岛野生生物保护中心官方 Facebook 主页文章"国家公园，日本的珍贵名片"整理。

（1）设计三江源国家公园品牌增值体系

法国国家公园在进行品牌建设时，采用核心品牌和外围品牌建设双结构模式，设计了外围品牌体系，制定了品牌的增值方案，对国家公园品牌的商标进行了专门的定制设计，配以宣传册、营销网站、宣传活动，居民在达到使用标准的情况下可以将自己的产品，以国家公园品牌产品的方式进行销售，很好地协调了公园管理和当地居民之间的关系①；除此之外，法国国家公园对加盟企业进行品牌授权，有助于企业使用者更好地营销，不仅助力当地产业增值，也实现了各利益相关主体的共赢。

如何组织牧民参与国家公园品牌建设，借鉴法国经验，现阶段可以从国家公园品牌增值体系入手：三江源国家公园增值品牌体系要区分出核心品牌和外围品牌，配备各品牌组成产品的生产、经营标准、使用规定和保护规定。配以专项的宣传活动、专门的宣传册以及宣传网站对三江源国家品牌增值体系进行推广，具体内容如表8-5所示。目前调研的实际情况表明，核心品牌可以为生态体验，外围品牌为地理标志产品、有机系列、绿色系列、传统手工系列；核心品牌的宣传以及外围品牌的宣传发展应该有所区别，才能使三江源国家的品牌更有标志性。同时制定相应的产品制作标准、生产经营流程标准、品质标准，包括加盟者的产品制作标准、生产经营流程标准、品质标准；进行品牌使用、产品知识产权方面的规定。在全球可持续发展的目标和我国生态文明建设背景下，国家公园品牌的建设不仅仅限于自然生态环境保护，还要包括对国家公园生态文化的保护。因此，在文化保护方面，国家公园品牌建设要支持文化传承的展示，在三江源国家公园品牌增值体系建设时，要注重品牌的知识产权保护，具体如表8-4所示。

---

① 根据环保技术国际智汇平台文章法国国家公园体制改革的动因、经验及启示（https://baijiahao.baidu.com/s?id=1801704369022184968&wfr=spider&for=pc.）内容整理。

表 8-4　三江源国家公园品牌增值体系

	体系	内容
三江源国家公园品牌增值体系	核心产品	生态体验
	外围产品	地理标志产品
		有机系列
		绿色系列
		手工系列
	产品标准	生产经营标准 品质标准
	品牌保护	核心产品知识产权 外围产品知识产权
		品牌牧民优先使用规定 品牌加盟商使用规定

（2）组织牧民参与品牌增值体系

明确品牌增值体系中牧民可以参与的内容与参与方式，如表 8-5 所示。其次组织牧民从旅游服务和生产资料的投入出发，参与国家公园品牌体系的建设。牧民的参与会让三江源国家公园品牌增值体系有完整的产品支撑，参与三江源国家公园品牌会提升牧民的自豪感，进而激发牧民的使命感和认同感，主动进行生态保护和文化传承。

表 8-5　牧民可参与内容及参与方式

体系	内容	牧民可参与方式
核心产品	生态体验	旅游服务
外围产品	地理标志产品	旅游经营
	有机系列	
	绿色系列	
	手工系列	

续表

品牌标准	生产经营标准 品质标准	旅游管理
品牌保护	知识产权	旅游管理
	使用规定	

8.4.2.2 培育本土非营利机构和企业

（1）培育本土非营利机构

三江源国家公园中非营利机构起到的组织作用越来越大，非营利机构提倡牧民的能力建设，即提倡牧民通过参与各种培训提升自身技能，通过生态旅游发展过程中的不断参与，最终拥有自主管理、自主决策的能力；非营利机构关注如何让当地人从保护中直接获益，所组织的社区保护活动有人兽冲突基金、流浪动物救治管理、社区监测、自然体验，不断地帮助牧民提升对于保护的认识，也激发了牧民的参与动力。此外，非营利机构和社区合作成立共管小组，在制定如何参与特许经营项目相关办法上，以及如何激励牧民更好地参与上都起到了非常大的作用。

调研发现多数非本土的非营利机构，受到资金、工作环境和工作时间的限制，无法在三江源国家公园长期进行某一特定的工作。三江源国家公园的复杂环境，决定了单纯依靠政府、单一的非营利机构不能达到建设的目标。三江源国家公园在组织机构中，应积极发展本土化非营利机构。

本土非营利机构有三个优势[①]：第一，对当地生物、环境有较深入的了解，能够持续地进行观察、监测、生态保护，所掌握的传统生态知识可以为生物多样性的变化以及状态作出判定。第二，容易获得牧民的认可，本土非营利机构人员大多来自三江源国家公园中的各村、县，会让牧民更加

---

① 根据学者杨金娜《三江源国家公园管理中的社区参与机制研究》研究成果整理。

236 旅游发展背景下三江源国家公园牧民参与共建机制研究

认可参与国家公园旅游发展是牧民自身的责任；在语言上的优势同样也是其他机构没有的，在进行社区各项活动例如调查、培训、信息传达时，更能获得和传达准确的信息；与当地寺院、活佛等关系良好，在调动牧民积极性和参与性方面有很大的优势。第三，更有利于保护方式的创新。三江源地区牧民信仰藏传佛教，因此牧民对自然保护的理念受传统文化的影响，对于其他生态保护方式的接纳程度有限，而本土非营利机构可以将传统知识和生态保护方式融合，探索和创新出更加合适和高效的保护方法和模式。本土化非营利机构有自身优势，其社区保护目标与三江源国家公园生态旅游发展目标相一致，三江源国家公园应支持本土非营利机构发展，给予其适当的发展政策和空间，为其提供生态旅游发展与保护的相关项目，审批和监督项目的实施。

（2）培育本土企业

三江源国家公园特许经营的目标是给大众提供环境教育服务的同时，让社区居民在参与中受益。三江源国家公园不仅有总体规划，而且还有生态体验、产业发展、特许经营的专项规划，在规划中非常明确地指出了要用培育、扶持、鼓励的政策去发展特许经营项目。在三江源国家公园中限定的特许经营范围包括了有机畜牧产品、民族服饰加工、餐饮、住宿、旅游商品及文化产业等。对有一定经营基础的牧民而言是一次发展的机会，但在调研中发现一些牧民的手工艺品缺乏出售渠道，手工制品的价值也没有完全体现出来。

因此在三江源国家生态旅游发展中，发挥组织机制作用，对本土企业进行培育。可以在特许经营项目中选择有发展条件的本土企业，以企业联合的方式进行培育，例如可以将传统的奶制品企业和手工制品企业结合在一起，或将手工艺品制作企业和传统服饰加工企业结合在一起进行资源整合后培育；对牧民自己创办的合作社、小型的加工企业、小型餐饮企业，优先给予一定的资金和政策扶持；将自发发展起来本土化小型手工制作组织纳入特许经营企业的范围，给予资金、渠道的支持。

8.3.3 保障机制

保障机制的作用是保障牧民参与中遇到的问题能有合理的解决途径，确保牧民更积极地参与，因此要有法律保障和经济保障。

8.3.3.1 法律保障

法律制度体系的健全是实行三江源国家公园生态旅游发展、管理的重要保障，在法律的层面明确牧民在国家公园管理中的权、责、利，是牧民参与的最根本保障，相应的法律法规可以使牧民参与有法可依。目前在三江源国家公园政策体系中，如表 8-6 所示，涉及了三江源国家公园管理以及保障牧民参与的政策，如财政预算、草原承包经营权流转、目标责任和绩效考核、草原生态保护补助奖励政策实施、野生动物伤害补偿、牧民生产经营模式、功能分区管控、项目投资管理等。在建设过程中，围绕牧民参与也进行了各类管理办法、政策的制定，如进行访客管理、特许经营管理、社会捐赠管理、志愿者服务管理、国际合作交流管理、科研科普管理。

表 8-6　三江源国家公园立法和政策体系 [①]

类别	名称
法规	《三江源国家公园条例》
	《青海省可可西里自然遗产地保护条例》

---

① 　根据《三江源国家公园总体规划 (2023-2030 年)》资料整理。

续表

	三江源国家公园财政预算管理办法
	三江源国家公园草原承包经营权流转制度
	三江源国家公园访客管理办法
	三江源国家公园特许经营管理办法
	三江源国家公园社会捐赠管理办法
	三江源国家公园志愿者服务管理办法
	三江源国家公园国际合作交流管理办法
政策	三江源国家公园科研科普管理办法
	三江源国家公园目标责任和绩效考核办法
	三江源国家公园草原生态保护补助奖励政策实施方案
	三江源国家公园野生动物伤害补偿办法
	三江源国家公园牧民生产经营模式方案
	三江源国家公园功能分区管控办法
	三江源国家公园项目投资管理办法
	三江源国家公园环境教育管理办法（试行）

我国在国家公园试点工作之前，只在风景名胜区和历史名胜区实行特许经营制度，自然保护区特许经营制度的发展起步较晚，在调研中发现特许经营制度在澜沧江园区才开始起步，黄河源区才开始初步的尝试。因此要尽快完善三江源国家公园特许经营的相关法律，保障国家公园旅游发展的顺利进行。具体从以下方面进行。

（1）完善特许经营管理政策

梳理国外国家公园发展经验来看，特许经营项目大多涉及在园区内经营餐饮、住宿以及旅游纪念品销售等项目。国外的国家公园对其园区内的特许经营制度有很严格的限制，限制的内容包括准入标准、经营规则、经营范围，并且对这些内容都有明确的法律规定，目的是防止特许经营过度进入而造成与国家公园保护目标及原住居民相关利益上的矛盾。

三江源国家公园在开展特许经营项目时，应当进行严格限制，并且制定相关的法律法规。《三江源国家公园经营性项目特许经营管理办法》目前在修订中，参照三江源国家公园总体规划以及产业发展规划、特许经营规划中所规定的项目，本课题认为可以从三方面进行完善：一为完善特许经营企业管理规定，要对特许经营企业的准入、退出的管理办法进行完善，二为完善各园区差异化管理规定，三为完善本土企业牧民参与特许经营管理规定。具体内容如表8-7所示。

表8-7　牧民参与生态旅游发展特许经营管理制度完善方向及内容

方面	方向	具体内容
特许经营管理制度完善	牧民参与	内容、权利、义务
	本土企业	参与特许经营项目规定
		反哺社区
	其他企业	准入、退出规定细致化
		反哺社区

（2）完善特许经营企业管理规定

特许经营项目内容要按照国家三江源国家公园总体规划进行界定，不完全符合国家公园保护目的的要严格禁止，确保经营活动不违反保护目标，项目应与国家公园的功能分区相一致，确定商业活动的边界。

对特许经营企业的进入方式和退出方式进行相应规定。特许经营企业进入采取公开招标的形式。公开招标评定标准应包括企业背景、服务质量、社区反馈、社区就业、风险应对方案、产品收费标准等；确保公平竞争评标过程应由三江源国家公园管理机构通过互联网和其他媒体公开进行，按评定标准进行评分，选择分数最佳者准入，并与中标者签订协议。退出方式在三江源国家公园中也要有相应的规定，可以以竞选的方式进行。三江源国家公园中如有企业经营期满，在经营期间合法经营，三江源国家公园可以选择其他的企业来与原企业进行竞争。如果原企业在经营方式效果上都比新的企业要好，可以取得优先经营权^①。

反哺社区的方面，要规定参与特许经营的企业在进行特许经营的同时，要考虑如何反哺社区，可以通过雇佣员工、吸纳入股等方式使牧民参与特许经营，增加就业及牧民收入来反哺社区。

（3）完善特许经营项目差异化管理规定

在调研中发现园区特许经营项目各有不同，例如年都村以生态体验项目为特色，红旗村以生态畜牧合作社妇女手工加工为特色，马赛村、擦泽村即将进行生态体验项目的开展，因此三江源国家公园特许经营管理制度，还应该制定差异化的法律体系保证特许经营项目的开展。在遵从《三江源国家公园条例》的基础上，设计和制定各园区参与特许经营项目的管理办法。

（4）完善本土企业牧民参与特许经营管理规定

在组织机制中提到了本土企业的培育，因此本土企业在牧民参与时应获得的利益分配以及应承担的责任和义务，要通过法律规定予以明确。本土企业应明确牧民参与特许经营收益分配，特殊情况应与牧民进行具体协商，明确各自权利和责任并签订协议和合同，确保相关措施得以实施。同时还应鼓励牧民参与特许经营项目，支持牧民开办特色企业参与国家公园生态旅游的发展。

（5）完善环境教育管理办法

国家公园的环境教育活动能激发国民对生态环境的热爱和对保护生态环境的责任感，三江源国家公园正在打造科普教育场所和生态文化体验基

---

① 根据调研资料、《三江源国家公园生态体验和环境教育专项规划》资料、学者刘慧慧《我国国家公园特许经营立法研究》研究成果整理。

地，因此要建立相应的环境教育制度。在美国，国家公园环境教育的基础
法律是《国家环境教育法》①。虽然中国的国情与美国不同，但国家公园在
环境教育方面的基本规律是一致的。三江源国家公园应明确规定环境教育
的专门规则，指导三江源国家公园环境教育的发展。在调研中发现牧民对
于生态环境教育这一参与方式的选择较多，但牧民对环境教育活动的认知
等同于生态体验向导，并没有系统的认知，因此要从宣传方面、环境教育
平台方面、管理方面、人员方面、设施方面明确环境教育管理办法，具体
如表 8-8 所示。

在宣传方面，应该规定三江源国家公园环境教育的宣传内容、宣传册
的制作以及宣传媒体的选定。在宣传内容中应当规定其详细的内容组成，
如三江源国家公园历史、文化、自然资源等知识。宣传册要根据市场的细
分以及生态体验者的需求去进行细分化的制作，当然对宣传媒体也要有一
定的选定办法。

在环境教育平台方面，环境教育与生态体验者之间最大的连接就是环
境教育平台，三江源国家公园应对平台的进入制定选择办法，对平台所推
送的内容进行规定，推送的内容可以从接受环境教育的方式以及注意事项
入手。

管理方面，要对三江源国家公园环境教育的管理做出规定，从运行管
理、访客管理、员工管理，这几方面去制定管理的标准，以及详尽的规章
制度。

人员方面，分别要对讲解员、防护员、巡逻员的管理做出规定。要对
讲解员的讲解质量以及服务标准进行规定，讲解员的讲解质量要包括讲解
内容是否准确、语言是否清晰；对巡逻员和防护员，要规定其防护以及巡

---

① 张鑫 . 美国国家公园环境教育场域研究及启示 [EB/OL].(2022-01-21)[2022-09-10].
https://mp.weixin.qq.com/s?__biz=MzA4NTgyODcxOQ==&mid=2651020241&idx=1&sn=1fbd9f1
b5aeabee02ee92926ec2ebca9&chksm=84260ed1b35187c7f599b78759970c89c438cec5ddc273f020a
5e0fac8389bb1c42c843ef8c4&scene=27

逻的内容以及对所出现的问题的处理流程。

设施方面，三江源国家公园要想进行环境教育，软硬件都不能缺，基础设施建设是环境教育开展十分重要的硬件保障，包括开展环境教育活动所需要的所有设施建设，如栈道、观察台、医疗设施等，也包括对外宣传环境教育的网站系统的建立、环境教育网络设备的保障等，其建设、管理、维护都应有相应的建设标准。

表 8-8　环境教育管理办法完善方向及内容

方面	内容	具体标准
宣传方面	宣传内容 宣传册 宣传媒介	历史、自然、文化 细分化制作 媒介选定办法
平台方面	推送内容 平台进入	接受环境教育的方式及注意事项 平台选择办法
人员方面	讲解员 防护员 巡逻员	讲解质量及服务标准 防护内容及处理 环境巡逻及问题处理 访客行为规范
建设方面	设施	解栈道、观察台建设标准 医疗设施建设标准 通讯设施建设标准 服务中心建设标准
管理方面	运行管理 访客管理 员工管理	管理的标准及规章制度

（6）优化生态管护员制度

①扩充岗位规模

要继续扩大生态管护公益岗位的规模就要从岗位类型入手，本课题调研发现牧民对动物救助、生态监测等参与方式选择性较高，因此这两种方式可以以公益性岗位的形式继续实施，此外，也可以生态保护形式进行细致化分类，将每一种分类与公益岗位、特许经营岗位的设置结合起来，提供给牧民，让牧民从最细致的生态保护做起，成为专业化生态保护者。

细致的分类可以分为：从原有生态管护项目中划分出草原、动物、植物的观测以及持续性观测，从特许经营项目划分生态管护岗位，如生态体验者行为纠正，再如因三江源国家公园地理环境特殊，生态体验者在进行生态体验时，有可能会发生迷失方向、高原反应、身体受伤的情况，因此可以设置以牧民救援为主的公益岗位；此外，还可以从垃圾分类入手，进行垃圾分类、垃圾分类宣讲等公益岗位的设置。具体如表8-9所示。

表8-9　牧民参与生态旅游发展扩充岗位的类别及内容

扩充岗位类别	岗位内容
基础扩充公益性岗位	生态管护员
	动物救助
	生态监测 草原、动物、植物的观测以及持续性观测
特许经营项目相关 公益性岗位	生态体验者行为纠正
	生态体验者救援
	垃圾分类
	生态体验者秩序维护

扩大生态管护员岗位并不应单从数量上扩充，还要做到内容上的扩展，需要和引导机制中的各项内容结合在一起，结合三江源国家公园的建设需要，根据牧民不断拥有的能力去配备相应的岗位。

②完善生态公益岗位资金保障来源

在调研中发现，生态管护员提及的诉求是希望解决交通、工作设备、交通补助方面遇到的困难，同时他们提出工作任务有时危险性较高，因此保障机制另一个重要作用是解决资金问题，给生态管护员良好的参与条件，保障生态管护活动可持续发展下去。三江源国家公园应可以从现行的生态体验项目、特许经营项目中，按收益提取一部分资金，同时接受各基金会、企业及社会的捐赠作为生态管护基金，主要用于生态管护员工作产生的额外支出，以及为生态管护员购置人身保险、生态管护奖励等。由牧民、村民委员会自行管理这笔资金，并设评定组，对牧民在管护中遇到的实际情况进行评定后，给予一定的补助。

③完善激励方式

优化生态管护员制度不仅要在形式上细致，规模上扩大，更重要的是从思想上进行提升，要让参与生态管护员的牧民明确生态管护员制度的核心，发挥生态公益岗位真正的作用。在调研中发现，有些牧民对于生态管护员岗位的认知有限，或者对于生态管护员岗位的工作了解不多，有些牧民得到管护员岗位和工资，只是单纯地认为是国家发的工资，或者是脱贫的一项工作，因此可以从以下几个方面完善激励方式：

首先，如果角色认知不完善不充分，就会导致生态管护员制度不能从根本上得到优化。因此要和引导机制中思想培育工作结合在一起进行完善，通过宣传优秀生态管护员、拍摄生态管护员教育片等多种方式，让牧民充分了解生态管护员责任范围、具体任务职责、报酬和考核奖惩等内容。

其次，在上述角色认知优化的基础上，从牧民的被需要感出发完善激励方式。目前三江源国家公园对于生态管护员的激励制度主要为实行绩效工资制，先发放70%的工资，剩余30%的工资在生态管护员各项工作达标后进行发放。此激励制度起到了一定的效果，对于牧民积极参与和保质保量地完成生态管护员的各项工作起到了促进作用。但单纯的"发工资"并不能改变牧民与环境的关系，也不能从根本上提升牧民对生态管护公益岗位的认识，甚至可能由于经济的介入，而打破原本和谐的传统友好的社会规范体系。在此基础上，如果能从牧民的使命感、认同感和自豪感出发，从精神层面出发让牧民自发地了解生态管护、生态管护员的工作，从而更好地进行管护工作，并带领其他牧民更好地保护生态环境，这样才能完全发挥设置生态管护公益岗位的初衷。这项工作是漫长且环环相扣的，本课题在调研的基础上，认为对原住牧民赋予三江源国家公园管理与保护方面的优先权，可以使牧民更加认同和了解生态管护员工作的意义，目前优先的体现方式，可以从牧民被需要感入手，增加牧民生态保护知识宣讲、解答活动，以及生态管护员管护经验分享活动，通过对牧民传统的保护手段的认可，提升牧民的使命感，激励牧民积极地参与。

（7）细化生态旅游者管理制度

三江源国家公园对游客行为的规章制度主要是为了保护自然环境和避免游客对生态系统造成破坏。生态旅游者的行为会影响牧民参与生态旅游意愿，因此三江源国家公园要根据园区自然条件和资源特点，出台细致的生态旅游者规章制度。通过对游客行为的规范和管理，实现三江源国家公园自然资源和文化遗产的长期保护和可持续利用。除最基础的生态环保行为规定与园区制定的访客管理规定外，可以从以下几方面作出具体规定：①游客遵守三江源国家公园生态体验游览路线和时间规定，不得偏离指定区域；②游客在与当地牧民交往时应尊重当地的习俗和风俗；③游客应保护当地的风景和建筑，不得进行污染、破坏等行为；④游客在选择购买当地的产品和服务时，应尊重牧民的劳动和文化。[①]

8.3.3.2 经济保障

（1）拓宽资金渠道

按照建立国家公园制度要求，三江源国家公园实行收支两条线管理，门票收入和特许经营收入上缴省财政专户；资源管理与保护、森林防火、

[①] 根据调研资料、《三江源国家公园条例（试行）》、《三江源国家公园访客管理办法（试行）》资料整理总结。

科研与监测、宣传教育、游览体验设施管理、基础设施建设与维护费用、执法监督等专项资金，社区发展扶持资金如社区管理机构运营、社区服务、社区保障等由中央和省级财政安排相关专项转移支付或一般性转移支付资金；公共服务费由中央和省政府通过增加一般性转移支付政策、整合财政资金、增加基本财政保障额度等方式支付。① 为顺利开展三江源国家公园的建设、运营、维护、资源保护、环境监测、科研、生态旅游等工作，缺口资金可以采取吸纳社会资金、投融资等方式进行解决，使三江源国家公园以保护和管理工作作为公园管理的主要职责，发挥国家公园的公益性功能、科普教育功能、休闲娱乐功能、服务大众功能。

（2）设立社区发展及教育基金

三江源国家公园三个园区试点村牧民诉求调查结果表明，牧民关注的问题是自己参与国家公园的方式、所遇到困难的解决方式，以及子女的教育与子女回乡参与国家公园旅游发展的保障措施。本课题认为在保障机制中，需要从经济方面进行专门的保障去解决牧民所关心的问题，可以成立教育基金、成立社区发展基金，用以解决牧民子女教育以及牧民子女返乡创业或参与国家公园旅游发展时遇到的困难。

①设立社区发展基金

社区发展基金对于牧民参与国家公园旅游发展而言，是一种灵活的资金来源方式，可以解决牧民自身参与国家公园的经济需求，也可以为其子女返乡提供一定的吸引条件，并且还可以用于牧民的生活环境改善，社区发展基金所产生的利息还可以用于园区建设与改善牧民生活环境。设立社区发展基金可以促进国家公园和牧民之间的相互理解，为牧民进行参与提供资金保障。

社区发展基金的来源，可以采取多渠道筹措的方式，如前文中提及的

①　根据绿维文旅文章国家公园体制创新探索系列研究（二）（http://www.lwcj.com/w/144591578119880.html）资料整理总结。

三江源国家公园培育的本土企业，在这些企业取得一定收益后要反哺国家公园，此为基金筹措的来源之一，除此之外，还可以从取得收益的合作社、其他类型企业中取得一部分资金。社区发展基金可以由三江源国家公园各园区管委会负责，并由牧民选取代表组建管理小组与各园区管委会联合制定管理章程，以确保牧民使用的权利和义务。

②设立教育基金

设立三江源国家公园教育基金，可以帮助园区内有经济困难的牧民获得园区对其子女的教育资助。教育基金由三江源国家公园管理局进行管理，有需要的牧民可以提出助学贷款申请，与国家公园签订协议并按期归还。[①]接受三江源国家公园教育基金资助的牧民子女，毕业后需要返乡从事与三江源国家公园管理相关的工作，并在规定的在职服务期内积极参与国家公园各项建设工作。

8.4.4 沟通机制

牧民虽然是国家公园旅游发展中参与的主体，但在实际中牧民参与往往是被动的，调研结果也反映出，在旅游规划及管理方面，牧民还未进行参与。三江源国家公园生态旅游的发展与牧民息息相关，应建立沟通机制，这样不仅更好表达牧民的诉求，还可以使牧民的被需要感增强，更加愿意参与到国家公园旅游发展中。沟通机制的作用是保证牧民顺利参与国家公园旅游规划及旅游管理等事宜，可以通过成立专门的咨询委员会来实现。三江源国家公园园区咨询委员会，本课题从构成、内容两方面进行阐述。

（1）园区咨询委员会构成

园区所辖行政村牧民推选 2-4 名能够代表牧民利益、为牧民说话、办

[①] 根据调研资料、学者杨金娜《三江源国家公园管理中的社区参与机制研究》研究成果整理总结。

事的牧民作为代表；[①] 委员会成员还应包括生态学、社会学、民族学等领域专家，以便更好地对决策作出知识理论方面的支持；鉴于三江源国家公园牧民在沟通上的需要，园区咨询委员会还应有各园区负责人。如园区咨询委员会在实际运作中有成效，可以吸纳企业、非营利机构、志愿者代表参加，现阶段牧民代表参与也是整个社区参与的最基础形式，具体如图8-2所示。

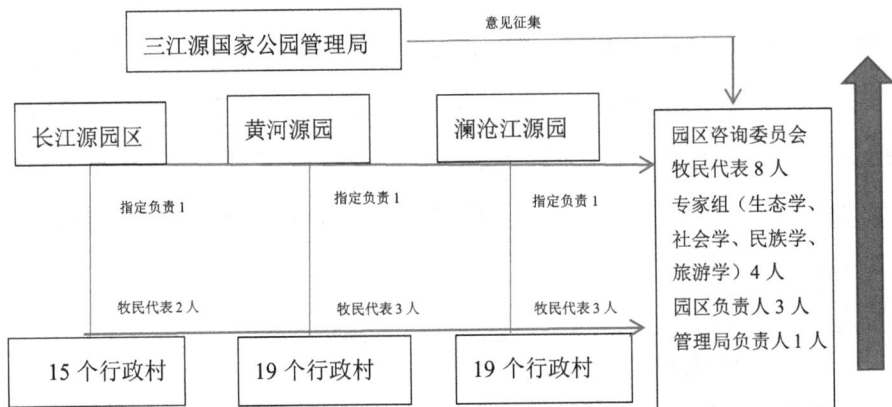

图 8-2   园区咨询委员会构成

（2）园区咨询委员会职责

按照现阶段三江源国家公园的发展现状，园区咨询委员会的主要职责是听取牧民代表的意见、建议，接受牧民代表的日常监督。

①听取意见

听取意见分别在前期咨询和过程咨询中进行。听取范围为特许经营项目开展、生态保护工作等内容。

前期咨询：在三江源国家公园特许经营项目开展、生态保护工作开展前期，广泛听取牧民代表意见，包括特许经营项目类型、生态保护工作的

---

①   根据调研资料、专家意见、学者杨金娜《三江源国家公园管理中的社区参与机制研究》研究成果整理总结。

类型，其实施的方式等；牧民熟知生活生产技能，以及环境保护技能，牧民代表的意见代表了广大牧民的看法及想法，可以对特许经营项目、生态保护工作的开展提供更加贴近实际的建议及意见。在前期咨询中，也要听取专家的意见，专家从各自擅长的领域出发提出建议与意见，能使三江源国家公园发展生态旅游的各项工作有更好的理论基础和方法基础。在生态旅游项目前期咨询牧民代表意见和专家意见，可以在项目实施之前发现存在的问题，并进行改正，能够保证三江源国家公园实施的特许经营项目与生态保护工作的顺利进行。

过程定期咨询：三江源国家公园的发展是一个动态的过程，相关政策要随着发展进程不断地进行调整，同时生态体验者的需求也在不断地发生变化，企业也在不断地进步，因此特许经营项目类型、生态保护方式也在不断地进行更新，在这个变化的过程中，出现问题应该广泛征求牧民的意见并进行沟通，以免产生更大的矛盾。三江源国家公园生态旅游发展的过程中需要进行定期的咨询，以便及时发现问题和进行纠正，促进牧民更好地参与国家公园生态旅游建设。

随着三江源国家公园建设的进行，咨询委员会咨询的内容可以扩展至对于公园生态保护、工程建设、产业发展等各方面，通过园区委员会，引导牧民参与重大决策事项的制定。

园区委员会听取意见要有定期的时间及形式：前期咨询要结合牧民代表与专家意见，过程咨询要重点听取牧民代表意见，再结合专家意见。按前期咨询以及过程咨询的内容，三江源国家公园园区咨询委员会会议应在每个季度召开一次，保证每年至少四次，如遇到有关规划法规处于征求意见阶段，也应该临时召集园区咨询委员会成员参加会议。

②日常监督

由于三江源国家公园在生态旅游发展过程中，不断对特许经营和其他允许经营方式的利益分配方案进行探索，虽然各类方案是符合各利益相关主体诉求的，但由于各利益相关主体对利益的诉求程度不同，不可避免会出现一些问题，阻碍三江源国家公园生态旅游的发展。因此，应对各利益相关主体的行为实施有效监督，并由各利益相关主体针对所出现的问题提出监管措施，保障各利益相关主体的诉求尽可能得到满足。日常监督工作由咨询委员会组织实施，应该贯穿三江源国家公园生态旅游发展的整个建设过程。

具体的监督办法为：第一，定期召开咨询公开会，咨询公开会由园区咨询委员会组织，监督流程进行的基本的方式为举行会议，请牧民代表参加，园区负责人代表对近期三江源国家公园所开展的重点生态旅游项目及其成效、各类公告进行详细的说明，让牧民代表了解后传递给广大牧民群众，并对牧民代表提出的问题进行解答。第二，定期举办经营管理咨询会，邀请利益相关主体参与会议，牧民在参与中遇到的疑惑及遇到的问题可以与其他主体进行沟通，得到合理的解决。第三，设置信箱、监督热线、网络监督平台等，规定限时回复服务，对具有争议性的管理问题进行解答。

日常监督的进行，要求牧民有一定的理解及表达能力，这也是在牧民能力建设基础上实施的一个环节。如遇到牧民因理解能力和表达能力的影响无法进行沟通时，园区咨询委员会也可以将第三方媒体纳入进咨询委员会中，辅助牧民进行日常监督活动的开展。第三方媒体可以从公正公平的角度反馈牧民所关心的问题，也可以将牧民的各种意见进行汇总与园区咨询委员会进行交流，随着牧民能力建设的进行，日常监督方式和内容会日益完整，具体如表8-11所示。

表 8-11　牧民参与生态旅游发展日常监督内容及方式

组织者	监督方式	监督内容
园区咨询委员会	定期召开资讯公开会 经营管理咨询会	三江源国家公园所开展的重点生态旅游项目实施情况 特许经营项目实施情况
	设置信箱 监督热线 网络化监督	管理、经营问题进行解答
	引入第三方媒体	意见汇总、交流

8.4.5 评估机制

三江源国家公园生态旅游发展中,牧民参与是一个持续的过程,不会随着某个阶段的结束而结束。而国家公园生态旅游资源利用方式、制度是不断变化的,这种不确定性决定了国家公园需要有评估机制,反映和解决牧民参与中出现的问题,以保证牧民参与的可持续性。评估机制包括了定期评估和建立评估数据库两项内容。

8.4.5.1 定期评估

（1）定期评估内容

三江源国家公园牧民参与的评估内容,主要包括三个方面:参与效果评估、参与满意度评估、问题及建议的反馈,每个方面又有其评估标准,具体内容如表 8-12 所示。

参与效果评估。可用收入是否增加、技能是否提升、参与意愿是否持续来衡量。其中收入是否增加,是反映参与效果最明显的一个指标。三江源国家公园牧民参与生态旅游最重要的就是进行能力建设,在前文中也提出了对于牧民技能培训的内容,因此在评估中技能是否提升也可作为参与效果的评估内容,除去收入是否增加、技能是否提升之外,牧民是否愿意持续地参与，也是参与效果的一个反映。

参与满意度评估[①]。满意度是牧民持续参与的基础，因此要对其进行定期评估。在调研中发现，无论是生态管护员还是基层的管理人员，对于资金保障问题都非常的关心，因此资金投入是否满足牧民的需求，是牧民参与之后满意度评估的一个指标；政府管理机构解决问题的方式、解决问题的时效、解决结果也可作为牧民满意度评估的指标；利益分配满意度是牧民参与满意度评估的重要指标，也是决定牧民是否进行参与的关键。由于利益分配要兼顾各利益相关主体，所以在三江源国家公园的相关管理办法中，也有对利益分配的相关规定，各园区在特许经营过程当中，针对遇到的不同问题进行了利益分配模式的匹配，例如，黄河源园区就针对生态体验合作社如何去分配牧民的利益，进行了一定的尝试[②]。一是将 60% 至70% 的现金收入返还给合作社牧民，二是通过牧民参股特许经营企业的方式进行分红。利益分配是否合适，不仅是牧民满意度评价的一项指标，也是各园区进行参与时，对利益分配进行调试的一项参考标准。

问题及建议的反馈。该项目是牧民参与三江源国家公园生态旅游发展持续进行下去的保障。如果问题持续得不到解决，积累的矛盾会越来越多，会降低牧民参与的信心。因此在整个评估体系中，还要有对于问题解决及建议的反馈。

---

① 根据调研资料、专家意见、学者杨金娜《三江源国家公园管理中的社区参与机制研究》研究成果整理总结。

② 根据访谈资料整理。

表 8-12　牧民参与生态旅游发展定期评估内容及指标

	内容	指标
定期评估	参与效果评估	收入增加
		技能增加
		持续参与意愿
	满意度评估	资金投入
		利益分配
		问题解决
	问题及建议	参与内容及方式的建议
		存在问题的反映

（2）定期评估方式

评估工作可以两种方式进行：一是专门组建评估小组，由三江源国家公园各园区管委会征集评估专家小组，成员要包括各领域的专家，如生态学、社会学、经济学，以及媒体记者和牧民。三江源国家公园各园区管委会还可以让第三方评估组织进行参与，第三方评估组织可以运用调查问卷、跟踪监测等方式去完成评估，使评估效果更加科学有效。

8.4.5.2 建立评估数据库

在互联网技术迅速发展的今天，信息技术已经广泛运用于人们的各种工作中。在牧民参与三江源国家公园生态旅游发展的过程中也应将大数据等信息手段进行应用，建立评估数据库。在牧民参与过程中，评估数据库工作人员进行数据采集的工作，在后续评估阶段根据数据进行分析和统计，可以精准地反映牧民参与效果以及满意度；另外数据库能更好地实现对公众的公开和公示，能使公众最大程度地了解牧民参与三江源国家公园生态旅游发展的现状与参与效果，有利于公众和政府管理机构的沟通交流，及时地反馈和沟通牧民参与中的存在问题。

　　课题在前文分析结果总结基础上，遵循一定的原则，对三江源国家公园牧民参与机制进行优化与完善，优化与完善的机制框架为引导机制、组织机制、保障机制、沟通机制、评估机制，以期从这五个机制，促进牧民更好地参与、更全面地参与、更积极地参与、更持续地参与。

9 研究展望

9.1 研究局限性

本课题研究的局限性有以下几个方面；

第一，牧民诉求调研样本数量有限。调研期间多数男性牧民进行管护活动和放牧，样本数量不多；受疫情影响，三江源国家公园内许多地区的牧民参与工作没有开展，收集的数据有限，没有展开公园内三个园区的比较研究。今后将做进一步的研究。

第二，数据统计方法传统。本课题的研究方法中数理统计的方法仍旧较为传统，并无较大的创新，缺乏实际的验证。

第三，对利益相关主体的分类不够全面。在本课题研究中，利益相关主体的调研中只选择了具有代表性的几类进行调研，对志愿者、环保协会组织等其他主体涉及较少。

9.2 后续研究方向

第一，由于三江源国家公园面积大、范围广，此次调研在产业发展区挑选了玛查理镇玛查理新村，未来应增加调研点的数量，增加调研样本的数量可以对三江源国家公园牧民参与生态旅游有更全面详细的了解，使得研究结果更有说服力。

第二，对本课题研究采用的数理统计方法，在后续的研究中要进行提升，采用更加合理定量的研究方法，建立牧民参与现状的评估体系进行研究。

第三，牧民能力提升途径研究与国家公园品牌建设中牧民参与内容及途径的研究，是本课题组在此次调研中重点关注的两个方面。在今后的研究计划中，希望能有机会从这两方面切入，从而对三江源国家公园牧民参与进行更系统的研究。

参考文献

[1] 孙倩，王赛赛，邱守明．国外国家公园生态体验项目发展实践：兼论对我国普达措国家公园的启示 [J]. 世界林业研究 ,2022,35(04):119-124.

[2] 杨金娜，尚琴琴，张玉钧．我国国家公园建设的社区参与机制研究 [J]. 世界林业研究 ,2018,31(04):76-80.

[3] 何思源，丁陆彬，闵庆文．农业文化遗产保护与自然保护地体系建设 [J]. 自然与文化遗产研究 ,2019,4(11):34-38.

[4] 赛杰奥．社区参与：三江源国家公园生态保护与生计和谐发展的新篇章 [EB/OL].(2021-12-22)[2022-03-08].https://www.163.com/dy/article/GRQQA2H30512TRKA.html.

[5] 程晖．三江源国家公园 2020 年正式设立公民可预约进园体验生态接受教育 [N]. 中国经济导报 ,2018-01-25(5).

[6] 李芬，张林波，李岱青．国家公园：三江源地区生态环境保护新模式 [J]. 生态经济 ,2016,32(01):191-193.

[7] 郭振．三江源国家公园生态旅游业发展路径分析 [D]. 西宁：青海师范大学 ,2017.

[8] 杨金娜．三江源国家公园管理中的社区参与机制研究 [D]. 北京：北京林业大学 ,2019.

[9] 王丽丽．国外国家公园社区问题研究综述 [J]. 云南地理环境研究 ,2009,21(01):73-77.

[10] 朱冬芳，钟林生，虞虎．国家公园社区发展研究进展与启示 [J]. 资源科学 ,2021,43(09):1903-1917.

[11] 唐立洲.普达措国家公园管理模式研究 [D].昆明:云南大学,2016.

[12] 孙冬冬.中国国家公园制度建设与管理体制研究 [D].成都:成都理工大学,2014.

[13] 张雪.森林步道环境特性对游客心理评价反应的影响 [D].长沙:中南林业科技大学,2015.

[14] 王琴华.国家公园管理与保护研究 [D].成都:成都理工大学,2018.

[15] 薛剑青.构建国家公园生态补偿机制研究 [D].福州:福建师范大学,2019.

[16] 苏岩,金荣.云南省国家公园发展建设研究 [J].城市建筑,2021,18(08):118-120.

[17] 刘海龙.美国州立公园体系的发展、特征与评估 [J].风景园林,2019,26(11):64-70.

[18] 余青,韩淼.美国国家公园路百年发展历程及借鉴 [J].自然资源学报,2019,34(09):1850-1863.

[19] 李婧梅.三江源国家公园发展思路与建设路径探索:三江源国家公园生态保护与绿色发展学术会议综述 [J].青海社会科学,2016(04):52-56.

[20] 马婷.三江源国家公园居民对社会生态转型适应与对策研究 [D].北京:中央民族大学,2021

[21] 方玮蓉.三江源国家公园精益化可持续发展模式研究:以果洛藏族自治州 M 县生态体验项目为例 [J].青海民族研究,2021,32(01):53-59.

[22] 孙鸿雁,张小鹏.国家公园自然资源管理的探讨 [J].林业建设,2019(02):6-9.

[23] 潘星炎.关于改革和完善张家界核心景区管理体制的建议 [EB/OL].(2015-09-28)[2021-12-08].http://www.zjj.gov.cn/c29/20160420/i39264.html.

[24] 侯晓丽,沈佳慧.我国国家公园发展历程、存在的问题及政策建议

[J]. 区域经济评论 , 2023(06):136.

[25] 颜利 , 蒋金龙 , 巫建伟 . 福建深沪湾海底古森林遗迹自然保护区优化调整对策研究 [J]. 海洋开发与管理 ,2021,38(05):85-91.

[26] 李想 . 国家公园语境下生态旅游的概念、定位与实施方案 [J]. 生态经济 2021,37(6):117.

[27] 徐婧 . 劳动保护制度与企业股价崩盘风险 [D]. 厦门 : 厦门大学 .2018 .

[28] 向文桥 . 社会协调发展 : 动力与机轴的结合 [J]. 福建论坛 (经济社会版),1994(03):54-57.

[29] 杜威 . 多维距离对企业扶贫捐赠的影响研究 [D]. 上海 : 上海师范大学 ,2020.

[30] 程一凡 . 基于 InVEST 模型的三江源国家公园水源涵养量变化与草地生态补偿研究 [D]. 昆明 : 云南财经大学 .2019 .

[31] 万玛加 . 加大力度支持三江源国家公园建设 [N]. 光明日报 ,2020-05-28(14).

[32] 向宝惠 , 曾瑜皙 . 三江源国家公园体制试点区生态旅游系统构建与运行机制探讨 [J]. 资源科学 ,2017,39(01):50-60.

[33] 宋明慧 . 三江源国家公园大事记 [EB/OL].(2021-10-19)[2022-03-08].https://xw.qq.com/cmsid/20211013A026C100,.

[34] 蔚东英 , 张强 , 张景元 , 李晓南 . 三江源国家公园世界的三江源 [J]. 森林与人类 ,2021(11):24-47+6-7.

[35] 康维海 . 青海首次发现大面积白垩纪丹霞地质景观 [N]. 中国国土资源报 ,2015-11-23(001).

[36] 杜尚儒 . 走进世界最高国家公园 [J]. 新西部 ,2020(04):5-12.

[37] 青海省人民政府 .《三江源国家公园总体规划 (2023-2030 年)》[EB/OL].(2023-08-24)[2024-02-02].http://wap.qinghai.gov.cn/jdhy/zjjd/202308/t20230824_193294.html.

[38]《三江源国家公园生态体验和环境教育专项规划》[EB/OL].(2021-8-31)[2022-04-08]..https://max.book118.com/html/2021/0831/8041055104003142.shtm.

[39]《三江源国家公园社区发展和基础设施建设专项规划》[EB/OL].(2021-8-31)[2022-04-10].https://wenku.baidu.com/view/b2f672a-93868011ca300a6c30c2259010302f333.html.

[40] 苏海红, 李婧梅. 三江源国家公园体制试点中社区共建的路径研究[J]. 青海社会科学,2019(03):109-118.

[41] 河北省自然资源厅. 法国国家公园品牌增值体系建设过程及特征分析 [EB/OL].(2022-12-30)[2023-01-08]..https://zrzy.hebei.gov.cn/heb/gongk/gkml/kjxx/gjjl/10806215567191470080.html,2022-12-30.

附件一

三江源国家公园牧民参与情况调查问卷

您好！我们是青海大学财经学院旅游专业师生，为了研究牧民参与三江源国家公园旅游发展的情况，特进行此次调研，希望了解一下您的看法。问卷中所涉及的相关信息，仅为统计之用，不用于其他目的。在此对您的参与和配合表示衷心的感谢！

一、基本情况

1、您的性别：男　女

2、您的年龄：14 岁以下　15—24 岁　25—44 岁　45—64 岁　65 岁以上

3、您的文化程度：小学　初中　高中及中专　大专　本科　研究生

4、您的家庭有几口人：

5、您家庭的年收入有多少（每年赚多少钱）（万元）：_____

6、您家庭的收入来源：放牧＋补助　　放牧＋补助＋_____

二、参与三江源国家公园的情况调查

1、您听说过三江源国家公园吗：

听说过也了解　　　　听说过但不关心　　　　没听说过

2、您想参与三江源国家公园的建设吗：

是　　　　　　　　否

原因:（1）有工作有收入　　　　（2）保护环境有意义

（3）对自己的下一代好   （4）政府的宣传、培训

（5）合作社的分红、帮助   （6）生态体验者的宣传

（7）志愿者的宣传、帮助   （8）周围有好的示范

三、参与三江源国家公园的期望调查

1、您想选择的参与方式为哪些：

（1）生态管护员   （2）环境教育

（3）生态保护工程劳务   （4）手工艺品 / 畜牧产品制作

（5）经营纪念品制作 / 畜牧产品加工公司、商店

（6）民族文化演艺   （7）交通运营

（8）经营住宿 / 餐饮   （9）生态体验活动中介 / 向导

（10）经营牧家乐   （11）园区工作人员

（12）生态监测   （13）动物救助

（14）文化传承相关工作

其他：＿＿＿＿＿＿

原因:（1）自己感兴趣   （2）有意义   （3）有面子

（4）简单   （5）收益高   （6）时间充足

（7）自己有相关技能

2、你想参与国家公园时希望？

（1）有人组织   （2）有可以咨询的地方

（3）有相关培训   （5）有法律保障

（6）有提供资金的地方

其他：＿＿＿＿＿＿

附件二

牧民参与三江源国家公园影响因素调查问卷

您好！我们是青海大学财经学院旅游专业师生，因课题研究需要了解牧民参与三江源国家公园旅游发展的情况，特进行此次调研，希望了解一下您的看法。计分标准：为便于数据处理，影响程度分非常有影响、有影响、一般影响、较小影响、没有影响5个层次，以10分计，非常有影响10分、有影响8分、一般影响6分、较小影响4分、没有影响2分。

一、基本情况调研

您了解三江源国家公园吗？

去过，了解　　　没去过，但了解　　　没去过，不了解

二、影响因素赋值

影响牧民参与主要因素分类表

项目	影响因素	因子层	分值
牧民自身	个体特征	收入来源 家庭中劳动力数量	
	个人能力	文化程度 语言能力 其他技能 生活技能（草原、动物、植物有关）	
	个人意愿	参与积极性	
	个人意识	商品意识 管理意识 生态保护意识 民族文化自豪感	
环境因素	文化因素	社区参与传统 宗教影响力	
	经济因素	生计结构 经济发展程度	
	区位因素	区位条件 生态环境 特许经营项目发展环境	
国家公园	管理制度	发展理念 功能区划分	
	发展政策	生态补偿 特许经营 生态管护员 资金扶持 宣传教育	

附件三

利益相关主者访谈具体内容

1、简要介绍一下园区建设的重点 / 组织的基本情况 / 企业基本情况。

2、对三江源国家公园旅游资源、旅游发展的认识及看法。

3、对三江源国家公园旅游发展中牧民角色的认识。

4、在牧民参与三江源国家公园旅游发展时，您这一方可以做些什么？

5、牧民参与三江源国家公园旅游发展时，可以以何种形式参与？

6、当前牧民参与三江源国家公园旅游发展面临的主要问题是什么？有什么解决办法？